自 造
非 凡

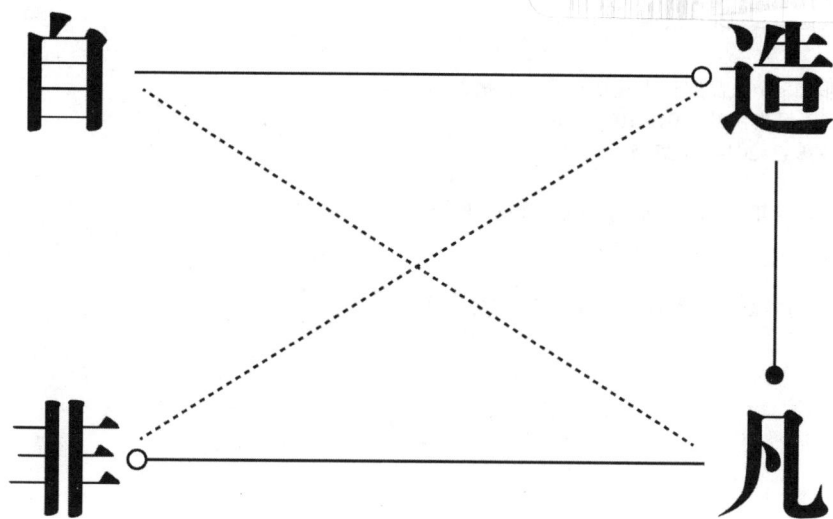

个 人 品 牌　　比 以 往 更 重 要

王鹏 著

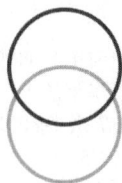

天津出版传媒集团

天津人民出版社

图书在版编目(CIP)数据

自造非凡：个人品牌比以往更重要 / 王鹏著. --
天津：天津人民出版社, 2018.10
ISBN 978-7-201-13885-5

Ⅰ.①自… Ⅱ.①王… Ⅲ.①自我管理学 Ⅳ.
①C936

中国版本图书馆 CIP 数据核字(2018)第 176315 号

自造非凡：个人品牌比以往更重要
ZIZAO FEIFAN：GEREN PINPAI BI YIWANG GENG ZHONGYAO

出　　版　天津人民出版社
出 版 人　黄　沛
地　　址　天津市和平区西康路 35 号康岳大厦
邮政编码　300051
邮购电话　(022)23332469
网　　址　http://www.tjrmcbs.com
电子信箱　tjrmcbs@126.com

策划编辑　苏　晨
责任编辑　王昊静
封面设计　明轩文化·杨历楠

印　　刷　三河市华润印刷有限公司
经　　销　新华书店
开　　本　787 毫米×1092 毫米　1/16
印　　张　19.75
字　　数　250 千字
版次印次　2018 年 10 月第 1 版　2018 年 10 月第 1 次印刷
定　　价　58.00 元

写在前面

也许,这本书并不是绝对意义上的个人品牌建设的书本式教材,它更像是:

一次关于品牌的思想漫谈,

一场与个人品牌认知有关的自由陈见,

一部关于个体与品牌建设的经验哲学。

它不是"技术书",而更像一本"说明书"。

在我看来,打造个人品牌的难题并不在于具体的步骤和方法,而是如何从思想认知的高度,对当下时代建设个人品牌意义进行深度剖析和重新考量。

它不是个人品牌建设方法和程序上的指导,而是从认知入手,对个人品牌的意义进行价值辩护。立足于品牌的两大维度——认知与实践,首先从品牌本体论角度出发,正确解读和剖析"品牌"这一看似实际却又很抽象的概念。不仅如此,此书还将品牌相关理论与人生、艺术、哲学知识结合,然后融汇到个人品牌实践各个方面和阶段, 从多个方面让个人品牌的价值得到提升,甚至可以运用于其他行业领域。它是普世性的,而不是狭隘的。

其实,"个人品牌"不仅限于"人"的概念。在一定程度上,成功的个人品牌就是一件伟大的"商品"。书中融入了产品、企业品牌案例,在相对成熟的商品、企业品牌的空间中剖析挖掘适用于个人品牌构建的通用性法则。

术,是规律、模式;破术,是创新、不拘。

此书改变了以往类型书的构思写作方法, 打破传统形而上的逻辑结构和绝对模式,以自由的、漫谈的、随笔的方式与读者进行轻松交流。以个人品牌为载体,借随笔和手记的方式贯穿对品牌理论的所有陈见,既包含本人长期从事个人品牌策划的经验积累与总结, 也是在日常生活中对品牌思考的点滴。

越随笔,越哲思。有时候那些信手写来的东西更加光辉灿烂,那种文字里所包裹的思想灵光甚至会胜过正午的太阳。以随笔或手记的方式,对个人品牌的认知进行重构,让个人品牌既可以绚丽多彩,也可以严峻冷峭。

思想,本身就是一件快乐的事。

一本个人品牌的书贯穿了整个品牌知识和个人思想陈见。有了对品牌的初步认知,再去思考个人品牌的意义,思想个人品牌对自己的意义以及对社会的意义将会大有裨益。

要想出类拔萃必须与众不同(代序)

美国著名家电公司惠尔浦执行总裁惠特克说过："打造个人品牌也是职场竞争的取胜之道。可以说，个人品牌是无法复制的职场优势。"

这个时代成功的个人品牌内涵特征一定是"唯一"，而不是"第一"。个人品牌的唯一性是让你从浩如烟海的人群中脱颖而出的最佳方式。同样，个人品牌形象不仅可以让自身具有清晰的辨识度，还可以帮助个人树立社会威信，赢得社会影响力，并获得良好的美誉度和社会的认可度。

事实证明，因为个人品牌的影响力，艺术家能赢得市场的认可，企业家能赢得企业的发展，如果你是一名普通的员工也会在职场中得到重用，你的朋友和家人，也会因你的品牌影响力而对你刮目相看。所以，个人品牌影响力向来不可被低估，无时无刻、无处不在地发挥着非常的作用。

那么个人品牌源自何处？它源自你的思想力，取决于你在某行业内或专业上是否有不可替代的价值和作用，并在自己的专业领域有自己的声音和主张。这样，你的影响力才会不断扩大，价值才能得到体现。因此，想要在"拥挤"中做到出类拔萃,获得不可动摇的社会影响力就必须做到内外兼修、与众不同。

在这个快速发展的社会,学历、头衔等比以往任何时候都廉价。个人的品牌成长越来越不能依赖于"单打独斗"的自身个体,成为一个以跨界思维与平台共生精神为理念,用自我厚德去践行,依靠真诚合作来完成的系统化过程。

这是一个强强联合的时代,只有合作才能实现长久共赢。也就是说,任何人要想获得更大的发展都需要通过与他人或平台的合作实现自己的职业理想;需要通过与合作伙伴的结盟,创造出新的举措,树立自己的品牌,赢得业界的认可。在这个"人人皆网红"的时代,企业家甚至可以通过与媒体的结交,在宣传、报道或在自媒体推广过程中,以个人建树性的思想观点和个性化的途径传达,以良好的视觉形象为标签,创建鲜明的个人品牌。初出茅庐的艺人想要在演艺圈提高,也需要通过同行或机构的支持与配合,打造属于自己的优秀作品,注重个人的正面形象,获得大众和粉丝的认可,并形成属于自己的粉丝群体,扩大个人品牌形象的影响力,实现星途的坦荡。

无论是企业领导者、艺人或普通职员,首先要懂得个人品牌的建设是个人稳态发展的前提,在日常中加强学习,重视个人品牌塑造的准确性和有效性,清楚目前人们对你有什么样的感知、看法和感受,然后在现有的基础上再去重新定义或调整你理想的品牌目标,并策略地将个人品牌信息传播出去,才会拥有影响力。

在我们每天所从事的活动中,有六项核心活动最能传播我们的个人品牌,即:思想、行为、判断、演讲、文章、外观。这六项"指标"相当于你个人品牌营销计划中的一种内在软"媒体",也是你改变原有品牌形象的途径。所以,缩短理想的个人品牌与现实之间的差距,可从这六项活动入手。

本人长期从事文化产业以及个人品牌研究、策划工作,其中个人品牌包装策划主要服务于企业界、演艺界以及时尚界的人物,在工作过程中发现不少需求者所存在的不足根本所在是思想认知上的问题。所以对本书的章节构思,首先帮助读者从思想认知入手,解决对个人品牌认识上的问题,从而更深层次地认识自己、发现自己,清晰地知道自己想要成为什么样的人,然后再去按照既定的目标,逐渐向自己想要打造的理想个人品牌靠拢。

很多拥有自己品牌的人都有这样的特点:做着自己喜欢做的事,而恰好这件事又能提升自我、实现自我价值;能够在自己喜欢的工作中发挥自我潜能。所以只有全面地认识自己的本质条件,掌握所需要的资源,并懂得如何利用这些资源,你的独特性才能得到最充分地发挥。

今天互联网的扑面,社会越来越"拥挤",信息也变得越来越不对称。因此对于个性化的需求就越来越高,人们的思维也越来越多元化,同时诱惑和刺激让人越来越浮躁。于是出现了博人眼球的"红人"。在这个浮躁的社会中,我们必须要学会沉淀,用科学有效的方法,使自己的个人品牌价值不断增值,去扩大自我的资源,形成价值发展体系,这样才能不被社会所淘汰。

下面的几个章节,你将接触到的是有关建立个人品牌具体案例的总结和方法分析,希望通过分析能够帮助大家塑造属于自己独一无二的气质,找到切实的行动方式,实现人生价值最大化。希望每一位不甘平庸的人能在这个繁华的时代找到自己的角色定位,形成自己的品牌,赢得属于自己的精彩人生。

其实,个人品牌与受众的关系无非就是:"你的关注和需要,正好我有",你因我的品牌力量而关注与跟随,而我也正因为有你的信任变得更加努力与真诚。这就是说,当下的个人品牌建设与发展过程是从受众对你的忠诚度到美誉度最终具有知名度。这完全颠覆了"知名度-美誉度-忠诚度"的传统品牌营销的打造过程。

打造个人品牌是一个漫长且充满惊喜的过程,当你满心收获的时候,别忘了这一路经历的风景与阻碍,唯有坚持不懈,才能不断向前,并最终实现塑造个人品牌的终极目标。

相信,一个拥有学习力以及真实而又立体的你,一定会让你的个人品牌具有强大的生命力与魅力。

本书是北大青鸟文化艺术研究院系列丛书之一。借此,感谢北大青鸟领导对北大青鸟文化艺术研究院的关怀支持,以及提供的学术研究环境和难得的项目实践机会,可以讲,如果没有北大青鸟领导的前瞻英略,就没有今天研究院的诞生与成长,使之成为我国文化艺术产业具有品牌拥护的中坚投智机构。

王　鹏

北大青鸟文化艺术研究院

目　　录

认知论 ｜ 个人品牌塑造理论

对个人品牌的认知是实现意识的觉醒和觉后之悟。"认知",不是探究如何实现"尚未解决的问题",而是对实现的本身产生质疑后的全盘反思和更加关注未来空间的前提。

把自己当成品牌

个人品牌塑造

◎着手打造个人品牌

○认识个人品牌

美国学者林恩·阿普肖在其出版的《塑造品牌特征》一书里指出：品牌是使某种产品和服务能够区别于其他产品和服务的名称、标志和其他可展示的标志。美国市场营销协会定义委员会认为，品牌是用以识别一个或一群产品或劳务的名称、术语、标记、符号或设计，或是它们的组合运用，其目的是借以辨认某个销售者或某群销售者的产品或服务，并使之与竞争对手的产品和服务区别开来。

美国品牌界的领导人物大卫·艾克于 1988 年明确提出了基于单个企业品牌系统的"品牌群"概念，首次将生态学的种群概念引入到品牌理论的研究中，并指出这是一个认识品牌的全新角度，生态学将成为解决品牌复杂性问题的桥梁，是品牌理论创新与发展的新视角。

美国广告专家罗瑟·里夫斯最早提出"要把个人当作品牌那样进行营

销",他曾包装过美国总统候选人德怀特·艾森豪威尔,迈出了打造个人品牌的第一步。他通过街头采访、标语宣传以及民意调查的方式充分了解公众的需求,在宣传广告中着力精准传达出:德怀特·艾森豪威尔在时刻关注民众所想,德怀特·艾森豪威尔有能力做民众的"代言人"……虽然在今天看来,里夫斯为艾森豪威尔所做的宣传和包装整体比较粗糙,但那次营销活动是世界上首次将人视为产品而进行的,开创了个人品牌塑造的新开端,这也是罗斯·里夫斯人生中的一大成就。

个人品牌与每一个追求成功的人都有切身的关系。如果说在资源集中化的时代,个人品牌是极少数精英的事,那么在资源多元分布的网络时代,建立个人品牌将成为任何人都能做的事情。个人品牌的管理可以帮助你定义"你是谁""是什么使你与众不同""你如何变强大"以及"这个职位为什么非你莫属"。你不一定要做出什么惊天动地的伟业,但是一定要有自己独特的气质。强大的个人品牌能够让你在所有流动变化的状态下"先知先觉",加上专注的执行和不断的调整,让一个人在激烈的职场竞争中打造出不可复制的优势。

打造个人品牌首先要了解品牌的特性。品牌是基于消费者的"认知和体验"之上的,具有以下两个特点:第一,品牌是无时不在的。品牌从一个公司成立、研发产品、注册商标一开始就存在了,而个人的品牌是当你步入社会就会逐步形成的,而且个人品牌形象是会一直伴随你生活中的方方面面。第二,品牌的概念又是无处不在的。成功的品牌运作一定会渗透到所有业务的流程中去,从产品的设计研发,到后续的市场营销等各个环节都会有该品牌的烙印。对于个人品牌而言,你的一言一行,你处理事情的方式,甚至你的衣着打扮都是个人品牌的表现方式。

认识到了品牌的定义及特点,再着手去打造个人品牌的时候,就会更有针对性地制订个人品牌发展的长线策略。从生活中的资源入手,一个人的资源整合能力成了他取得成功的关键。所以在建立个人品牌的过程中,必须不断舍弃无效的资源,逐渐拥有更大、更强的个人品牌影响力。

○个人品牌帮助你赢得竞争

人是群居动物,总会有自己的组织和小团体。如今社会竞争越来越激烈,想要在组织或团体中崭露头角,光埋头苦干并不能让你的努力被重视,甚至还有可能会被湮没在其他无用信息里。因此,一个人要想在组织和团队中被接受和认可就显得尤为重要,这就需要有鲜明的个人品牌供大家识别,被大家牢记和认可。

遗憾的是,很多人的闪光点始终没有被很好地发掘出来,而是掩盖在纷繁复杂的表象之下,成了不见天日的"宝藏"。其实我们每个人都应该做自己的首席 CEO,无论是企业领导还是普通员工,或者是一个正在为梦想打拼的年轻人,你的人生都应该由自己做主。所以打造出独一无二的个人品牌,发掘出个人的潜质就成了非常重要的一步。

打造个人品牌与产品品牌有一定的相通之处。产品品牌的打造,首先要在消费者心中形成一个特有的形象让消费者认可,为产品在市场竞争中寻找到一个合适的位置,这个合适的位置就是我们通常所说的产品的定位。

好产品需要在激烈的市场竞争中找到一个合适的定位,让产品在消费者心中有一个区分于其他产品的位置。比如提及去屑洗发水就会想到海飞丝,一提到可乐就会不由自主地想到可口可乐,想喝凉茶会马上想起加多宝……我们之所以会有这样习惯性的联想,是因为这些品牌已经成为一种烙印,深深地印刻在消费者的脑海里,它在不知不觉中影响着消费者的选择。这就是品牌的价值,产品是给拥有者带来溢价、产生增值的一种无形的资产,与其他产品、劳务相区分的名称、术语、象征、记号或是设计的组合是它的载体,增值的源泉则来自于消费者心中形成的关于载体的印象。

随着互联网时代的到来，产品和品牌的内涵在不断地放大，这就需要商品要有与众不同的定位和包装，形成强劲的核心竞争力来应对波涛汹涌的"红海市场"。不仅是产品，就是企业领导、普通员工乃至演艺明星也都需要有独特的个性魅力，去吸引更多的职业机会，增强竞争优势。

网络上曾流传过一个有趣的小测试，记者找来一个小女孩儿当演员，把她打扮成一个衣衫褴褛、蓬头垢面的样子让她在大街上游荡，看是否会有人主动上前帮助她。半个小时过去了，路过的人们纷纷向她投来异样的目光，并没有人愿意给她提供实际的帮助，她只得可怜兮兮地走在大马路上。然而记者又把这个小演员重新梳洗打扮一番，让她穿上漂亮的衣服再次出现在街头寻求帮助时，路过的人们都被这个美丽可爱的小女孩儿打动，很多热心的人都主动上前帮助她。

这只是一个小小的测试，但足以看出个人品牌形象的重要作用。个人品牌的主体是人，个人品牌的目标群体或者潜在客户群体还是人，其行为主体也是人。这就涉及到最最核心的一点，即"情感与价值观"。品牌是一种关系，个人品牌更是一种关系，而关系的核心就是情感，情感的价值在于认同，情感认同就是个人品牌的价值所在，当对个人品牌的认识超于情感层面，价值观认同就是个人品牌的最高价值体现。当你的个人品牌获得人们的情感认同的时候，会发现所有的一切都变得顺利起来，会具有更多的职业机会，你的工作会得到更多的肯定和认同，你在合作伙伴中的心理定位会有所提升。而这一切都源自你对自己有清晰的认识，你对自己的能力有合理的定位。

○个人品牌让你有辨识度

在这个时代，过去那种平庸的工作方式已经彻底结束了。处于平庸的状态，根本无法让你得到以前那样的奖赏。越来越多的老板有更多的招聘手段，当许多能力突出又廉价的外国劳动力、廉价的机器生产、廉价的软件、廉价的自动化以及廉价的优秀人才可供选择的时候，能力平庸的人根本无法获得任何被关注的机会。无论你从事什么行业，情况都是如此。所以就需要找到一个可以做出独特贡献、增加价值并且展示才华的方式，这才是唯一的生存之道。

想要与众不同，想要让自己脱颖而出，就需要精心地打造个人品牌，没有个人风格和个性的人，其实和那些渐渐消失的商品品牌一样会被湮没在茫茫的人海当中，渐渐失去光泽。美国管理学家汤姆·彼得斯说：21世纪的工作和生存法则就是建立个人品牌。他认为，不只是企业、产品需要建立品牌，个人也需要建立品牌。这句话的广泛流传也说明了个人品牌已经为人们所重视。在这个竞争越来越激烈的时代，不论在什么样的组织里面，要让人们认识你、接受你，首先你要充分表现自己的能力。倘若你埋头工作却不被人们认知，你的杰出表现就会被铺天盖地的信息所湮没。因此个体在团队中的价值也无从体现。要想达到个人成功，要想拥有和谐愉快的生活，每个人都要像某些明星一样建立起自己个性鲜明的"个人品牌"，让大家都真正理解并完全认可，只有这样，才能拥有持续发展的事业。

在思维流动的时代，每天都有大量的信息涌入人们的视野，于是关注度就显得尤为珍贵。网络上，大大小小的网络红人使尽浑身解数迎合粉丝，其实就是为了能最大限度地赢得公众的关注度。有了关注度开网店才有客流量，微信公众账号才能水涨船高，获得广告的植入，有关注度明星的电影才有高票房保证，投资人才能找到投资与回报的平衡点，甚至有可能赚取高出投入好几倍的回报。

关注度成了这个时代最稀缺的资源，赢得时间和目光的停留才能拥有强大的气场和影响力。如今，随着网络科技的发展，想要发出自己的声音已经并不是什么很难的事情，互联网时代有微信、微博等社交平台，每个人都能拥有自己的媒体平台，每个人都能成为舆论的中心。这个时代并不缺乏舆论传播平台，而是缺乏独特的个性，想要赢得关注就要发掘自己的个性，发出与众不同的声音，走自己的路，形成自己独特的品牌，这才是互联网时代的生存秘籍。

互联网时代的一个显著特征就是去中介化。一味按照以前那种模式与目标受众沟通，已经完全不能满足当下客户的需求，如今需要的是更深入的互动，吸引消费者参与进商品的体验中去，在体验中增强目标受众的黏性，让他们对产品或个人品牌产生依赖，进而产生更持久的影响力。

小米手机之所以能拥有如此众多的粉丝，除了运用饥饿营销的手段，还与领导者雷军与"米粉"（小米手机的粉丝）之间的良性互动有关系。众所周知，在文化与科技产品融合日益盛行的今天，小米手机形成了一套自己的"粉丝文化"，创始人雷军也一直很注意与粉丝的互动关系，保持着很高的曝光率，他的微博粉丝已经过千万，获得的关注度与知名电影明星不相上下，而这一切都源自他对个人品牌的成功塑造。

尽管是这样，小米还是有自己的弱点：迄今为止，小米公司在海外市场的营销更倾向于采取与粉丝互动而不是广告的方式。由于品牌知名度较低以及产品供应有限，小米公司在海外的营销面临挑战。小米公司的官方微博拥有 1070 万名粉丝，而其英文 Twitter 账号和印尼 Facebook 账号则分别只有 5.9 万和 6.4 万名粉丝。此外，小米公司海外社交账号下的评论数量也较少，而且许多人在评论中表达了对智能手机供应量有限的失望。

有关注度、有粉丝，品牌才有持久的发展潜力。因为人们都会对陌生的事物有一种本能的抗拒感，而对曝光率较高的人和事物有着亲切感和熟悉感。在网上拥有持续、稳定个人品牌的人或产品，人们会产生更多想要了解的欲望，也更容易与这样的人合作。

为了应对互联网时代的品牌生存危机，"罗辑思维"的罗振宇提出了一种"U 盘化生存"理念：在多变的时代，个体唯一能做的便是武装好自己，如此才能适应各种新的情况。自带信息,不装系统,随时插拔,自由协作。这就意味着我们应该随时对新生的事物保持一种原始的兴奋感,在个人品牌梳理清晰的前提下不断充实自己,扩大自己的竞争优势,以不变应万变才能赢得竞争,随心所欲过自己想要的生活。

这就是品牌的力量,它让普通的生活变得更有质感,这种质感并不是说你要拥有多么奢华的住所,有多高的声望,而是一种可以掌控自己生活的能力,可以过得从容而自信的素养。就像可可·香奈儿所说的那样:"你可以穿不起香奈儿,你也可以没有多少衣服供选择,但永远别忘记一件最重要的衣服,这件衣服叫自我。"由此,我们也可以联想到香奈儿这个品牌,它之所以可以经久不衰,除了品质的保证,和可可·香奈儿小姐始终坚持自我的个性不无关系。可可·香奈儿虽然不是什么人生规划大师,但她明白自己真正想要的是什么,并将自己的个性形成强大的个人品牌,因而她的人生是有质感的,她所创立的品牌拥有持久的生命力。

假如你不希望被湮没在互联网的浪潮里,就要用心地去经营、打造自己的个人品牌,让它成为独特的符号,并成为独一无二的、不可替代的自己,只有到那个时候你才会拥有更为强大的力量去主宰自己的命运。

◎发掘个人品牌的独特个性

○每个人都是独特的

美国人本主义心理学家亚伯拉罕·马斯洛有过这样的描述:"我们存在这样一个状态,我有时称之为'倾听你的直觉'。这意味着让你的真我浮现。我们大多数人会被别人的声音打扰,而听不到自己的声音。如果仔细倾听,你会发现所有的只是都已经包含在生活本身当中。"倾听内心的声音是很重要的,它会告诉你"什么最适合你""如何掌握你的内在历程"。通过倾听内心的声音,你便会明白自己的天赋、梦想、感召和生命的意义。明白了这些,你就会产生一种强大的内在力量:这是你的与众不同之处,能感应到这股力量的人会在自己的领域取得骄人的成就,相反,忽视了这股力量的人可能付出了很大的努力却最终收获惨淡。

正如周杰伦和那英截然不同,杨澜与章子怡也是不同的两个品牌。每个人的个人品牌都不会是相同的。因此,个人品牌建设要有强烈的个人色彩,在打造个人品牌的过程中需要不断与自己的个性贴合。心理学家认为,一个人表现给外界的自我和内在的自我有所不同。这其中有两个不同的概念,一个是"公众自我",即一个人展现在他人面前的自我,也就是在别人眼中这个人的整体形象;另一个是"个人自我",即一个人真正的本性。个人品牌就是使这两个"自我"达到完美的统一。

所以,在打造个人品牌之前,你需要回到自己的内心,去问自己想要成为什么样的人?有什么样的天赋?如何去让自己的独特之处得到最大限度的发挥?当这一切有了明确的答案之后,你的品牌建设之路才会有一个正确的发展方向。

○案例:潘石屹个人品牌的独特性

潘石屹无疑是个人品牌意识觉醒较早的企业家,他说:"大概在七八年前,中国房地产兴起了一股企业形象的风潮,设计师在我的名片上设计了一个穿着唐装的漫画潘石屹,后来就成了 LOGO。一个活生生的人总比一个标志好,这就成了公司的标志。"是的,一个充满个性的标志,总是胜过干巴巴的说教和演示,它可以让冰冷的商品变得有人情味儿,充满个性色彩。

潘石屹也是最早利用网络打造品牌的人,他成功地利用个人博客和微博推广 SOHO 品牌,这个博客在十多个主流门户网站上落户,只新浪一家网站的浏览量就达数千万。他还通过博客、网聊、微博以及众多重要的会议上的发言分享他的见闻及观点，生动地向公众宣讲行业趋势以探讨更广泛的社会话题。他是很典型的利用微博等新媒体成功为个人实施品牌营销的标志设计的代表性人物。

潘石屹在地产圈绝对算是个另类的人物，充满了个性魅力，从SOHO的概念，到拍电影、出书，再到干脆正式进军"电视主持圈"，潘石屹是越玩儿越时尚，他塑造的个人品牌形象也扎实地印刻在人们心中。他没有把目光仅仅局限于开发产品当中，而是用更长远的追求获取更长远的价值，强调要做中国的、当代的建筑，同时他又塑造了独特的个人品牌。因此他开发的项目获得了巨大的成功。

○每个人身上都有无限潜能

打造个人品牌并不是一件深不可测的事情，或许现在你还并未拥有像潘石屹这样的企业家、名人一样的巨大能量，但我们都是拥有独特的生命个体，我们每个人都应该有意识地去触探一下自身潜藏的小宇宙，把自己的品牌变得更加与众不同，让自己迸发出无限的超级能量。

美国心理学家维吉尼亚·萨提亚用冰山做了一个形象的比喻：每个人都犹如一座冰山，外显的行为和故事就如同暴露在海面上的冰山一角，内在复杂的心理活动犹如庞大的冰山底部隐藏在海平面下。我们每个人都是宇宙共同生命力的独特展现，人们因为相同而有所关联，因为相异而有所成长。

我们每个人都是一座具有潜力的冰山，等待着潜能慢慢被开发出来。对于当今的企业来说，最能体现出价值的可能不是那些硬件，比如冰冷的机械设备和大量的商品库存。企业的竞争力源自品牌、公司声誉、财务与客户的关系和与合作伙伴之间的关系，而这一切无不体现人本的价值。

消费者在选择产品的时候，不仅仅是在比较商品的品质，也在无形中比较着这个商品背后的"软实力"。这是在商品领域，在娱乐圈也是如此，大众在欣赏明星精彩表演的背后也会关注这个明星散发出的性格魅力，以及这个演员作为公众人物所具有的表率力，而这一切都说明你的品牌会影响你的个人发展。

"股神"巴菲特给儿子彼得·巴菲特最好的礼物不是万贯家财和多年积累的金融经验，而是鼓励儿子勇敢地做自己。他并没有强行要求儿子继承自己的事业，而是全力地支持彼得去做自己想做的事情。彼得在名校斯坦福大学只读了三个学期就休学去追求自己的音乐梦想，如今他已经成为全美知名的音乐人。

"股神"给儿子最好的礼物就是告诉他：你的人生由你打造，没有什么人可以代替你做什么，也没有人有权力告诉你应该怎么去做。你唯一需要做的就是发现你的内在感召，并带着你的爱、激情、信心和勇气付诸行动，这是不可推卸的责任。

每个人都有自己独特的使命，每个人都有被塑造的可能性，我们需要做的就是把潜藏的可能性发掘出来，让最好的自己迸发出来。无论你是企业家、明星、还是网络红人，或许仅仅只是公司的一名普通职员，都有被塑造的可能性。

台湾知名文案、创作型才女李欣频曾经说过"很多人把人生当成了选择题(在固定的几个选项中选)，而忘记了自己有选择权(选择要不要只在这些选项中选择)，忘记了自己有重新命题权，忘记了其实自己可以创造属于自己的工作类别，属于自己的工作形式与生活方式。"

在互联网时代，虽然现在大家都有更多的机会去展示自己，但许多同质化的声音总能被轻易地湮没在海量、嘈杂的信息当中，没有个性和独特的思想就意味着被淘汰。品牌策划中有一条值得借鉴的定律：在激烈的市场竞争中，如果企业无法成为行业第一，还可以从新颖独特的角度下功夫来吸引消费者,力争做到品牌唯一,这样就有机会成为商场上的赢家。美国品牌策划大师阿尔·里斯在《品牌之源》一书中也曾写道:品牌营销的终极目标,就是要占据消费者的全部心智,成为消费者心中的唯一。形成自己独特的个人品牌,做到唯一是最有效的方式,同时要相信自己本身就是强大的品牌,要有"不做第一,只做唯一"的智慧,要有足够的底气去击败想要取代你的人。

中国有句古话叫"青出于蓝而胜于蓝"。总会有更好的产品、更优秀的人出现,它(他)们会毫不留情地取代不适应社会发展的人或者是产品。"优胜劣汰"的自然法则同样适用于人类社会,而只有具备了唯一属性才是不可以被取代的,永远有发展的前景和生存的可能性,虽然可能没有第一的霸气与傲气,但是正因为是唯一,所以足够独特,让人可以一下子记住。

美国脱口秀主持人、世界级名嘴奥普拉·温弗莉的人生与众不同:从一个悲惨的黑人穷女孩到成功的亿万富翁,未婚妈妈所生,九岁遭遇性侵犯,少女时期早孕,吸毒堕落……漫长又痛苦的早年经历为这个小女孩儿的成长蒙上了一层灰色。可最终她成功了——成为万众瞩目的脱口秀巨星,甚至成为一个不可逾越的标杆。

奥普拉·温弗莉在她的新书《我坚信》中写道:"我坚信,每一天都蕴含着用惊奇的双眼去看世界的可能性。"正是因为她坚信梦想的力量,坚信自己就是强大的品牌,成功地走出了一条与众不同的发展之路。她成功了:妮可离婚了来找她诉苦;朱莉娅·罗伯茨怀孕了找她秀肚子;汤姆·克鲁斯在她的脱口秀上展示芭比女友凯蒂·赫尔姆斯;就连桀骜不驯从不将别人放在眼里的"坏小子"西恩·潘在她面前都乖乖讲述起他与麦当娜那段失败的婚姻。

这一切都说明她用自己的努力活出了生命的质感,她用自己独特的魅力赢得了世人的信任和尊重。这就是个人品牌的力量。

在互联网时代,现代人应该树立起个人品牌意识,打造自己与众不同的个人品牌。只有彰显出与众不同的个性,才会吸引到更多的机会,为自己赢得更多的注意力。或许你现在还处于成长的迷茫时期,对自己并没有一个非常清醒的认识,这说明目前你对自己的个人品牌还没有很好的认知,还没有发现自身蕴藏的巨大潜能。

生活中,有许多常常感慨时运不济的人,很多付出辛勤却依旧没有收获的人。这是因为他们没有感受到自己蕴藏的强大力量,只是一味凭着一点点聪明而瞎闯乱拼,就好像船长驾驶着一艘找不到灯塔的轮船,在茫茫黑夜的大海上毫无目的地航行,尽管不辞劳苦,勇往向前,但最终却与自己的目标南辕北辙。

每个人都是独特的个体,都有无限的可能性,有一天当你发现了这点,一切就会变得豁然开朗。

◎个人品牌成长周期

○依据人生周期调整战略

产品生命周期(Product Life Cycle)简称 PLC,是产品的市场寿命,即一种新产品从开始进入市场到被市场淘汰的整个过程。美国经济学家雷蒙德弗农认为:产品生命是指市场的营销生命,产品和人的生命一样,要经历形成、成长、成熟、衰退这样的周期。

就产品而言,也就是要经历一个开发、引进、成长、成熟、衰退的阶段。不同的时期需要有不同的调整策略,其实这和个人的成长过程是一样的,都需要精心的呵护和不断的打磨。

因此,品牌维护也需要根据不同时期的市场变化而调整竞争策略。比如农夫山泉的品牌策划就是一个很好的例子,当乐百氏提出 27 层净化的理论时,初入市场的农夫山泉便提出了"有点甜"的概念,这个概念一出现便赢得了广泛的关注和认同,也让农夫山泉赢得了快速进入市场的最佳时期。

"有点甜"的概念虽使农夫山泉抢得市场先机,但却并不能让农夫山泉一直保持新鲜感。于是,第二步,农夫山泉在"有点甜"的基础上又提出了"天然水"的诉求重点,这样又将自己的产品与传统"纯净水"概念进一步区分开来。至此可以说,农夫山泉已将其他的竞争对手踩在脚下,成了行业的领导者。

当然,农夫山泉的道路并没有就此终结。每当一个概念推出市场,必定会吸引模仿者跟风效仿。当市场上的其他品牌也相继推出天然水概念的时候,农夫山泉另辟蹊径再次推出"弱碱水"的概念,一跃成为行业内排名第一的矿泉水品牌。可见,一个品牌的开创并不是一劳永逸的,是需要经历一个循序渐进的过程,更需要一双慧眼去找准市场时机,然后稳、准、狠地切入市场。

其实,打造个人品牌和打造一个产品品牌是有一定互通之处的,二者都不可能一蹴而就,而是需要长期的关注和投入,不断推陈出新,更新自己的观念。

美国著名管理学大师史蒂芬·柯维在《高效能人士的七个习惯》一书中向我们描述了一个"成熟模式图",即人类成长可分为依赖期、独立期和互赖期三个阶段。

人生不同的时期需要有不同的定位,实现不同的品牌价值。比如在依赖期,你的定位或许就是要完成自我的成长,蓄积力量,为以后的人生发展之路奠定基础。当然,这也是探索自身品牌价值的关键时期,需要通过不断的学习去完善自我、发现自我,并通过家庭和学校的引导逐步意识到自己的优势、劣势,慢慢去探索未知的人生道路。这个时期是可以充分暴露自我个性的时期,也是塑造个人品牌的黄金时期。

当我们进入独立期的时候,这是人生的第一个转折点。这一阶段,个人

"自我意识"开始觉醒,你的独立人格也开始形成,这也意味个人将作为一个独立的产品将被正式推向更为广阔的"市场"。于是,你必须拥有自己独特的个性和人格,才能在激烈的人生竞争中拔得头筹。人生的竞争并不比市场的竞争轻松,所以更要及时调整策略,找对你的最佳切入点。

赢得这个时期的策略是,根据在依赖期积累的知识和对自我的认识,优化你的内存,不断扩大你的影响力。不要硬碰硬地与人竞争,而是向品牌策略学习,不断调整自己的思路,走出一条属于自己的道路。就像美特斯邦威那句著名的广告语:不走寻常路!与其在红海中拼杀,不如寻找到属于自己的蓝海。

大家都有过这样的困惑:一直在寻找提升个人品牌的机会,却总是找不准最佳时机。然而,所谓的"最佳时机"之所以难以寻找,并不是因为你缺少想法和信息,而是因为相互竞争的想法实在太多,大脑磁盘也被太多冗余的信息满满占据。所以,要学会判断哪些事情是重要的,而哪些是无价值的,还要拥有王者一样的勇气和决断力,敢于出击。

每个人都有不同的生长环境,因此每个人的处境也不尽相同。提升自我品牌和塑造产品品牌的过程很相似,需要对环境有清醒的认识,对纷繁复杂的现象有所取舍和选择。但同时也需要你有敏锐的市场嗅觉,需要有对自己本能的信任和有待发掘的潜质。所以要充分运用你的大脑,发现自己被埋藏的潜质,提升自己的品牌形象。

○从营销的角度观照个人品牌定位

如何让你成为你,而且只是你自己,是新世纪每一个不甘于人后之人都值得深思的问题。定位学认为,识别、重塑和管理个人品牌定位至关重要。无独有偶,营销学则为个人品牌定位提出了一整套4P营销理论。

多年以前,美国著名营销学者麦肯锡将营销活动总结为四种大类的营销组合，他称之为4P营销理论，即产品（Product）、价格（Price）、渠道（Place）、促销（Promotion）。让4P理论在个人品牌定位中化而用之，就成为实现个人人生价值的重要步骤。

假设香港著名导演李安毕业以后，从众人之流，汲汲于功名，营营于富贵，甚至为生活所迫，转从其他行业，那么，还会不会有《卧虎藏龙》的一鸣惊人，我们不得而知。"你要成为什么样的人，你应该成为什么样的人"，来自于你的人生观、价值观和世界观构架。这是"你成为你，而不是别人"的根本品牌属性。如果说，把每一个自然人看作一项社会产品（Product）的话，你的认知、观点、主张就是你作为一个社会个体抢占受众心智、塑造个人品牌的重要立论。

经济学认为，价值与使用价值是区分商品与非商品的重要依据。用经济术语讲，每一个自然人（4P理论中的产品）都有自身固有的价值属性，若要成为社会人就必须具备社会属性，应用在营销学中就是价格（Price）。所谓社会属性，即每个自然人融入社会，将自身的学识、认知、精神世界折射于社会，并产生社会价值的化学反应。从营销的角度看，个人品牌定位为产品标价，犹如强化个人价值溢价，任重，却并不是遥不可及。

在个人定位中，"你想成为、应该成为什么样的人"固然重要，但"你不能成为什么样的人"的情况却时有发生。为什么？营销中，产品和价格是很重要，但对比之下，渠道（Place）却更为重要，同样的情况在定位学中也十分常见。《红楼梦》中十二钗之一的薛宝钗的一句"好风凭借力，送我上青云"，将此中真谛一语道破。在当代社会，借力使力、借势跨界、传播营销等已经成为个人品牌运营的重要形式，没有人能脱离社会而存在，同样也没有可以不借助于营销、传播而固定个人品牌、实现个人品牌的显著度和美誉度。

古人说，行百里者半九十。在个人品牌定位中，你抢占了社会心智，提高了社会价值溢价，甚至细分了营销渠道，可若你没有及时、有效执行宣传、传播和推广策略,最终在促销(Promotion)这一步倒下,你的个人品牌定位也算不得成功。如果说,前三步都在为"你能成为什么样的人"而殚精竭虑的话,那么,如何在个人品牌定位中实现营销成功,才能确保"你最终成为什么样的人",实现"你只是你,而不是其他人"的夙愿最终实现。

学会营销自己,已成为新世纪每一个有志之士最应该学会的基本技能。认真说来,世间所有运气,若是从头说起,一切抽丝剥茧之后,都是用心的筹谋。个人品牌定位同样如此。

◎个人品牌的品质承诺

○承担责任让个人品牌更有品质

全球传播巨头 WPP 总裁史蒂芬·金说:产品是工厂生产的东西,品牌是消费者购买的东西;产品可以被竞争者复制,品牌却是独一无二的;产品可能会很快过时,而一个成功的品牌却是永恒的。

想要建立起自己的品牌,首先就要树立好自己的品质承诺,让周围的人建立起对你的品质信任。信任是建立在品质基础之上的,人们为什么会倾向于购买大品牌的产品,就是因为大品牌代表了一种品质承诺,在广大消费者心目中已经有一种对品质的信任。

刚刚进入社会的人,因为资历尚浅,经验较少,很容易被别人用不信任的眼光审视。其实这很正常,只要换位思考一下也就不难理解:作为企业的领导,他要为整个企业发展负责,由于新人在业界还没有信任度。所以对他们来说,启用一个毫无经验的新人是有一定风险的。

在职场上的声誉决定着你职场生涯的长度和宽度,要想在职场上站稳脚跟,不仅要在单位内树立良好的形象,更要在业界树立起口碑和良好的形象。对于刚步入社会的年轻人来说,首先建立起自己的品牌才能立足。把事做好是最基本的标准,同时要有良好的人品做保证。当然,人品并不是一朝一夕就能被人们看到的,而是在和同事们的朝夕相处中慢慢体现出来的。要在做事中学会与人沟通、协作,培养自己的情商,把人做好是树立个人形象的基本要求,也是品牌塑造的重要条件。

同样一件工作,为什么领导会把它交给你而没有交给其他人?除了是对你工作能力的信任之外,更多的是对你人品的确信。当然好人缘并不是说长袖善舞,八面玲珑,而是要学会承担责任。企业花钱雇佣你,并不是请你去制造问题而是解决问题。所以做一个有担当的人,在关键的时刻能扛得起责任,才是建立口碑的关键。

有关正直,英国作家阿瑟·戈森说过:正直意味着有勇气坚持自己的信念。这一点包括有能力去坚持认为是正确的东西,在需要的时候义无反顾,也能公开反对确认是错误的东西。当然并不是说我们都要像金庸武侠小说里的大侠一样疾恶如仇,但最起码要有自己的诚信,有担当,有坚持,做一个让别人可以依靠的人。至少不是那种左右逢源、没有原则的墙头草,看似可以吃得开,但是却无法获得更深层次的信任。

○细节中树立起品质承诺

如何建立良好的品牌形象,树立好强有力的品质承诺,首先要在日常的工作中,渐渐给身边的人灌输你强有力的品牌精神。当然你的价值观越鲜明,就越容易赢得支持者的拥护,甚至更容易取得成功。

但是,鲜明的价值观是一把双刃剑,因为当你特别鲜明地表示支持某种观点的时候,也就意味着要做到表里如一,对这种观点要非常有底气地坚持下去。每个人都有自己的判断力,口是心非的人早晚会露出马脚,会让人产生不信任感。不要让表里不一的个人品牌损害了好不容易才建立起来的良好品牌形象。因为建立在不信任基础上的个人品牌是不会牢固的。

我们通过一个小故事来了解一下细节于个人品牌中的体现：一次，原鲁迅博物馆研究员叶淑穗和朋友一起拜访周作人。他们走到后院最后一排房子的第一间屋时，轻轻地敲了几下门，门开了。开门的是一位戴着眼镜、中等身材、长圆脸、留着一字胡、身穿背心的老人。他们推断这位老人可能就是周作人，便说明了来意。可那位老人一听要找周作人就赶紧说"周作人住在后面"。于是，叶淑穗和友人就往后面走再敲门，出来的人回答说，周作人就住在前面这排房子的第一间。他们只得转回身再敲那个门，来开门的还是刚才那位老人，说他自己就是周作人，所不同的是，这次他穿上了整齐的上衣。

个人品牌并不是遥不可及、高大上的产物，它就在平凡的日常生活中。在细节中足以看出一个人的品质和对个人品牌形象的重视程度。比如上面的小故事中，周作人日常生活中的一个细节足以体现出他对别人足够的尊重，更能从小处看到他对个人品牌的精心维护。一个成名成腕的人如此珍视自己的个人品牌，我们这些普通人就更没有理由懈怠了。要想维护好表里如一的品牌形象，就要通过不断加强自己的个人志向和品牌行为的一致性，对个人品牌进行统一的管理，更好地做到更深层次的个人诚信。

建立在诚信基础上的个人行为，并保持行为与个人信念的一致性，才会赢得别人的信任。这一点和产品品牌的忠诚度是一样的。我们可以通过网络和新媒体构建起一个无懈可击的品牌，但最终将品牌兑现成资产，还需要用产品的品质说话，用品质和诚信来兑换消费者对品牌的忠诚度。

虽然现在的很多企业还不够人性化，存在着与时代脱节的现象，完全是靠赚钱的商业本能在运转。但是，超过92%的人都会认为，企业的成功不应该单纯看利润，更应该看重企业带来的社会影响力。而社会影响力依旧是建立在信任与忠诚的基础上的，企业要有良好的声誉与形象才能获得大众的支持和认可。而个人或是产品的品质无疑是其中加分的环节。

为什么如今又在强调工匠精神？一辈子只钻研一种技艺的行为看似很傻，但以此积累下来的品牌效应却让人受益无穷。古代工匠大多只专注于做一件事，或几件相近的事情。如《庖丁解牛》中的庖丁、《核舟记》中的奇巧人等大抵都是如此。

随着科技的发展和分工协作效率的提升，如今一个人有可能，也有能力同时做几件事情。但我们依旧需要对品质的执着精神，这种精神并不意味着墨守成规，而是要明确自己的品牌核心竞争力和自己的能力上限在哪，有所为、有所不为。表里如一地坚守品质承诺，用诚信与品质赢得他人的支持与信赖。这样，你的道路才会越走越宽。

○个人品牌的品质需要不断积累

生活中常常会碰到这样一个有趣的现象：有 A、B、C 三个品牌的同类产品，A 的价格最高，在不了解每个品牌给消费者带来利益多少以及各个品牌在具体应用上的区别的前提下，消费者在做出购买选择的时候，往往会倾向于去购买 A 品牌的产品。因为在消费者心中，A 品牌从价格上与其他两个品牌拉开了一定的距离，人们更愿意相信 A 品牌拥有更高的声望和品质上的保证。

虽然价格并不能代表一切，但至少说明在同类产品中，它是精工细作，有品质保证的产品，是更加值得信赖推荐的。这种信赖会直接影响到消费者的购买行为，而且很有可能影响到产品的口碑。

品牌不是凭空产生的，而是长期不断积累的结果。无论什么产品，想要拥有口碑就要重视维护产品品质。

同样，个人品牌也要讲求品质。个人品牌的品质在一定程度上与个人的世界观、价值观有关。每个人的价值观都是不同的，在交往中就会产生不同的碰撞。对于不同的价值观，也许我们的内心一开始会产生抗拒心理，但是想一下假若能以包容的心态去接受不同的价值理念，这将会增加你思维的广度，也提升了包容的气度，何乐而不为呢？要知道，你朋友圈的宽度决定了你思维的广度。所以在日常的生活、学习中，不要一味地拒绝与你不同的朋友群体，因为个人品牌的积累是一个循序渐进的过程，你需要以一颗开放、包容的心去增强个人品牌的深度和广度。

但是现如今，在快速运转的时代里，人们开始变得越来越忙碌，生活也开始变得不修边幅。

日本作家松浦弥太郎对忙碌有这样一段解释："越是忙碌的时候，越应该认清真正重要的事是什么，养成确认优先顺位的习惯，否则事态会渐渐演变成可怕的局面。'苟且'的次数逐渐累积，一点点侵蚀你的生活，不知不觉间，你的世界就全变了样。"

如果个人品牌是在日常生活中不断累积起来的，通过个人品牌形象的积累，个人品牌的品质就会有所提升。人的行为具有继承从前、依赖既往的惯性。如果一旦建立起了路径依赖，就会不断地进行自我强化，以致于无法轻易地走出去。所以，你需要从一开始就给目标受众良好的品质承诺，让他们形成一种习惯，慢慢的，你的个人品牌忠诚度就会不断地提升。

发掘个人品牌价值

◎打造开放式人生格局

○不要让标签限定自己

在著名广告人李欣频的《10堂量子创意课》里提到这样一个概念：一般

人爱选择、爱比较，总要找一个"最"才觉得完成了。但真正的人生不是减法，而是加法；不是选择 A 还是 B，而是 A+B 会变成什么。因为"选择"会排除掉其他东西，很容易让生命越走越狭窄，走入惯性里，走进死胡同中。

你的人生并不是一场答案限定的考试，答案也并不是 A、B、C、D 那么简单。人生可以用更开放的视野去经营，你会发现这一路的风景比想象中更美好、更壮观。这又涉及到一个想象力的问题。当你发挥无限想象并用开放的心态重组你的人生时，你或许会找到自己真正的人生价值，这种价值并不固定于你取得了某些成就，有了更高的官衔，甚至是拥有多么傲人的财富，而是一个你真正探索自我需要的过程。

一个高官厚禄的人并不一定比一个普通人过得更幸福，一个红透半边天的明星也并不一定比一个衣食无忧的中产阶级过得更开心。人生没有固定的答案，一切都需要自己去创造。但很遗憾，迫于社会和家庭的压力，很多人早早地为自己贴上了各种标签：好学生、好孩子、好员工，等等，这些都是我们为自己设置的框架。似乎很少有人真正问过自己：什么才是你想要的。

英国近代著名反战诗人、小说家西格夫里·萨松说过一段经典的话："我心里有猛虎，在细嗅着蔷薇，审视我的心灵吧，亲爱的朋友，你应战栗，因为那里才是你本来的面目。"这就是人性的复杂。所以我们更应该多花些时间去关注内心的渴望，而不是急于给自己的人生一个错误的定义。人生的价值并不只是一面，聪明的人会巧做加法，去完成更多自己觉得有意义的事情。

你可以按照社会设置好的方式去工作、设置好的方式去竞争，甚至按设置好的方式去交换。然而，你会发现你的幸福密码和你自身的品牌价值，却不一定要按照社会设置好的方式来获得。或许大家多少都会注意到个人品牌价值的排名，例如"姚明又排第一位了，章子怡排第二了"……并根据这些虚无的排名去评定一个人的社会价值。实际那些都是为了追求名人的社会效益而制造的噱头而已，而真实的生活却需要我们自己去体验，总之一句话：活出自己想要的样子，才能发挥个人品牌的最大价值。

○在不同角色间自由转换

英国作家大卫·休谟的《人性论》里有对人性精辟的论述：精神性是人区别于一般动物的根本标志。

人在满足了群居哺乳动物原始、自私的本能之后，便开始有了更高层次的追求，后天的教育让人有了道德观等精神观念，因为人的知识水平不同，人对社会的认识也不尽相同，所以人的精神性也是因人而异的。一般来说，一个人的知识水平越高，其精神性表现越突出；相反，一个人的知识水平越低，其精神性表现就越不明显。

所以，当你剥夺了一个研究型学者搞科研的权利，而给予其丰厚的物质财富时，或许表面上看起来他很幸福，但其内心会感到痛苦；相反，当你剥夺了一个眼中只有钱的人享受财富的权利，而让他去安于清贫的生活时，对其来说这显然也是一种痛苦。

虽然我们都有人的共性：渴望安稳的生活、渴望获得尊重和被理解，但我们都是独特的个体，不可能走一条整齐划一的道路。所以，找出你的人生价值，活出自己喜欢的样子，甚至突破一些条条框框，过有创意的人生才精彩。

可以看看李欣频的例子，当有人问她在面对广告人、广告代言人、作家、大学老师、博士生、影评人、主持人的众多身份里她最喜欢哪一个时，她都会从心里表示出反感，因为这样的问题对于她来说就像在问：全身上下你对自己比较喜欢的部位是哪个：左手、右手、左脚、右脚、眼睛、眉毛、嘴唇……这真让人无法回答。

李欣频永远不会给自己的人生设限，每天她都会以一个新的姿态"重生"，去探索更多未知的世界。所以她的人生就像一个奇特的平行宇宙，可以在不同的角色间自由切换。她可以保持每天读一本书、看一部电影的记录。多样的生活态势造就了她的多重身份，她珍惜并热爱着自己的每一个角色，在角色转换间游刃有余。她始终认为：千万不要以选择题、比较题的方式把你的人生当考卷来写，而要以一张全白的纸，或是其他任何素材来创造你的人生。人生向你敞开了体验的大门，就像我们进入商场去体验某种商品一样，在你买单之前，为什么不尽情体验一番产品的质量和性能呢？

对产品的体验能帮助我们更好地了解产品的质量、性能，而对人生的体验则有助于丰富阅历，更加清晰地明确自己品牌的核心价值，更加清晰地知道自己擅长什么、优势在哪里，哪里还需要改进，并可以根据"客户"的反应进行不断的调整。

○个人品牌需要不断调整

塑造个人品牌的过程与打造产品品牌的过程一样，不是一个一蹴而就的过程，艺术家需要不断地体验生活才会有无限的灵感；企业家也需要不断地尝试，不断突破旧有的格局才能开辟出一片属于自己的天地；企业的员工也需要不断校准自己的品牌价值才会与企业达到同步。过早地为自己做一个限定只会禁锢你的想象力，阻碍你今后的发展。互联网时代我们不需要刻板的遵循者，而是需要勇于突破、勇于担当的创新者。移动互联网时代需要的就是快速反应、快速应对、快速实践、快速调整，思维要先于行动进行适时的变革。以快制胜是移动互联网时代用户思维的最佳体现，微小改进，快速迭代、以互联网手段收集粉丝的反馈，迅速改进产品，从而获得更高的用户忠诚度，扩大市场份额。

不要害怕改变，害怕改变就意味着墨守成规，而墨守成规就意味着被社会所淘汰。《灵魂永生》中曾提到：理论上你可以改变"自己的过去"，因为"过去"以多种方式存在着，而你只体验到一个版本的过去；借着"现在"来改变这版本的"过去"，你不仅能改变它的性质，还能改变它对你的影响，以及它对别人的影响。

或许我们不能得到真正的永生，但是我们可以通过信念去调整应对改变时的焦躁情绪，在心中不断想象好的版本，用它去慢慢替换糟糕的版本。根据《秘密》里的吸引力法则：人的生活"实相"是由自身的思想吸引而来。也就是说，当人们思考好的事情的时候，好的事情就被人吸引来了。

这是一个调节的过程，并不一定能马上奏效，但至少可以缓解应对改变时的焦躁情绪，让你更自信地选择想要过的生活。你的个人品牌也会在不断调试中越来越鲜明，越来越强大，当你的个人品牌的影响力足够强大时，你就会更加赢得别人的尊重和认可。

个人品牌有一个简单的公式：个人品牌=爱+梦想+正直+激情+自我觉察+自我成长+改变思维，用你的爱和梦想去打造属于自己的人生格局，人生的道路上没有错误的选择，只有最适合自己的选择。因此，不要过早地为自己的人生做出限定，因为每个人都有无限的可能，过早地为自己设定一个固定的模式，它只会禁锢你的思维，让你走进自我封闭的怪圈。

当你的个人品牌与你的命运相一致时，就会毫不费力地进入一种自然流动的状态，这种流动的状态会使你冲破各种困难，达到你一直以来渴望成为的样子。这种流动也会激发你的活力，甚至创造出惊人的成绩。乔布斯如果没有强烈的改变世界的渴望，就不会有今天强大的苹果品牌；如果霍金没有探索宇宙的智慧和坚韧的意志，也就不会有今天的成就……正是因为他们有清晰的目标、强烈的渴望，才成为自己想要成为的样子。

◎个人品牌价值的因素

○个人品牌的价值层次实现

品牌显著度能为个人的职业发展和商业价值的提升带来众多可能,拥有高溢价能力的个人品牌是品牌战略的重要目标之一。在国内,除了极少数人具有较高的价值溢价能力以外,大多数人的个人品牌价值都处在低级阶段,附加值就更无从谈起!其实,个人品牌的价值提升并不像我们以为的那样深不可测。个人品牌定位确立以后,只要完善个人品牌的六项价值含义,其显著度和美誉度的提升必将是水到渠成之事。

成功的个人品牌会在大众心智中留下深刻的记忆点,并让人对其属性价值产生联想。比如,提到李安,人们首先想到的就是导演、华人、电影等相关的品牌;而提到马云,出现在众人脑海中的一定是企业家、阿里巴巴、网购、双十一这些记忆链接。

其次是利益。品牌的属性只能保证消费可能的增长,真正将属性转化为何种消费满足则见仁见智。换言之,消费者购买的是品牌利益,而品牌利益究竟是转化为功能性满足还是情感性满足,则由消费者自定。

个人品牌在实现属性联想和利益获得的同时,也能够体现出它的价值倾向和责任使命,也就是个人品牌的第三层价值含义——价值。如果说,《肖申克的救赎》是弗兰克·达拉邦特(Frank Darabon)对人性善恶的思考的话,那么《致青春》就是赵薇对美好青春的缅怀和对尘世浮华的厌恶。

个人品牌的背后是每个人对生命、世界、精神的深刻思考,是其精神世界的自我追溯。没有文化支撑的个人品牌终会日渐式微,越走越艰难。从这一点上来说,李宁的成功不仅仅是成功地塑造了体育行业的一个明星品牌,其提出的"一切皆有可能"更显现出一份挑战自我、完成自我的文化自信。

在信息过度传播、同质化竞争日见激烈的今天,保持个性是个人品牌有效传播的重要途径和价值要素。一个成功的个人品牌不仅会让我们在第一时间联想起它的价值属性,也能以其独特的个性拥有较高的辨识度,在大众在同质化严重的众多竞争者中脱颖而出。

此外,成功的个人品牌也能够有效地传达出它的用户群体类型以及群体特征,让消费者在眼花缭乱的品牌中产生"这就是我想找的"的想法,从而坚定购买、消费的决心。

个人品牌不仅仅只是一个简单的名称泛化或者符号凝结,它更像是一场个人精神世界的文化变革。无论是深入精神世界的挖掘探索,还是同质化竞争的日益激烈,或是市场环境、受众群体的有效接受,这都使得个人品牌的价值塑造变得越来越广泛、越来越深刻、越来越精确。只有不断创新、不断突破自我,才能在日益激烈的市场竞争中始终保持优势地位,才能巩固原有的个人品牌资产,多层次、多角度、多领域地参与到竞争中来。

○逐渐建立个人品牌的信任关系

产品与消费者的关系并不是一蹴而就的,是在不断接触中慢慢产生出来的,就像了解一个人一样。一个长相出众、面容姣好的人在进行人际交往时,可能首先会在外貌上给对方留下深刻的印象;一个长得很有特点的人也会给人留下较高的辨识度。这就是品牌形成的第一个阶段,即要有一个与大众品牌相区别的点。此时品牌的主要功能是区别产品。

但是,长期的外表审美也会给大众带来疲劳感,一个人仅仅靠外表并不能真正赢得周围人的信任与支持,长期的信任关系还必须有其货真价实的品质做基础,那就是一个人内在的真诚和能力。只有真诚和能力才会让个人品牌变得光彩熠熠。

对于商品来说，品牌的第二个阶段就是开始与它所代表的产品和服务分离，并对它们起保护作用。也就是说，品牌已经赢得了消费者的部分认可，但是还没有达到完全信任的地步。

当一个人或者是产品已经在业界建立了口碑，那么就已经赢得了人们的一致认可，这是不断积累的结果，但口碑并不是持久不变的，还需要不断地维护。这个阶段就是品牌越来越有独立性的阶段。无论是个人还是产品，品牌打造到这个程度才算深入人心。

通过品牌形成的这几个过程不难得出影响个人品牌的价值要素：首先是自我"产品"的质量。在个人品牌建设中，产品的质量就包括你的专业技能和工作能力。比如，你是教师，就要有扎实的教学能力和精心育人的职业精神。你是银行职员，就要有过硬的金融知识，还要有必要的职业操守。你是焊接工人，就要掌握焊接技能，并有相关的知识储备……这一切都是你建立个人品牌的第一步。

但有些人为什么虽然很努力，却依旧会沦为路人甲或是总是被人发好人卡？这和做产品一样，产品有效只是竞争的起点，别人只能用"好人"来形容你，说明你根本没有个人品牌，没给大家留下什么印象。因此，在建立个人品牌时除了让人信任的道德品质，过硬的生存技能，还需要为自己打造与众不同的识别点，这对个人品牌的建立来说十分重要，也是非常关键的一点。

首先，你要学会给自己打标签，但你要明确的是，这个标签是可以随时被突破的，并不是一成不变的。在人际交往的过程中，打标签非常有助于别人对你的识别。比如你是段子高手，是社交达人，或者是运动达人，更或者是收纳小能手，有关家务、收纳方面的事情样样精通。所以只要有相关方面的事情，朋友们就会第一时间想到你，有相关的困惑或者需要咨询帮助的地方，只要找你就好。

标签不宜过多，给自己的标签堆多了也不见得就是一件好事。过多的头衔或是标签会让你变得"平庸"，各方面都表现平平的你可能还只是大家眼中的"老好人"。人们只会对有特殊意义的标签感兴趣，与其将时间平均地分配在各种知识、技能的培养上，不如去专注于一个或两个适合于你自身的技能，并将它们培养成你独特的标签。即使你想做"斜杠青年"（拥有多重职业和身份、多元生活的人），也必须保证至少有一个能突出自我个性和特点的地方，由此才能打造个人品牌中的"爆点"。

不要被标签限制住。标签是用来让别人识别你的，而不是给自己设限的。你可以给别人一个清晰的标签，但自己却可以毫无限制地尽情发挥。比如，我们都知道鲁迅是著名的无产阶级文学家、思想家和革命家，但是他也有很高的艺术天赋，他做的一些封面设计在今天看来也并不过时，只是他在文学方面的贡献比艺术设计更加突出罢了。其实，很多有影响力的人物都是这样，在历史和社会给予他们的大标签背后往往还隐藏着不为人知的另一个自我。

有一句话叫作"酒香也怕巷子深"，可见产品的知名度和美誉度也是相当重要的。同理，品牌的知名度和美誉度也是影响个人品牌的一个重要的因素。建立个人品牌知名度，其实就是在我们目标受众心智中建立一个属于自己的位置，这个目标受众有可能是招聘官、猎头，甚至是你的领导或是同事。

○好形象为个人品牌增值

"罗辑思维"的创始人罗振宇对于个人价值有过这样一个精辟的论述：有三种类型的能力可以决定你的未来，第一种是让自己变得很牛的能力；第二种是有让周围人都愿意来帮助自己的能力；第三种是混不好也无所谓，但想得开的能力。这三种能力具有任何一种，人生就有奔头。

你要成为哪一种类型的人？我想更多的人还是希望拥有让周围人愿意

帮助自己的能力。这就不可避免地要与各种类型的人产生相应的联系,你与别人接触时树立良好的品牌形象,会让你更容易被别人接受。

形象不是构成人类认识的全部世界,但是形象一定是人类全部认识的对象。《形象的本质》这本书中曾经提到:形象是自显的存在,它不是为人类的认知所准备的,形象在人类的生产生活中构成了必然的联系,它的真实性不是由此产生的其他人之感情、励志和愿望,而是作为必然性逻辑的存在,同时也显示了各种必然联系的共同意义。人类所能看到的是一个归属于形象的世界,而并不关于形象的全部世界。①

形象并不只是肤浅的存在。在人与人的交往中,我们也无法,也不可能把自己全部的形象毫无保留地展示给你的目标受众,但我们都会有意识地将自己好的一面展示给对方,而属于自己的私密空间是绝对不会示众的。所以,往往我们看到的也不过是一个人的片面形象罢了。但是,形象也并不是冷冰冰的毫无人情味儿的面具,人都是有感情的动物,没有人是可以像机器人一样按照既定的程序生存的。

互联网时代,人们更多地将自己的精力放在与自我相关的事物上,难免表现出对周围其他事物的冷漠态度。因此那些富有人情味儿、有独特个性的产品和人才则显得尤为重要,那些能够打造出体验场景的产品和被赋予人格魅力的产品成为当下时代的稀缺资源。

虽然互联网时代一切都在发生着翻天覆地的变化,但是独特的个性会让一个人成为这个社会里耀眼的明星。譬如,从新东方英语学校的老师,到创立牛博网,再到创立老罗英语学校,以及后来的"锤子科技",罗永浩走的每一步都深深打上了自己的烙印。粉丝们追捧他、喜欢他或许并不是因为他的英语能力出众,而是因为他的独特个性,他富有观点性的言论,甚至是他

---

① 孙澄著:《形象的本质》,山东大学出版社,2009年,第1页。

为人处事的方式。在一定程度上,他做的不再是单纯的科技产品,而是一种可以吸引和影响更多的人去认可并传播的价值观。所以,当罗永浩在微博上尝试预订还未开售的"锤子手机"时也能引来无数人的捧场。

好的品牌形象是个人的门面,它能让品牌鲜活起来。不要让个人品牌只是徒有虚名,良好的个人品牌需要你用诚信与知识进行积累与维护。在职场与生活中努力做好个人的形象管理,逐步建立起属于自己独有的品牌个性,甚至是一种精神上的引领。

◎制订个人品牌策略

○个人品牌定位策略

"定位之父"全球顶级营销大师杰克·特劳特曾在其著作《什么是战略》中描述道:"最近几十年里,商业发生了巨变,几乎每个类别可选择的产品数量都有了出人意料的增长。"这对于现代企业来说无疑是不小的挑战。为了使自己的产品在多种产品中脱颖而出,就需要对自己的产品和品牌进行一个明确的定位。

品牌定位,是指为企业建立一个与目标市场相关的独特品牌形象,从而在消费者心目中留下深刻的印象,成为消费者以此来区别其他品牌的特点。对消费者来说,知识社会带来的信息爆炸,使得消费者的心智更加拥挤,要了解企业的产品就变得异常困难。当前企业面临的任务已不局限于满足需求或创造需求,而是在顾客心目中建立定位,构建差异化认知优势。

成功的人都有其独一无二的特点,能获得领域内的地位和影响力。这就需要你对自己有独特性的定位,这个独特性就是你个人品牌的一个"突破点"。PayPal公司创始人彼得·蒂尔在面试应聘者时都会问这样一个问题:"在什么重要问题上，你与其他人有不同看法？"这个看似简单的问题却隐含着关于个人独特性的密码。

在定位理论的不断完善过程中，美国著名管理学家、经济学家费雷德·里克·温斯洛·泰勒用了整整 20 年的时间去总结，整理出了定位的四步工作法，这四步工作法看似简单，却是极为实用的工作法则：

首先分析整个外部环境，确定我们的竞争对手是谁，竞争对手的价值是什么？在迎接挑战之前，首先要了解竞争对手的底细，这样才更有把握。

其次，避开竞争对手在顾客心智中的强势，或是利用其强势中蕴含的弱点确立具有优势的品牌定位。春秋时期著名的田忌赛马就是一个著名的扬长避短的经典案例。

再次，为这一定位寻求一个可靠的证明：信任。在个人品牌建设中，你的履历就是信任状，是职场的敲门砖。

为自己的个人品牌定位，实际上就是一个深入了解别人和自己的过程，要对自己有清醒的认识。其实这些智慧古人已经有所总结：《孙子·谋攻篇》中说："知己知彼，百战不殆；不知彼而知己，一胜一负；不知彼不知己，每战必殆。"意思是说，在军事中，既了解敌人，又了解自己，任何战争都会处于优势地位；不了解敌人而只了解自己，胜败的可能性各半；既不了解敌人，又不了解自己，必然会导致战争的失败。《孙子·军争》中说："故善用兵者，避其锐气，击其惰归，此治气者也。"意思是说善于用兵之人总是避开敌人初来时的气势，等敌人疲惫时再狠狠打击。看来古人早就有扬长避短的智慧。在建立个人品牌时也要学会避开竞争对手的锋芒，而去发挥自己的优势和强项。这样才能有针对性地制订竞争策略。

建立个人品牌还必须要了解你所处的环境。就算你是个职场新人，首先也要弄清楚谁是你的领导，你的同事都有什么样的技能，你能从他们那里得到什么样的帮助，而你又能帮助他们什么。慢慢的你就会知道你真正的竞争对手在哪里,他的价值是什么,如何在竞争中发挥自己的优势。

有时候,个人品牌的定位不一定要"力争第一",不妨在适当情况下灵活借助竞争对手的光芒为自己品牌的成长寻找另一片天空。史上最为经典的"比附"定位案例当属美国艾维斯汽车租赁公司。20世纪60年代,赫尔茨公司占据了美国汽车租赁市场份额的55%,为了避免与其正面交锋,艾维斯公司在其广告中发出了著名的"老二宣言",与市场领导品牌建立了巧妙的联系,艾维斯的市场份额也大幅上升了28%。艾维斯汽车出租公司的经典案例告诉我们,要聪明地应对竞争,而不是直接与第一针锋相对。赢得竞争不一定是要让自己变得多强大,而是要找准自己的优势,不断地放大它并形成强大的气场。

○案例:陈小春个人品牌资源整合策略

爵士歌手明戈斯说,"谁都能把简单的事情变得很复杂,而真正难的是把复杂的事情变简单,不可思议的简单,这才是创意。"

个人品牌需要不断地整合资源,才会发挥出更大的效果。资源整合是系统论的思维方式,就是要通过组织和协调,把企业内部彼此相关但又却分离的职能、企业外部既参与共同的使命又拥有独立经济利益的合作伙伴整合成一个为客户服务的系统,最终取得1+1大于2的效果。

比如,在打造一个艺人品牌形象的时候,如果是一个已经有知名度的艺人,那要考虑到他现有的资源,以及已经在大众心中形成的形象。音乐制作人包小柏为陈小春做第一张音乐专辑的时候,他没有急于给陈小春的个人专辑定位,而是首先去了解陈小春这个人,并与陈小春进行了细致沟通,了解了他在大众心中现有的形象。

通过了解他发现,陈小春是一大批已婚男士中的代表,可之前的陈小春运气不佳,情路也并不顺,总是被爱情拒之门外,而这正好与包小柏之前的经历有着一定的契合度。另外，那时的陈小春已经凭借古惑仔系列电影在大众心中形成了叛逆、有点儿坏，但却有情有义的形象。种种因素结合，包小柏决定为陈小春量身打造一系列情歌。

果然，这一系列情歌唱出了像陈小春这样的"钻石王老五"的心声，专辑一出来就引发了人们的情感共鸣，人们也看到了陈小春除了演员之外的另一面。假如对陈小春的个人品牌形象进行割裂，只把他当作一个演员，或只当作一个歌手去包装，那么陈小春的个人品牌形象也将不会像今天一样全面。陈小春个人品牌形象策划的成功，得益于策划人对陈小春本人的深入了解和细致的观察，并将这些资源进行了重新的排列、组合，才使得陈小春的品牌形象获得了更立体的呈现。

整合和优化自身现有资源是打造个人品牌的重要一步。在着手打造自己的个人品牌时，并不需要把原有的一切清空，而是要将手中现拥有的资源进行重新组合和分配，优化配置，有进有退、有取有舍，以达到整体品牌效果的最优化。通过资源的整合，你会获得更加强大的品牌，有利于提升个人品牌的记忆度。

资源的整合和优化的过程实际上是一个"减法"算式。正如莎翁名剧《哈姆雷特》里的大臣波洛涅斯所说："简练是智慧的真髓。"当你面对众多的资源而毫无头绪时，就需要大胆地做减法，去除繁冗的无效信息，减少无效社交的次数，将宝贵的时间而用来去结交那些值得你信赖的朋友，或是多留些时间去陪伴家人和孩子。或优化你的工作时间，提升工作效率，倾听领导或同事对你工作的反馈，精简不必要的流程，让你的表现更加突出；优化自己的博客、微信，让你的品牌形象变得更富有个性和吸引力。

在做减法的同时，要勇敢开拓属于自己的独特品牌。红牛集团老板马特基茨被人称为"真正的品牌天才"，其主要原因就是他把红牛定义为一种全新的饮料品种，而不是将其定位为"提神"或"补充体能"（特征定位），也没有将其定位为"年轻人的饮料"（用户或目标市场定位），也未将其定位为"泰国饮料"（文化祖籍定位），而是采用了"先行者策略"创造一个新的饮料品种——"功能饮料"。

如今已经进入了一个品牌爆炸的时代，每天有成千上万的品牌在试图抢占消费者的心智，但很遗憾的是消费者能够记住的品牌少之又少，人们除了能够记住排名第一的品牌，对于其余的同类产品记忆就没那么深刻了。个人品牌也是如此，就像人们能轻易记住杨利伟是中国第一位进入太空的航天员一样，而对于之后的几位航天员就知之甚少了。所以，当我们做个人品牌策略时尽量要找到属于自己的第一位。

也许并不是所有的人都能成为行业里的第一，运用你的智慧找到属于自己的第一，学会运用和优化资源，相信你的每一份耕耘都会有所收获。于是，在建立个人品牌的过程中你会越来越相信你能将别人认为"不切实际的"梦化为具体的精彩成就。

◎个人品牌传播策略

○个人品牌传播要素

《纽约客》特约撰稿人马尔科姆·格拉德威尔在他的《引爆点·如何创造流行》一书中强调，社会流行源于几个关键人物（比如专家、中介、销售人员）的倾力运作。

因此，想要把个人品牌有效地传播出去，首先要了解影响传播的几个要素。在传播学概念中，制约传播者和受众的信息理解的要素有这样几个。

1. 心理预设。人们在认识某一事物之前，都会不同程度地根据自身的生活经验对认识对象进行心理预设，而这种设定性的心理定势非常顽强，不仅会改变其原本的面貌，而且会导致受众的理解也会朝着他们所预期的方向走,从而导致信息的"失真"。

2. 文化背景。每个人都生活在一定的文化背景当中,因此受众的观念、行为、习惯、性情,等等,都会受到某种文化模式的影响和熏陶。因此人们对某一事物的看法也会不自觉地受到文化的影响,从而带有鲜明的文化烙印。

3. 动机。许多研究表明,动机与理解有着密切的关联,尽管在有些理解活动中,动机隐藏得很深,甚至本人都未必能察觉,但是它们确实对形成某种理解有重要的影响和制约作用。

4. 情绪。在理解某一事情时,人们总是处于某种特定的情绪中,因而不同的情绪会导致人们对同一事物产生不同的理解。比如,一个人在愉快的情绪中,可能会将别人称自己的绰号当作友好的表示,而处于愤怒的情绪中时,也可能会将之视为一种挑衅。

5. 态度。尽管制约理解的因素有很多,但是人们对事物的认识归根结底还是由理解时所持的态度决定的,不管人们的心理期待、文化背景、动机、情绪有多大的不同,在态度一致的前提下,还是会对有确定含义的事物产生相同的理解。

在传播过程中,会有各种因素制约着传播者将信息准确地传达给接收者。想要将有效信息最大限度地传达出去,首先就要建立受众对你的信任,在受众的心理预设上建立一个良好的个人形象。比如通过参与公益活动来展示自己的社会责任感和社会担当,或是通过参与或组织社会活动来展示自己的组织、策划能力。但要知道,这种信任是在一个长期的过程中逐渐建立起来的。

其次,就是要做好相应的知识储备。这是个知识爆炸的时代,我们要做的是不断地完善自己的知识体系,这会让你在竞争中游刃有余,做到像资深媒体人和传播专家罗振宇说的"优盘化生存"那样——插拔自如。

当然,人际网络的完善也很重要。不论现在的网络媒体多么发达,也不管"知识管理"的专家如何倡导在线学习(E-Learning),但这些都无法代替社交带给我们分享的快乐。有人说,"社交是最好的学习方式",生活中人与人的交往可以让我们学习到网上或是书上无法获知的隐性知识。一个人的社交圈人员素质越高,那么你学到的东西也就越多,通过社交圈的累积,你的声望也会越高。这对你个人品牌的塑造有着不可估量的作用。

一个人的道德品质、个人素质是进行品牌传播的基础条件,但是想要让你发出的某个观点受到大众的认可、追捧,只能确保你是一个合格的"产品";想要个人品牌传播得更远,影响力更持久,还必须要掌握以下这些要素:

首先要去洞悉你周围的人,真正了解他们渴望什么,他们正在关注什么,满足他们的"痛点",在评论他人时将他们能够接受的或是感兴趣的事情作为"社交货币"去交换才能赢得他人的关注与好感,然后进一步走入他们的内心,让对方在情感和心理上接纳你。那样,你才算融入了他们的世界。在融入的过程中,还必须不断地调整"游戏规则",以一种目标受众喜欢、乐于接受的形象出现在他们面前。

○唤起公众的关注

如何才能提醒目标"公众"主动去关注我们的产品或思想呢?不妨用一些带有刺激性的手段去激活人们的联想。为什么一提到英语就会想到罗永浩?一想起苹果手机就会想到乔布斯呢?这是因为他们的名字和品牌产品已经在人们心中形成了一种不自觉的反应,能够刺激人们联想到相关的人或事。这就是"激活"的作用。

唤起公众关注,首先要增强公众的参与感。情绪营销在传播中具有一定的影响力,当我们关注某一件事时,很有可能将其分享给我们周围的人。然而当你分享时,能否调动别人愿意参与的情绪就成了关键,从而形成了品牌拥护。例如,在讨论某部热门电视剧、某场球赛等话题时可以立刻让人产生兴奋感;而谈及增加税收或者某个负面的事件时则会令人不快。可见话题的选择对于在传播过程中人的情绪的影响有着不小的作用。因此在传播信息时,尽量选择那些能够激发人们积极共享情绪的话题。虽然有些时候,消极的情绪也能点燃人们心中的冲动感,但负面的情绪一旦与品牌形象挂钩,积累到一定程度后就会给品牌带来不悦的联想。这就需要我们去仔细斟酌。

在传播过程中,人们总是会对有实用价值的东西感兴趣。因此,就需要去了解什么样的东西才能让受众倍感优质、有价值,且值得信赖。在个人品牌的建设中,你应该利用自己的独特之处,考虑你作为一个独立的个体能够给别人提供什么样的帮助,有什么可以赢得别人信赖的一技之长。比如,你在谈判方面有清晰的逻辑和良好的口才;或是有超强的组织能力,可以将会议或是重要活动组织得井井有条;再或者总是能提出各种新鲜、有趣的创意……这些优于别人的地方都可以运用到你个人品牌的打造中去。

在互联网时代,知识翻新的速度是我们无法想象的。因此想要别人认可你的价值,你就要让自己不断增值,用实力去获得大众的认可和关注。

著名职业规划师古典曾提出过这样的观点:当下并不是"每一个"个体崛起的时代,而是少数个体崛起的时代。和你看到的所有互联网热潮一样,网络会让两极分化加剧——少部分人获得巨大的信息、影响力和资源而迅速崛起;同时更多的人会被服务得越来越懒,成为平庸的跟随者。个人崛起的时代是一部分"超级个体"崛起和一大群普通个体追随的时代。未来可以有所作为的人应该是这样的"超级个体":

科技人性:能抓住趋势,善于利用科技,也有高感性能力;

T型人才:良好的基础素质,在某一个领域有极致的专长;

联盟思维:善于和组织、平台密切合作,共同成长;

个人品牌:有自己的个人影响力;

自我实现：有品位、有追求；

每个人都需要不断地开阔自己的眼界，完善心智的成长，才能够紧跟未来社会的发展趋势。而越是走在时代的前端，越是能看清自己努力的方向，越是能发现自己的弱点，就越会不断地努力提升自己，越是努力就越会受到别人的认可、帮助、支持。

唤起公众的关注，可以采用讲故事的方式。当然我们的本意并不是去传播故事，而是在故事中将自己的品牌形象传播出去。为什么众多品牌都在不遗余力地传播自己的品牌故事？因为故事与冷冰冰的产品相比更具温度，更容易引起人们的共鸣，更利于传播。当人们在讲故事的时候，实际上是在传播故事；当人们听故事的时候，实际上也是在接受品牌背后的思想。当然个人品牌的塑造也需要个人品牌故事来传播，比如你的创业故事、如何处理危机的故事等，这些都有助于你个人品牌的塑造，从而引起公众的关注。

个人品牌的管理

◎利用营销理论打造个人品牌

○给自己一个清晰的定位

美国著名营销学者菲利普·科特勒认为：定位是勾画企业形象所提供的价值行为，它需要向顾客说明本企业的形象和所提供的价值行为，它需要向顾客说明本企业的产品与现有竞争者和潜在竞争者的产品有什么区别。

而举世闻名的"广告教父"大卫·奥格威在他 80 年代出版的《奥格威谈广告》中也提到了产品定位这个问题，他认为："定位"是行销专家的热门话题，但是对于这个名词的定义似乎没有定论，我自己的定义是"这个产品要做什么，是给谁用的"。

无论是菲利普·科特勒的"区别说"，还是大卫·奥格威的观点，都是要在消费者的脑海中形成一定的辨识度，让消费者在选择购买的时候脑海中有品牌的印象，进而产生购买欲望的行为。每一个公司和每一种产品必须在目标市场中代表一种独特的观念，每一个公司必须为忠实的用户设想新的特征、服务、保障、特殊奖励并使他们获得便利和享受。

识别度不是差异化，差异化策略是一种"做什么"（to do）的想法，而识别度则是一个"是什么"的印象。对于个人品牌，是什么（识别度）远比做什么（差异化）来得重要。定位一定是最早需要去做的一步，就是把自己定在一个希望别人认为你是什么样的形象上，而这个形象最好能够将你和跟你差不多的人区别开来。

定位一定要突出差异性，比如说，都是卖水果的，如果定位全都是有机生鲜，这不叫定位。以个人而言，你是个什么样的人，你是一个什么性格的人，你与你的同行相比有什么优势？一定要先想明白这个问题后再做接下来的其他事情。一个公司的创始人 CEO 一定要参与公司的品牌制订，因为定位这件事情必须由 CEO 来定，而市场部门的人只能去执行讲故事、配资源、放烟花等事项。

再比如一个画家在学画的初期，很有可能尝试各种类型的画风，自己的作品或画风并没有太大的辨识度。但随着技法的不断纯熟，画家会找到属于自己的风格，这个时候辨识度就会更明显，那他就会有更多的机会被业界认可，就会有成名的机会。

努力建立起品牌的识别度，才会让品牌变得与众不同。一般而言，品牌的认知一般会经历以下几个阶段：

第一个阶段：发现；

第二个阶段:认识;

第三个阶段:记住;

第四个阶段:喜欢;

第五个阶段:忘不了。

初创企业品牌和成熟的大品牌的塑造阶段并不一样。对于初创的品牌而言,需要在被"发现"、被"认识"、被"记住"前三个阶段多做功课;对于一个成熟的品牌或者大品牌而言,需要以后两个阶段为主。

识别度让品牌在竞争激烈的国际竞争中脱颖而出,品牌因为具有较强的辨识度而光彩熠熠,正如一个国家因为拥有独特的文化辨识度而屹立于民族之林。就像京剧是中国的国粹,"功夫"也是仅此一家、别无分号的中国文化专利品。当中国功夫与现代电影融合,形成特有的"功夫电影"时,它就会在世界影坛上独树一帜,令其他国家无法效仿。

一个人所处的文化和社会环境必定会在你的头脑和行为中打上深深的烙印,给自己定位,需从自身角度出发,挖掘更加独特的自我。我们多数人在给自己建立个人品牌时,往往会联想到个人营销、自我营销、社交营销、形象营销,等等,这些都是由外而内的,并没有连接到人内心的真实渴望。所以并不是扎实的、可靠的。建立个人品牌需要回到自己的内心深处,去拷问自己,与自己对话。

○学会营销自己

个人营销的根本,就是把个体当作要出售的商品。所以,在建立个人品牌时,可以把一些营销理论用在自己个人品牌的推广与营销上。

首先是要建立好独特的营销网络。这是一个全面系统的工程,需要去问自己:想要成为什么样的人?想要达到某个目标,需要具备什么样的技能?知道自己有哪方面的特长,能为你的"客户"提供什么样的服务?你的"识别度"

在哪里？与别人相比,你有什么竞争优势等问题,并需要把你的使命和目标融入到整个品牌系统中去,建立可识别的个人品牌符号。

菲利普·科特勒指出,消费者必须为其产品设计标签,标签可以是附在产品上的简易标签,也可以是精心设计的作为包装一部分的图案。标签可能仅标有牌名,也可能具有许多信息。标签执行着多种功能。

比如,当我们一提到王老吉就知道它是凉茶。所以,你也需要让你的受众知道你的"葫芦"里究竟买的是什么药,也就是你能给外界提供什么,公司雇用你能够解决什么样的问题,你能为公司做什么等。而那些想与你结交的人也会想知道和交流,他们能得到什么样的有用信息,你能在什么方面为他们提供帮助。或许你把自己定义为工程师,可解决各种技术上的难题,或许你把自己定义为富有各种奇思妙想的导演, 可以塑造不同的角色……但无论怎么样,你都要对自己忠诚,让你的品牌具有内外的高度一致性。只有这样才能增强受众对品牌的黏性,让大家在需要的时候,可以在第一时间联想到你。

每个人都有自己存在的价值,没有价值的存在注定是会被社会所淘汰。所以,大家都在不断地学习中寻找存在的意义。在一个企业或一个组织中寻找存在感,要弄明白自己除了可以为企业提供专业技能之外,还要知道以你的经验和技能,你应该得到的回报是多少,以你现有的能力能在市场上"卖"到什么样的"价格",这就是你在市场上的价值所在。当然,营销自己,还要守住"底线",这其中包含了一个人的道德底线和受众的心理承受底线。

为什么很多女性都以用"LV"的包而感到骄傲,以身穿阿玛尼的服装为梦想,甚至为了买到她们心目中的名牌而不惜熬夜排队。这就是品牌溢价,这些产品除了能满足衣物基本的使用需求外, 还能代表一种身份和地位的象征。因此在打造个人品牌的时候,仍旧需要不断为自己增添附加价值,让自己的个人品牌在市场上变得强势,并成为占领人们心智的精神领袖,你就会变得强大起来。

营销自己，最关键的就是如何把自己"销售"出去，即如何让大家接受你。每个产品都有自己的销售渠道，有的产品适合在大型商场售卖，有的则适合在超市里。找准你的销售渠道和目标人群，多参加高质量的社交活动，建立起属于自己的人脉网络，其实这就相当于一个专属于你的"销售"网络，让你的个人品牌有更多被"销售"出去的机会。多参加业界的学术交流活动或经验交流活动，与业界的高层人士多接触，并借此机会向业界的同行展示你的能力，也是增强你的辨识度的绝好机会。

当然如果你能撰写专业文章，或是在网站上展示你的专业技能和优势，将会有更多的机会得到业界或是同行的关注，他们将会为你提供更多的职业机会和把个人的品牌"销售"出去的渠道。更重要的是，你需要在日常的工作中勇于承担责任，让业界的同行看到你的专业能力和职业素养，这样才能为你在业界应赢得口碑，你才能创造更多的"销售"机会。

对于个人品牌营销的管理，奥美曾提出过一个360度品牌管理的概念，他强调在"品牌与消费者的每一个接触点"上进行传播和管理，强调在品牌策划的整个过程中，确保所有的活动都能反映、建立并忠诚于品牌的核心价值和精神，以达到积极主动地去管理产品与消费者之间的关系。

个人品牌不具备产品品牌的共性，需要更加个性化的品牌方案。因为每个个体的生存环境、个性都存在很大的差异性。所以更适用于360度的品牌管理。你需要随时保持一种"销售"状态，关注周围人对你的反馈，这些人有可能是你的目标受众，也有可能是你的领导、同事，多倾听他们对你的反馈，并针对他们的反馈进行个人品牌的调整。

不偏离核心价值，打造属于你的辨识度，让自己的品牌"活"起来。每个人都应该尽快找到属于自己的人生定位，做好自己的品牌管家，让自己的品牌价值、品牌精神在不断成长中绽放异彩。

◎有自己的高度和角度

○个人品牌的高度

品牌营销实战专家路长全认为：品牌的高度决定品牌的命运和品牌在消费者心智中所处的位置。位置越高在营销战役中就越主动，处在金字塔的顶端的品牌，它们有控制资源的特权，有引领市场的能力，几乎是处于掌控地位。

不论是打造产品品牌，还是个人品牌，都需要站在一定的高度，看到自己的缺陷与不足，发现竞争对手的优势，这样就很容易看清楚事情的本质，假如因为短见，湮没在市场丛林中，处于较为不利的位置，那么就很容易被物竞天择的自然法则所淘汰。

拥有品牌高度，不是你可以目中无人地俯视其他品牌，而是从起点上你就比别的品牌站得高、看得远，更符合市场发展的规律。比尔·盖茨在谈及最初的创业梦想时说了这样一段话："我们希望自己的软件能够对这个世界产生重要影响，让每一个办公桌和家庭拥有电脑，也一直是我们讨论的话题。"令我们感到惊讶和兴奋的是，他梦想中的很多东西都已经成为现实，而且涉及到生活的很多方面。比尔·盖茨的目标不仅仅是创立一家公司，提供优质的产品，而是希望通过产品让人们的生活更加便利，甚至是引发一场新的革命，从思维模式上引领时代发展的潮流。所以，比尔·盖茨是站在一个全新的高度去开创自己的事业，这种全新的战略高度让其他品牌只能望其项背。

范思哲站在了全新的性感高度让女人和男人们为之疯狂——惊世骇俗的性感与华丽。他把性感推向了一个新高度，再加上华丽的诱惑，让男人们为之神魂颠倒，还有哪个男人能对这种"华丽的诱惑"具有抵抗力呢？

产品在消费者心目中是有排名的，很明显他们选择排名第一的品牌概率将会比第二名、第三名的概率大很多。同样的工作机遇，老板也会选择在他心目中排名靠前的人。当你的个人品牌达到一定高度的时候，工作会更稳定，工作强度也不一定大，很显然你还将获得更好的资源。

抢占品牌的制高点，意味着你要有先发制人的策略和预测行业内趋势的长远视野，甚至是勇于为自己开辟一个新的行业，以最小的代价和最快的速度去抢占行业内的第一名，占领人生市场的首要位置，成为行业内的领头羊，这样才能让人们带着行业"老大"的光环去仰视你。

如何获得你想要的高度？既然高度能带给品牌更宽广的视角，很多人会认为只要不顾一切地去抢占众人仰望的高度就好了。但竞争产品众多的红海里满藏着激烈的竞争和惨烈的厮杀。因此这并不是最佳的战略，明智的选择是找到属于自己的蓝海。互联网为时代的发展提供了更多的可能性，与其仰望丛林中的大树，不如创造属于自己的"新技能"，依照自己的个性和特长去开辟属于自己的新高度。

生物学原理告诉我们：没有两个物种靠同一种方式生存。品牌的世界拒绝平行线，试图用成功者的轨迹造就同样的成功是不可能的。假如雷军照搬苹果手机的套路，就没有小米手机的今天，而雷军也就只是一个平庸的手机制造商。假如罗振宇没有独到的互联网思维，看到什么公众号火就做一个类似的，那么"罗辑思维"也就只是众多无名小号中的一员，做不出今天的成绩。这都是创业者的眼界和高度决定的，并因此让他们变得与众不同。

你可以学习真正成功者的经验，学习他们的创业精神，试图用追随者的身份与行业领先者并驾齐驱，但你的最终目的不是为了照搬其模式，而是要避开他们的轨迹，另辟蹊径，创造出适合自己的成功方式。

值得注意的是，即便是处于行业老大的位置，即便有别人不可替代的优势，老大的位置也不是一劳永逸的，你要知道竞争对手就在身边，随时都会有被别人赶超的可能。因此必须有忧患意识。谁能不断掌握新的知识、新的技能并能运用到市场的竞争中去,谁就不会被替代。

或许你今天还不是行业的大佬,但相应的知识积累和开拓的思维会帮助你认清行业的发展规律,认清人生发展的走向,然后蓄势待发,这将成为你领先于竞争对手的制胜点。

○个人品牌的角度

高度可以让品牌看得更远,让你拥有掌控全局的气度,而角度则会为你提供审视事物的不同视野。就像经典的"半杯牛奶"理论,悲观的人在看到那仅剩的半杯牛奶而感到可惜、自责,为被洒掉的牛奶闷闷不乐;而对于乐观的人来说,看着半杯牛奶会说:哇,我还有半杯美味的牛奶可以享用,我很开心! 这就是不同角度和不同心态审视同一事物的差异所在。

角度不同,人们看到的世界也就全然不同。任何一个企业或一个组织,无论它如何强大,都会从自己的角度出发去看这个世界。所以在品牌的世界,没有所谓的真正的"是非"或"真理",只是消费者认知角度的不同而已。比如一些世界大品牌的包包,在一些人眼里它就是普通的皮包,值不了几个钱,而在另外一些人眼里它是"价值连城"的宝贝,是不可多得的艺术品。这就需要品牌找到一个合适的角度去阐释它的产品,然后去和与拥有同样角度的消费者进行完美的对接,这样你期待的那部分消费者才会买账。

互联网时代,我们有更多的角度去做自我的营销:首先是颠覆性的营销,通过颠覆目标受众对你的固有印象,让他们对你的个人品牌来一次颠覆性的认知,并对你的个人品牌有全新的认识,甚至有想深入了解的欲望,并催生出商业合作的机会。

其次是借势营销,巧借身边的热门事物使处于弱势的个人品牌以最低的成本轻松占据人们心目中的有利位置。例如"A4腰"是继"马甲线""反手摸肚脐""锁骨放硬币""酒窝放笔"等一系列晒身材的潮流之后网络上兴起的一股新热潮。明星们都纷纷开始在朋友圈晒 A4 腰,袁姗姗作为第一批晒出 A4 腰的女明星,话题讨论度自然飙升,她的个人品牌价值也会相应地水涨船高。这就是善于借势营销的威力。

第三是娱乐营销。在互联网时代人人都是娱乐的参与者,娱乐几乎充斥着人们生活的方方面面。因此在个人品牌的营销中,你也需要有点儿娱乐精神,制造一些人们感兴趣的并可以参与进来的话题,这样不仅可以强化与粉丝之间的感情,还可以增强个人品牌魅力。而品牌更需要掌握娱乐营销的手法,就是借助娱乐的元素或形式将产品与客户的情感建立联系,从而达到销售产品、建立忠诚客户的目的。从娱乐营销的原理分析,娱乐营销的本质是一种感性营销,感性营销不是从理性上去说服客户购买,而是通过感性共鸣从而引发客户的购买行为。中国的市场营销从来都是成功的软广告的效果更好,更有效,毕竟这种含蓄、迂回策略其实更符合中国的文化。娱乐的目的是带给人们快乐,很多研究也都指出,快乐情绪会影响人的选择。例如,一个人开心时会更乐于参与活动,思考上也会想到抽象的层面,而不会拘泥在眼前的现实,遇到问题也比较有创造力,对人或事物的评价也比较宽松,等等。这些都是快乐情绪带来的巨大影响。

最经典的例子就是地铁站的"钢琴楼梯"。在一个忙碌的地铁站,几乎所有的人都习惯搭手扶梯或坐电梯,那要如何让大家改走楼梯呢?发明钢琴楼梯的人就把楼梯漆成和钢琴琴键一样,同时在楼梯上做了能发出声音的装置,大家每踩一阶楼梯就会发出一个单音,上下楼梯的人制造出音高不同的旋律。原本大多数人都搭电扶梯,但是有了这个有趣的装置后,大家反而更愿意走这个有趣的"钢琴楼梯",不知不觉地就掉进了设计者的"圈套"。

这就是娱乐营销的魅力,让人在不知不觉中就愉快地接受了品牌,这种体验会长时间地伴随一个人成长,甚至会传递给下一代。例如,一个从小就在迪士尼经典动画片熏陶下成长起来的年轻人,当他们有了孩子的时候,会带他们的孩子去迪士尼游乐园玩儿,购买迪士尼出品的产品,给他们播放迪士尼的音像制品等。这就使得迪士尼的品牌有了强大的延续性。

最后是品牌重塑。对品牌的重新塑造需要跳出品牌"墓地",跳出以往的品牌刻板印象,需在原有品牌知名度基础上进行重新构建。这就要有重新定位、情感的投入、新的形象的建立,等等,顺应时代发展的需要去更新品牌,让你的个人品牌"活"起来,而不是一成不变。

一个全新的角度帮助你打开看待事物的一扇窗,让你找到一个努力的标杆,从而坚定自己的信念。它可以让冷冰冰的事物变得富有人情味儿,拥有细腻的情感;可以让坚硬的东西变得柔软,让古板的东西变得生动且时尚起来。

所以在构建个人品牌的时候,也依旧需要一个展现你特点的完美角度。我们不得不承认,有些天赋并不是只要付出后天努力就能弥补的。对于那些想要成功的人来说,你不可能在所有项目上都能成为第一,也不可成为全面爆发的全才。所以,你需要看清自己的优势在哪儿,找到属于自己的"长板",并好好地把它发挥到极致,甚至有可能开创出许多意想不到的可能性,而不是费劲地去补齐"短板"。这才是建立品牌的智慧。

乔布斯之所以能够成功,并不是因为他是个全面的人才,而是他认清了自己的特长,找准了自己的定位,并且将他的这份专业和特长做到了极致,才有了极致体验的苹果电子产品,也正是这份对品质极致的追求造就了今天的苹果品牌。

假如李欣频当初没有遇上诚品书店,而是去做她不擅长的其他行业,或许她也能成为另外一种样子,但绝不是现在的李欣频。是文字的天赋与后天的努力让她的文字充满智慧和创意的光芒,让"李欣频"这个名字不再仅仅是个普通的名字,而成为一个过硬的品牌。

从不同的角度运用知识，知识才能活起来，只有活的知识才能成为力量。同样，只有通过灵活的角度去打造个人品牌，品牌才能灵动起来。用独特的视角去看世界，这个世界也会因视角的不同而变得充满独特的光芒，用独到的视角去经营自己的品牌，你也会成为那个光芒万丈的人。这就是视角带给我们的力量。

◎个人品牌识别要素

○独特的记忆点

品牌的概念延展性很强，可以延伸到一个很大的战略，也可以小到一个清晰可见的图形符号。视觉识别设计是一个品牌最直接、最形象，也是最有感染力的部分。

品牌的原始使命就是"区分"，在众多的产品中脱颖而出，那些富有创意、让人眼前一亮的标志总是会给人一种很强的吸引力。为了让消费者产生"一见钟情"的冲动，商家更是煞费苦心地去研究消费者的心智：探索各种方式的传播手段，各种形式的设计、卖场布置、广告投放，等等。可以说，只要有能和消费者亲密接触的地方，都有成千上万的品牌蜂拥而至。那么，如何让一个品牌成为众多品牌中的焦点？如何建立属于自己的品牌识别系统呢？

首先要给予消费者一个明确好记的LOGO。企业LOGO是企业文化符号的一部分，一般具有三种功能：标新立异的功能、便于传播的功能以及提升忠诚度的功能。消费者之所以能记住品牌，是因为品牌已经进入了他们的心智，而那些看似普通的LOGO早已不再是表面上的文字和图案，而是将品牌精神、品牌体验以及产品的品质全部浓缩在这个小小的符号当中了。所以，在品牌的传播系统中，这并不仅仅是一个标志设计那么简单，而是品牌在向消费者传输他们的内涵,在消费者与品牌的不断接触中闯入他们的心智。比如影片《功夫熊猫》上映前,就有大规模的海报和预热的宣传片面世,通过宣传片很多人就已经对那只憨态可掬的熊猫产生了一定的好感度。当影片结束后,一些影迷尤其是小朋友甚至还会想要拥有同款的毛绒玩具。这个时候影片的延伸产品就会变得畅销。

记忆点在一定程度上就等于识别度,艺人尤其需要品牌的识别度。刚出道的艺人更需要不断强化自己给受众的记忆点,这对于打造个人品牌起着很重要的作用。对于艺人来讲,个人品牌的识别符号有更多可选择的范围:经纪公司包装好的奋斗史作为品牌故事,有形象顾问量身订制的衣着,甚至有自己的形象 LOGO 等。举一个吴莫愁的例子,当时在包装吴莫愁时,给她设的定位是时尚、青春、国际范儿。所以,围绕这个定位对吴莫愁进行了一系列的改造和包装:个性的服装、夸张的手势、俏皮的发型,以及在歌曲的选择上也多以英文歌曲为主,等等,从多个角度强化吴莫愁的"目标形象",同时也加深了她在观众心中的识别度,一步步打造成现在的吴莫愁在大众心中的形象。

粉丝是对艺人个人魅力和品牌的认可,但粉丝并不是稳定的,一时的圈粉可能会吸引很多人,想要长久地留住粉丝、留住关注度,还需要不断提升自己良好的形象,拿出更多过硬的作品,加深你在大众心中的印象,以此去占领你的"消费者"的心智。

○打造属于自己的品牌故事

讲品牌故事是建立个人品牌的重要工具,正如凯瑟琳·汉森在书中写道:"分享关于你自己职业生涯的故事,人们不想仅仅知道你做了什么这样干巴巴的事实,他们想听故事、趣闻、插曲,等等。"

什么是故事?故事不是说教,故事可以照亮生命,好的故事就是"病毒化"营销内容。讲故事是人类证明自己存在感的工具,也是一个人感情、经验的积累。它让事物原本的坚硬、冷酷变得温柔而可爱。著名作家安妮特·西蒙斯在她的《故事赢家》里曾经说道,讲故事的传统正在复兴,讲故事对沟通、激励有正面作用。所以,如果你希望个人品牌能"由内而外"快速运转,需要注重品牌的故事营销。

可见,故事已经成为传播个人品牌的独特方式,它是连接人与品牌情感的纽带。

首先,要清楚地表达个人品牌的核心价值,即你想给大众传递一个什么样的个人品牌形象。这是你故事营销的基石。你要传递给大众的东西一定是正能量、积极向上的故事。心理学家和哲学家们认为,想要改变一个人的命运,那么必须要先改变其潜意识(潜意识是人类深层的、内在的、本质的思维),潜意识改变了,新的局面才得以打开。人的"外在"是由其"内在"决定的,假如从改变外在着手去改变命运的话,那么结果是徒劳的;假若能从改变其"内在"着手去改变命运的话,那么一切神奇的途径将会自然打开。所以请开启并让别人感受到你的强大能量,并用独特的品牌故事将这种能量散发出去,你会发现一切并没有想象中的那么糟糕,一切都会渐渐地往你想要的方向发展。为自己注入向上的能量,然后用独特的方式散发出来,你的品牌识别度一定不会差。

有了好的故事,还需要依据粉丝传播相应的故事。这就要学会在社交媒体上分享自己的故事,清楚你的粉丝群在哪里?他们的年龄分布大概是哪个年龄段?他们喜欢收看什么样的电视节目?阅读什么样的报纸、杂志?他们喜欢关注哪方面的消息或新闻?了解了这些,再有目的地根据大众的喜好传播相关的品牌故事,比单纯的、漫无目的地传播会更有效。但值得注意的是,故事营销不宜太过,不宜偏离个人品牌的核心,更不能触碰到其他行业或部门的利益,否则也会让你惹上不必要的麻烦。

有这样一个例子,有个人在 ESM 公司上班的时候,一位同事制作了与人力资源相关的视频,然后发布在 Youtube 视频网站上。他发布的视频内容并不是关于 ESM 的,但一位同事看到后,就将这个视频发到了人力资源部门,继而又抄送给了公司的法务部,法务部认为视频中的某一段内容涉及公司的专利。于是这个员工受到了牵连。最后这位员工虽然保住了工作,却引发了很多负面的影响,对他的个人品牌形象造成了重大损失。所以我们可以得知:在发布博客、评论、文章、视频或是制作任何公开内容时,一定要确保它是公司或是你的粉丝可以接受的——因为有些内容可能你认为是安全的,但公司经理或律师并不认为如此。还有些内容你自己觉得无所谓,但在粉丝那里却是无法接受的。因此,发布之前一定要倍加谨慎。

有人说,"讲故事的技艺"正在消亡。很多人不知道从何讲起,不知道该从哪几个方面去营销自己的品牌故事。其实,个人品牌的故事可以来自很多方面:它可以是带领团队攻坚克难解决技术难题的过程,也可以是你关心同事、热心帮助有困难的员工解决问题的细节等。这些生动的故事总好过枯燥的事实,也更能增加你的品牌辨识度。

既然是讲故事,就不能一板一眼地讲述,而是采用一种较为自然、轻松、有趣的方式,渐渐吸引你的目标受众,让他们对你的经历和专业感兴趣,进而对你这个人产生好感度和信任感。要在潜意识里认为自己是最棒的,对别人是有吸引力的。只有这样你才能在自然中散发出独特的魅力。

品牌故事为你打开一个品牌辨识度的窗口,个性化的个人品牌标志则会提升你的品牌识别度。在打造个人品牌 LOGO 的时候,我们首先要明白什么样的符号才是具有辨识度的符号。现代人的生活节奏非常快,没有人会有时间猜测符号里蕴含的深刻含义。因此一个简洁而又清晰的符号、简短的文字简介才更容易被记住,从而赋予品牌较高的辨识度。

○好的品牌需要被认知

人的认知过程是一个非常复杂的过程,是人们认识客观事物的过程,更是对信息进行加工处理的过程,是人由表及里、由现象到本质地反映客观事物特征与内在联系的心理活动。它由人的感觉、知觉、记忆、思维和想象等认知要素组成。所以,想要加深目标群体对产品的认识,就需要调动目标群体的全部感官加深他们的记忆度。

你相信你的品牌吗?你认为它清晰吗?有价值吗?你能和它产生情感上的共鸣吗?要不断地去问自己这些问题,只有对自己有清晰的认识,才能更好地找准品牌的方向和品牌的价值。如今,品牌与消费者接触的方式越来越多,感官的刺激有时候已经不能吸引消费者的眼球,聪明的商家开始利用视觉、听觉、嗅觉等感官系统的整合,以此引发消费者对产品的好感度以及认知度。

当然,符号最好具有唯一性,能够高度浓缩你的个性和想要体现的个人风格,并让人产生好的联想。一个好的符号应该是具象的、原创的、独特的,而不是抽象的模仿之作。这个符号必须具有一定的辨识度,如果它能鲜明地表达出你的专长、职业,那是再好不过的。这样,当别人想要寻求你的帮助的时候就会自然而然地联想到你,你在业界的知名度也会越来越高。当能力渐渐增长到一定程度时你就是这个领域的专家。当然这并不是一个一蹴而就的过程,而是需要长期积累的。

诚品书店就是一个很好的例子,它跟其他的书店不同,一走进去就能闻到书店内飘逸的浓浓的咖啡香味儿,咖啡香伴随着书香,两种味道交织在一起发生了奇妙的化学反应。这样具有特殊文化氛围的书店在读者圈内具有很高的辨识度。因为宽敞、雅致的读书环境增加了目标群体的好感度,在加上那股特殊的"文化"味道,足以让人流连忘返。

因此,在打造个人品牌的时候,除了讲述你的品牌故事,设计独特的个人LOGO,还可以增加一些细节:比如在名片上洒些与你气质相称的香水,或是创作一首能代表你个人品牌的歌曲,等等。将你的目标受众从浅薄、个性的品牌状态带到一个更全面、更深层次的认知中。细节往往是最能体现个人品牌价值的地方,所以千万不可掉以轻心。

◎建立个人品牌战略规划表

○USP 理论的应用

在市场营销学中, 企业想要在动态的市场环境中生存下去, 就必须积极、主动地去适应市场的变化,并根据市场的变化调整品牌战略。

"战略"这个词在企业并不陌生,比如劳斯·瑞夫斯提出了独特销售主张(USP)理论。这个品牌战略方法强调将产品本身独特的卖点(USP)传播出去,借助一个强有力的卖点,就可以最快最好地销售,建立起自己独特个性的品牌。

USP 理论是从产品的角度来制订的品牌规划, 它引导商品去找到令人信服的品牌承诺,而且这个品牌承诺是独特的。

看看舒肤佳的例子:舒肤佳的成功自然有很多因素,但关键的一点在于它找到了一个新颖而准确的"除菌"概念。正如它在广告里所说的:"看得见的污渍洗掉了,看不见的细菌你洗掉了吗?"在舒肤佳的营销传播中,以"除菌"为轴心概念,诉求"有效除菌护全家",并在广告中通过踢球、挤车、扛煤气罐等场景告诉大家,生活中会感染很多细菌,放大镜下的细菌会"吓你一跳"。然后,舒肤佳再通过"内含抗菌成分'迪保肤'"之理性诉求和实验,证明舒肤佳可以让你把手真正洗"干净"。另外,还通过"中华医学会验证"增强了品牌信任度。所以,在中国人刚开始用香皂洗手的时候,舒肤佳就开始了它长达十几年的"教育工作"。

USP 战略只是品牌战略的一小部分,在构建个人品牌战略的时候,依然可以根据商品的品牌战略来制订自己的个人品牌规划。个人志向和个人品牌是一个人成功的关键,它涉及以下几个角度:内部、外部、知识、学习、财务。这些成功的要素是一座桥梁,它连接长期要素(个人志向、品牌)和短期要素(个人志向、品牌),这种联系的建立是通过识别你的个人志向和品牌中的核心竞争力、独特的天赋和主导优势,将它们转换成一些具体的个人。

和 USP 理论一样,在进行个人品牌战略规划时,依旧需要首先确定你的核心竞争力在哪里,你有什么特殊的技能是别人不曾拥有的,你如何利用这些优势去与其他的竞争者较量。这些都是首先需要思考的问题。

人的智能从狭义上讲包括记忆、观察、想象、思考、判断、分析、综合、逻辑、注意力、创造力、综合能力、智慧、意识、创意,包括理解、计划、解决问题、抽象思维、表达意念以及语言和学习的能力。每个人都有自己的特别的智能区域,比如有的人有超强的记忆智能,却不一定拥有很好的想象智能。

就像姚明,正是因为找到了符合自身的智能条件,并有机会将自己的优势发挥到极致,才会取得人生的成功。对于姚明来说,作为一个职业篮球手,他除了有身高的优势、超强的弹跳力以及奔跑能力外,当然还有他本人的人格魅力,这些因素加起来才铸就了 NBA 赛场上的姚明。

世界上没有不成功的人,只有没找到自己的智能条件并将之发挥出来的人。发现自己的个性、能力和特长是引导一个人成功的关键,一味地跟风模仿、为了成功而成功的人终将会失败。所以,我们要善于寻找和发掘自己的智能模式,找到合适自己的专业领域,才能够有更多的激情和自信去迎接挑战。

○SWOT 分析法

SWOT 是指：Strengths（优势）、Weaknesses（劣势）、Opportunities（机遇）、Threats（威胁）。SWOT 是一种战略分析方法，通过对被分析对象自身的优势、劣势、机会和威胁四个方面加以综合评估与结论分析，通过内部资源、外部环境有机结合来确定被分析对象现存的优势、弊端、机会、挑战，从而加以调整被分析对象所要实现的目标。

个人品牌的打造是一个长期的过程，根据 SWOT 分析法，你需要去思考希望个人品牌达到什么目标：是业务量的增加，客户的认可，还是满意度的提升；你所擅长的专业领域是什么？希望你的品牌给别人带来什么样的反应？希望别人对你有什么样的观点？你具有哪些资源？你的劣势在哪里？如何弥补自己的劣势……可将你要实现目标和目前已经拥有的优势、劣势、机会、威胁都一一梳理出来，然后根据现有的情况设计个人品牌的长期规划，制订一个绩效规划表，把你的目标分解成一个个小的节点，并将过程中的不足进行及时调整，督促自己按照规划的时间及要求完成目标计划。要知道个人品牌的塑造过程其实就是通过这一步步小的规划去实现的。长期下来，你就可以看到自己的进步和改变。

在绩效评估的时候依旧要问自己，用什么来衡量个人的成果、个人志向、个人品牌目标和生活目标。每个人的实际情况不同，标准也不同。因此需要根据自己的个性特点去找到合适的绩效评估方式。

当发现自己的绩效需要进行改进的时候，还是要以自己最终想要达到的个人品牌为最终目标。这就需要首先看到自己的成功关键要素是什么，并通过不断的调整将它们转化成具体可实现的目标。

注意力与个人品牌

◎注意力经济时代

○获得注意力

《吸引力法则》中有一段对吸引力的阐释：你的思想、感觉、心像和言语所发散出来的一切都会吸引到你的生命中来。一个人的吸引力是与生俱来的，一个品牌的吸引力还需要不断提升自己，吸引大众的注意力。

注意力在互联网时代是稀缺的资源，没有注意力品牌就没有认知度，产品就可能面临被淘汰的危险，艺人也有可能面临演艺生涯的终结。

米切尔·高德哈伯(Michael H.Goldhaber)在 1997 年发表的一篇题为《注意力购买者》的文章中第一次提出"注意力经济"的概念。高德哈伯认为，注意力经济作为新经济的基础已经产生了重要的作用。当前社会上的信息并不缺乏，特别是在网络上，网络信息不仅仅丰富，而且已经过剩……伴随着信息流动，有一种有价值的稀缺资源在网络空间流动。这种稀缺资源就是注意力，注意力经济才是网络经济的本质。他还举了一个邓丽君的例子，邓丽君所占有的自身资源只是她拥有资源的很小一部分，对于她来说，更为重要的是她成功地拥有了现代社会的稀缺资源——注意力资源，正是这一稀缺资源让邓丽君拥有了比同辈歌手高很多的市场价值。

注意力经济有自己的特点，首先它是非共享的，不可复制的，只有找到自己的独有的特点，才会在注意力经济时代赢得关注。比如周星驰的无厘头，葛优的低调、接地气，陈道明的儒雅、内涵，这些都是他们吸引大众注意力的特殊符号，这些都是他们独特的气质，是在生活体验中积累而来的，这些都是不可复制的。除了一些技巧还需要塑造自己独特的品牌个性，即给大众对你个人品牌的整体认识，以使自己从众多明星中脱颖而出。

邓超自从参加了跑男之后，个人品牌就发生了突然转变：一改以往"钻石王老五"的形象，转而变身成为一个幽默、搞笑的综艺新星，甚至把自己早期的青涩视频毫无顾忌地拿出来与粉丝分享。这样搞笑、接地气的邓超自然会受到大量粉丝的欢迎和追捧，粉丝们在微博上纷纷与他调侃和互动，邓超就这样在不经意间收获了无数粉丝的注意力。

郭德纲的相声之所以能吸引人的注意，除有自己的专业技能外，同时也有很强的个人舞台风格。当你认为相声的高潮已经过去时他总是在不经意间就抖出一个令人捧腹的"包袱"，让人们的注意力再一次被吸引到表演本身中来。这就是表演艺术的魅力所在，也是他能够赢得大众喜爱的一个方面。

所以，我们看到，为了吸引大众的注意力，大家都在用不同的方式"赚取"大众的关注度：有些企业会采用各种促销方式吸引消费者的购买行为；可有的明星却是为了博人眼球，而不惜拿自己的声誉炒作，置自己的个人品牌形象于不顾，这对个人品牌的塑造是非常不利的。

其实，吸引观众的注意力并不一定要时时刻刻出现在大众面前，也需要保持一定的空间和距离。这就是留白的魅力。作为艺人也要懂得为自己留白，让大众对自己产生一定的心理期待，这样大众就会对你的消息或者是下一步作品产生强烈的探知欲望。

当然，这一切都是建立在已经有了自己的代表作品、在大众心里已经有了一定的知名度的基础上的。为什么那些知名的电影演员很少去接拍电视剧，甚至很少参加综艺节目，就是因为他们知道如果总是出现在大众的视野当中，就很难保持银幕的新鲜感，他们懂得为自己留下创作与思考的空间，为再次出现在银幕上的时候做足准备。

比如，在2007年热播的美剧《黑道家族》，该剧的主创大卫·切斯(David Chase)在进行最后一集的编剧时做出了一些不同的尝试：在最后一集播出的当晚，大家都在翘首等待主人公托尼·索普拉的最终命运，可令在电视机前等待揭秘的观众震惊的是，在最后的时刻，电视机突然黑屏，演职员表在之后的几秒滚动完后，《黑道家族》系列全剧集就全部结束了，压在所有人心头的疑问并没有完全被解开。这样的结局引发了人们铺天盖地的热议，后来才知道这正是大卫·切斯的创意所在，他认为无论托尼·索普拉的命运如何，大众都会觉得失落，不如给观众留下悬念，让观众自由发挥想象。有趣的是，当观众意识到这是编剧有意为之的时候，更激发了他们对剧情的兴趣，甚至开始利用数字录影机逐帧研究这一集的内容，希望从中发现隐藏的线索。于是这部剧集后续强烈、持久的戏剧效果不言而喻。

从剧情完整的角度来说，《黑道家族》的结局并不算完美，而正是这看似没有完成的剧集其实已经超出了完美的界限，从而升华到了一个更高的层次。

○注意力经济的价值

"注意力经济是能产生经济价值的，注意力是在分配旧经济的财富，而不是制造新财富"。用工业时代的观念看待注意力必然会得出这个结论。《财富》杂志在上海的发布权之所以三天赚了1000万元，其关键是《财富》杂志的知名度和影响力成功吸引了大批民众的关注，若换成其他的杂志就未必能有此反响。

在互联网出现后,知识不再匮乏,原来短缺的知识现已"泛滥",人们可以借助互联网随时随地查看自己想获得的知识,打破了知识经济时代的"专业"的原有界限,谁都可以确立专业地位。但同时不容忽视的是,互联网的快餐文化使得人们在互联网具体内容的停留时间上越来越短, 减少了人们长时间的关注度。

为什么陈道明、孙俪这些大牌明星能拥有如此高的身价,是因为他们身上汇聚了几亿双眼睛,这些都是可以转化为金钱的。为什么《还珠格格》一集可以买到 58 万,就是因为这部剧凝聚了超高的人气,说到底还是注意力经济使然。

当一个艺人已经有了一定的影响力, 那这个艺人的个人品牌价值将是不可估量的。美国著名歌手、演员麦当娜之所以在娱乐圈混得风声水起,就是很懂得用自己的品牌价值为自己"敛财"。2011 年,麦当娜已经开始推出第二个个人品牌,虽然失收,但凭借 MDNA 世界巡回演唱会的丰厚歌酬以及个人品牌时装和香水等收入,在一年内挣得了 1.25 亿美元(约 9.75 亿港元),从而荣登富豪榜榜首。

在自然界,鸟类用羽毛和鸣叫来吸引异性的注意,以获得繁殖后代的优先权;在知识经济时代,注意力更成为最宝贵的财富和个人品牌塑造的先导。

互联网时代下,信息无所不在。我们讲"短缺经济",其实短缺的不再是知识,而是时间和注意力。"物以稀为贵",当知识不再"贵"的时候,知识经济时代转变为注意力经济时代已经来临,如何占有用户更长的时间,如何最大限度地吸引他们的注意力,成为互联网追求的目标。

○利用独特个性赢得个人品牌的关注度

注意力资源是有限的、稀缺的,尤其是在互联网时代,铺天盖地的信息无时无刻不在冲击着人们的选择和认知，人们的注意力很难集中到一个点上。所以注意力资源就显得尤其宝贵。找好个人品牌定位，打造属于自己独特的个人品牌个性就显得尤为重要。

提起阿里巴巴，人们脑海中首先浮现出的不是《天方夜谭》中阿拉伯人的形象，而是阿里巴巴网站的创始人马云；说到苹果，就自然而然地联想到乔布斯。乔布斯是苹果公司的创始人，同时也是麦金塔计算机、iPad、iPod、iTunes Store、iPhone 等知名数字产品的缔造者，他被认为是计算机业界与娱乐业界的标杆性人物。乔布斯个性鲜明，极富感召力，他的"龟脖衫"、无牌大奔车、"开放式的姿势"，还有拆房子，等等，无不有"乔布斯式"的个人行事风格。他追求完美，注重细节，打造的"海盗团队"极大地吸引着许多人来和他一起成就伟业。因为他相信未来有无限可能，坚信科技、产品能改变世界。

其实，每个人除了需要有过硬的工作技能之外，还需要拥有软技能，例如，良好的职业道德、积极乐观的态度、良好的社交技能、时间管理能力、在头脑风暴中提出创意的能力、解决问题的能力、抗压能力、幽默感，等等。当一个人拥有了这些软技能，个性的魅力就会自然而然地彰显出来，打造属于自己的品牌个性还需要注意以下的几点：

1. 品牌定位及品牌的核心价值观是品牌个性的基础，品牌如果缺乏个性，那么这样的品牌定位也将很难占据目标受众的心智空间。所以在打造个人品牌的时候，一定要对自己有一个清晰的认识：自己的核心价值观是什么，自己给自己的定位在哪里？比如黄磊早期的定位是儒雅、追求浪漫的文艺青年，而随着黄磊本人的个人发展及价值观的改变，他的个人品牌形象也发生了相应的变化—— 一个成功的中年暖男：爱家庭、会做饭、事业有成，成功的转型让他的个人品牌更加有魅力。

2. 品牌个性的挖掘与提炼一定要建立在对目标受众洞察的基础之上，学会洞察大众的心理，敏锐捕捉大众真正感兴趣、真正想要的是什么，喜欢和什么样的人接触，乐于接受什么样的人，然后再有针对性和目的性地给予。你需要融入现有的工作环境中去，在工作中历练自己，得到领导的信任、同事的支持，从而吸引更多的注意力，获得目标受众的欢迎。所以在进行品牌个性的发掘时，一定要考虑目标受众的心理，然后有根据地进行调整和磨合。

3. 不要随波逐流，那些随波逐流的个人品牌是无法产生辨识度的。不要认为只要与身边人保持一致才是安全的存在，平庸无个性的个人品牌终将不会获得太多的关注度，早晚会被湮没在同质化的浪潮当中。一些有自己的独特个性的人往往能够引领潮流，甚至可以改变世界发展的轨迹。

你要知道，人们早已厌倦了每天"机械"般的生活，只有那些与众不同的、有特点的人才能引起他人的关注，让大众产生好奇心理，进而产生积极参与的心理。当你的个人品牌有了独特的个性，就会散发出与众不同的光芒，在人群中你将不再是扁平化的名片，而已经成为一个立体的、有血有肉的自带光芒的人，而这一切都源自你对自己的深度认识，去发现属于自己的独有的个性。

◎个人品牌吸引力

○塑造有魅力的个人品牌

个人品牌形象并不单单指一个人外在的外貌形象，还包含了个人的内在涵养。要想塑造独具吸引力的个人品牌需要从外表到内心一起打造，从而获得更持久的品牌吸引力。

首先，你的仪容仪表、礼仪服饰、办公环境、个人空间风格、签名、用车、办公用品、名片等，这些体现的是你的外表风格，着重于个人形象的外在表现。当然,注重着装的搭配并不是说要穿名牌、用名牌的包包等这些华丽的外表,而是说你的穿着、礼仪等这些外在的风格要与你个人气质相符合,并形成一种统一的风格。这种统一的风格会让人对你产生更高的辨识度。比如,潘石屹一天到晚就那身中式打扮,小平头似乎一直没有长过。这种打扮的长期重复非常有利于人们记住他的外在形象,有利于他个人品牌的塑造和传播。

其次,一个人的人生观、世界观、价值观、人才观、工作观、学术观以及创新观等思想部分体现的是内涵与修养,是一个人的"内秀"体现。一个人的成长和成功需要有强大的精神世界作为支撑,才会在重要的时刻做出正确的选择,经过不断地积累就会渐渐彰显出与众不同的特质。葛洛夫相信,"只有偏执狂才能生存",在他的领导下,英特尔不屈不挠、单兵突进,奠定了微处理器领域无可争议的地位,葛洛夫也成了业界"偏执狂"的代名词。

最后就是你的为人处事、社交活动、运动休闲、生活喜好、演讲风格,等等,这些是你个人品牌精神气质的外在体现,让你的个性散发出独特的吸引力。比如陈丽华喜欢收藏、制作紫檀精品,甚至个人建起了中国紫檀博物馆。这种高雅的品位极大地提升了她在企业家中的优雅形象。

打造独具魅力的个人品牌,需要从内而外提升自己的个人气质,一个人的内涵丰富了,那他的气质就会由内而外地散发出来。而当你的内涵足够丰富,那么你的气质就会有不断地提升,这个时候再去搭配自己的外在,找到与自己个人气质相吻合的穿搭,这样就会形成统一的个人品牌形象,会让人觉得很舒服。相反假如这两个方面并不能统一,就会产生个人品牌的失衡,会让人很不舒服。

○个人品牌吸引力的层次

一般来说,一人的吸引力源自三个层次:首先是外在的表现。这个外在的表现包括一个人的外貌气质、穿着打扮、言谈举止等,但这些只是表面的因素,谁也不可能永远保持在 20 岁的容颜。而这种吸引力是最不可靠、最不持久,也是最为肤浅的。很多人有姣好的容颜却并没有很高的辨识度,大多就是因为他们只有出众的外貌,而并不能给大众留下更深层次的印象。

吸引力上升到的第二个层次:内在情感的认同。也就是你的公众形象能否获得大众的尊重与认同,你的公众行为和作品能否引发大众的理解和共鸣,能够获得大众的支持与信赖。这就要求我们不仅要有过硬的业务技能,更需要保持良好的公众形象,这样才能赢得大众的支持和理解。为什么艺人除了要宣传自己的作品,还要去参加各种公益活动,就是因为参与公益活动不仅可以增加艺人在公众面前的曝光度,更可以体现一个艺人的社会责任感,让艺人在公众面前保持良好的形象。

吸引力的第三个层次,也是最高级的层次,就是寻求与大众心灵的情感共鸣。这其实和谈恋爱有着相同的道理,男女双方最高的契合莫非是心灵上的契合。一个人如果可以通过个人品牌与大众谈一次高级别的"恋爱",让个人品牌与大众之间产生"黏度",这样才会有持久的吸引力。这就需要你用心去经营这段"感情",只有用真诚的态度与目标受众沟通,才有可能打动他们,并形成稳定的合作关系。

个人品牌要走进大众心里,并能与之对话,这才是最高层次的吸引力,也是更持久的吸引力。与其浮躁地炒作自己,倒不如静下心来去思考一下目标受众真正想要的是什么,如何去提升自己的修养和文化底蕴,而不是盲目地跟随潮流,人云亦云。

但凡成功的人都是有自己独特的个性魅力的,并且用他们独特的魅力、独特的个人形象与大众打交道，从而打动受众。陈道明的深沉、内敛、儒雅，杨丽萍的轻盈、亲和、自然，周杰伦的个性、时尚，这些都不是一天两天能达到的，而是在不断地批判与自我成长中积累而来的，然后通过人生阅历的沉淀而迸发出来的独特魅力。

◎赢得粉丝才有吸引力

○粉丝的定义

粉丝经济的概念最早产生于六间房秀场，草根歌手在演艺过程中拥有了大量的忠实粉丝，这些粉丝就会通过购买鲜花等虚拟礼物来表达对主播的喜爱。粉丝经济的概念为音乐、影视等娱乐行业指明了用户所在，尤其是在互联网环境下也为艺人提供了一个与粉丝互动、交流的平台，同时为普通草根成为明星铺就了道路。

粉丝经济时代，无论你是娱乐明星、体育明星还是互联网大V、商业领袖，只要你有了粉丝，一切便皆有可能。对于导演来说，影片中明星的粉丝就是电影票房的保证，是获得利润的来源。相对于那些没有粉丝、影响力不高的艺人来讲，大牌艺人具有极强的号召力和大数量的粉丝，这就使得他们不仅找钱容易，赚钱也是相当容易。

比如，郭敬明的《小时代》前后收获了6亿票房，其功绩主要就来自于粉丝的贡献。虽然这部电影被业内人士大骂，"不怕粉丝脑残，就怕粉丝有钱"。没错，郭敬明的粉丝虽然是没有太强购买力的青少年群体，但是花钱去给偶像的电影捧捧场还是不成问题的。于是郭敬明就凭借着个人的粉丝以及剧中多位明星的粉丝轻而易举地把钱赚到手了。

可以说，人们已经无法阻止粉丝带来的巨大经济效益，粉丝们是心甘情愿为偶像买单,并不顾一切地为偶像进行各种形式的宣传,他们就像是发酵剂,催化了人们的狂热与热情,并像蝴蝶效应一样迅速发展蔓延开去,引发人们不断地掏腰包为偶像的作品买单。这样的狂热已经是从消费的最初阶段上升到了盲从阶段。一个品牌假如做到这种程度就成了吸金的机器。

○粉丝从何而来

粉丝常有,而疯狂的粉丝却并不常有。明星也不可能依靠之前积累的人气火一辈子,而粉丝的狂热也不是亘古不变的。因此,明星更需要学会如何利用自己的影响力吸引粉丝的注意力。

互联网时代为明星提供了与粉丝互动的绝佳平台。所以,学会如何更好地与粉丝互动,是明星修炼的第一课。首先,让粉丝参与进来,为粉丝创造接近偶像的机会,当粉丝有了与偶像之间的互动,他们与偶像之间的亲近感也会增加。这样,粉丝才会有更多的兴趣继续追随你,期待你下次更精彩的呈现。

很多艺人往往在事业发展的初期很珍惜自己的粉丝,也非常乐意与粉丝保持亲密的互动。而当事业有了一定的起色时,或许是因为过于自信,或许因为太懒惰,总之就不再愿意与粉丝互动,置粉丝于不顾,长此以往就会逐渐淡化了与粉丝的关系,最终必然会失去粉丝的支持。

一些国外艺人在与粉丝互动方面有很多值得我国艺人学习和借鉴的地方,总能与粉丝保持很好的关系,想尽办法与粉丝互动,得到更多粉丝的支持与喜爱。比如韩国歌手张根硕代言统一鲜橙多时就曾制造了一个与粉丝亲昵互动的好机会,推出了"统一鲜橙多盖世漂亮会"。

"盖世漂亮会"设置了四种抢票方式:1.购买450ml新包装鲜橙多、芒果多、蜜桃多、葡萄多等各种"多",上官网,在首页输入瓶盖编号,参与抽奖;2.点击官网首页左侧"漂亮12说"按钮,完成任务赢取勋章,攒够8张不同勋章可参与一次抽奖;3."虚拟勋章"帮抢票;4.关注品牌官方微博@统一鲜橙多……如此多渠道、多方式、多路径,鼓励粉丝积极参与"盖世漂亮会"活动。可见张根硕与统一鲜橙多的良苦用心。

凭借着非凡的人气,活动一上线就引起了大量粉丝疯狂抢票,抢票成功的粉丝甚至不远万里坐飞机来到活动现场,只为与偶像近距离接触,而这对于他来说是值得的,也是非常乐意为此买单的。可见张根硕为与粉丝更好地互动,为自己个人品牌的塑造想尽了办法。

张根硕的超强人气已毋庸置疑,其健康、自信、乐观、积极的形象也与统一鲜橙多的品牌旨在向受众传递的理念一脉相承,那就是——漂亮不仅只在于外表,更在于内涵。张根硕的整体气质是与鲜橙多有较高的吻合度的。那么在那场活动中如何调动粉丝们参与的热情,让整个活动变得新鲜、有趣味性,更能吸引年轻受众的注意力,让粉丝们感受到的不仅是偶像本身的能量,还能感受到偶像所代言品牌传递的精神与理念。

而让粉丝能够主动参与到活动中来,调动他们的积极性,张根硕在策划时注重了粉丝的参与感,吸引粉丝注意的不仅仅是偶像本身,统一鲜橙多的品牌也随之被更多的人所认知。

之前,明星与粉丝的互动仅仅是流于形式,挥挥手,微笑一下敷衍了事,或与粉丝合个影,签个名就算是深入互动了。这样的互动对于粉丝的培养和维护来说就像是隔靴搔痒,并不能起到多大的作用。互联网时代粉丝渴望与自己的偶像有更加深入的互动,而张根硕那次与统一鲜橙多的合作深入到了深圳、武汉、成都三大城市,亲自与中国粉丝零距离密集互动,粉丝们尽兴,明星的个人品牌也从中获取了更大的关注度。

○利用新媒体吸引粉丝眼球

新媒体社交已经成为更时尚的社交方式,明星们自然也不会落伍,他们都会想通过这种更新鲜、更有趣的模式吸引更多粉丝的注意，进而可以获得更高的个人品牌价值。但是，没有互动就没有价值，如果微信、微博里拥有大量的粉丝，但都是所谓的"僵尸粉"，那也是毫无意义的。因此，明星们必须学会如何增强自己微博、微信的吸引力。

第一，内容的多元性。视频、图片、文字等都是明星与粉丝亲密互动的绝佳方式。当然，这些图片与文字应是事先经过精心筛选过的，甚至是为了配合艺人阶段性的工作而进行的宣传行为，目的就是为了让粉丝可以更直接地了解自己偶像的动态，从而与自己的偶像进行更亲密的互动。

第二，内容的关联性。因为很多粉丝都是因为偶像的一档节目，或是一次活动聚集而来的。所以一定要注意内容的关联性，尽量多地为粉丝们提供一些感兴趣的内容，多创造一些能让粉丝接近偶像的机会，这样才能为活动本身及艺人的个人品牌产生更持久的吸引力和传播力。

第三，艺人在微博、微信中发布的信息一定要能够引发粉丝的关注和转发。比如，某个艺人出席了什么样的活动，什么时候有粉丝见面会等，这些都会是粉丝们迫切想要知道的，也是最实用、最实际的信息。粉丝对偶像发布信息的转发，实际也是对活动的一种有效宣传。

第四，内容的趣味性。除了发布一些粉丝关注的信息，明星与粉丝互动时还应该注意增强信息的趣味性。在这样一个娱乐至上的时代，作为一个艺人更要有娱乐精神。比如邓超、孙俪在微博上经常会有一些很有趣、很生活化的互动。这种方式不仅让粉丝们对荧幕下两人的爱情和生活倍加关注，成为人们羡慕的对象，更是因为这种娱乐精神而吸引了无数粉丝的目光。娱乐精神让人们暂时忘记了工作、生活的烦恼，更能触发大众的兴趣点。所以是一种行之有效的办法。

第五，内容的互动性。热点事件也是引发大众关注、粉丝互动的一个引爆点，但是艺人在评论或转发这类事件或与粉丝互动时，一定要注意自己的形象。作为公众人物,艺人一定不要发表过激的言论,尤其是对一些社会的热点问题最好保持中立的态度,而不是在不明事理的情况下妄加评论。因为你的态度会直接影响到公众的判断,甚至一些别有用心的人还会曲解你的意思,影响你的长远发展。

我们还可以举一个例子,奥运赛场用尽"洪荒之力"的姑娘傅园慧火了,虽然傅园慧只收获了百米仰泳的铜牌,但是这个风格独特的运动员却在两天内疯狂吸金300万,而且关于她的各种表情包也同步上线,使这样一个以前并不知名的运动员一下子跻身于网红的行列。

傅园慧的商业价值初见端倪,广告商就已经找上门。《金融投资报》记者注意到,2016年8月10日傅园慧发布了一条冰露纯悦的广告微博,截至次日下午两点已经有7126次转发,3万条评论和44万点赞。

傅园慧为什么能在短期内吸引如此众多的注意力呢?可能因为人们看惯了赛场上运动员们一板一眼的问答,而傅园慧的出现就像一股清泉一下子刺激到了人们的神经,她的真实、不做作让人们看到了一个与众不同的运动员形象,她面对镜头的真实反应一下子拉近了运动员与大众之间的距离,在她身上真正体现了重在参与的奥林匹克精神。因此能博得大众的欢迎,同时也迎合了人们的娱乐精神。

其实通过媒体,真实也是一个艺人吸引粉丝的重要特质,无论是大牌明星还是新晋的艺人,都要保持一份真诚和粉丝进行互动,要让粉丝们不仅只看到艺人在舞台上光鲜、美好的一面,而是将幕后的状态有选择性地呈现出来。毕竟,真实往往是最能打动人心的,也是最易受到大众关注的。

◎将注意力转化为影响力

○影响力是什么

将注意力转为影响力,是个人品牌价值跳跃的关键一步,艺人拥有注意力和粉丝仅仅是获得个人品牌价值的第一步,如何将注意力转换为影响力才是艺人需要思考的问题。

首先,我们来看一下影响力是什么。影响力是用一种为别人所乐于接受的方式改变他人的思想和行动的能力。影响力又被解释为战略影响、印象管理、善于表现的能力、目标的说服力以及合作的影响力等。

可以看出,影响力不仅是一种吸引力,更是说服力,可以说服大众接受你的见解、思想的能力。为什么一些社会公益活动总是会请来一些名人助阵,就是因为他们有一定的社会影响力,比普通人更能唤醒大众的认同感和信任感,更能获得大众的支持和行动,这就是公众人物的影响力。

一个人的影响力是由强制性影响力和自然性影响力等因素组成的。强制性的影响力是说这种人所带有的影响力是强迫性的、不可抗拒的,并通过外部的压力形式表现出来发生作用。在它的作用下,通常被影响者的心理和行为表现为被动和服从。一般情况下,当一个艺人拥有了一定的社会影响力和社会地位后,就会担任一定的社会职务,也就具有了相应的强制影响力,但这种影响力通常对心理和行为的激励作用是有限的。

另外一种影响力是自然性影响力,这种影响力是没有正式的规范和上级授予形式的,并不属于领导与下属的关系,而是自然而然散发出来的影响力,是来自个性和人格魅力的影响力。很多名人、大牌艺人都具有这样的个性魅力。比如成龙,凭借多年在圈里的打拼赢得了大众的广泛肯定,树立起了在娱乐圈中的大哥形象，他的影响力早已超越了强制性的影响力而成为一种自然性的影响力。这是他多年累积、不断拼搏的结果。

一个艺人的影响力究竟体现在什么方面呢？首先在于他的品牌价值和经济价值。一个明星足以形成涉及到音像、图书、媒介、玩具、饰品、服装等诸多行业的庞大产业链。前几年，徐峥导演的电影《人在囧途之泰囧》，通过剧情将泰国的人文特色巧妙地展现出来，带火了泰国游；在香港，一个价值20元的周润发同款打火机一口气可以要价120港币；一件印有贝克汉姆头像的T恤要卖1300元，但仍旧无法让粉丝们的热情降温。如今，贝克汉姆头像的T恤衫每年销量达到2亿件，销售额突破10亿欧元。这就是艺人影响力带来的经济效益。

除了能够带来巨大的经济效益，名人的影响力还会带来巨大的社会效益。越来越多的企业家、明星开始意识到作为公众人物的社会责任，把公益作为事业的一部分，他们热心公益就像是热爱自己的本业。他们常常参加各种公益活动，充分发挥一个公众人物应当为大众带来的正能量。比如韩红、李连杰、江一燕这些明星都很热衷慈善事业，在他们的影响力的带动下，越来越多的人参与到公益事业中来，为帮助社会的弱势群体做出了自己的贡献。这也是对其个人品牌塑造的方式之一。

○如何获得他人的支持

作为艺人，不仅需要有内在的修养、有力的思想表达、过硬的业务技巧，还需要掌握与大众良好互动和沟通的技巧。尤其在进行跨国合作时更应该注意如何融入当地的文化，如何通过与粉丝互动提升自己的影响力。这是一种个人品牌塑造的软实力。

我们可以来看一下韩国明星秋瓷炫的例子。随着中国在世界影响力的不断增强，很多韩国艺人都瞄准了中国市场，但是大部分似乎还停留在影视圈边缘：语言不通，拍部戏上个综艺就走，都处于"打酱油"状态，并没有在中国市场留下太多的存在感。

而秋瓷炫却是一个特例，2010年她凭借《回家的诱惑》打开中国市场，此后在古装剧、都市剧甚至是抗战剧里都能看到她的影子，已经拥有了相当的影响力。她是如何做到的呢？首先要融入一个新的环境，不要急于求成，要找到一个最适合自己的方式，渐渐地融入其中，要给自己一个缓冲期来适应陌生的环境、陌生的规则。秋瓷炫就是这样，她开始进入中国市场时就遇到了很多与在韩国不一样的地方，比如在中国导演并不会按照剧情来拍戏，而是按照导演的要求可能今天拍第十集的内容，明天就又跳到最后一集。

秋瓷炫首先做的并不是抱怨或是耍大牌而是积极地融入剧组，并与剧组人员积极合作沟通，顺利地完成了《大旗英雄传》的拍摄，打开了中国市场的大门。当然艺人本身的努力也很重要。在拍摄时，秋瓷炫会给自己的角色加一些元素，比如搞笑的桥段或动作。而对艺人来说，除了语言，最重要的是要清楚自己最适合的是什么，要走的是哪个方向，要学会如何加入进来，而不是简单的模仿。

想要拥有影响力，获得市场的认可，跨国合作的艺人恐怕最难过的就是文化关。因为不同的国家有不同的文化，想要深度融合到当地的市场中，就要去了解当地的文化。秋瓷炫为了能够打开中国市场，不断与编剧、导演沟通，深入了解中国文化，终于渐渐赢得了中国观众的认可与支持。

当然除了了解文化，社交也是赢得合作机会、融入新环境、获得支持的很重要的一种方式。秋瓷炫为了能够迅速融入中国社会，除了尝试不同的戏，了解中国文化外，还很注意结交中国朋友，和中国人聊天，和编剧聊，和导演聊，结识了不少中国朋友，甚至在中国找到了属于自己的另一半。可以说她已经真正地融入了中国社会，因而才会赢得众多粉丝的青睐。

从秋瓷炫的例子我们可以看出，一个艺人想要赢得影响力，首先要在工作中学习：如何塑造角色提升自己的艺术素养以及业务能力。这才是一个艺人首先应该做的。我认为，艺人的一切行为，都是具有社会影响力和具备社会责任感的。所以，一个具有发展潜能的艺人，首先应该是高品质和高修为的典范，这也是一个艺人的品牌价值范畴。只有这种价值的呈现才会使艺人更加具有个人品牌魅力和更大的事业发展。

大多数人往往只看到艺人光鲜、受人瞩目的一面，却很少看到他们背后付出的努力，除了要修炼内功，还需要学会与周围的人配合，工作比别人完成得更好，才能获得更多的认可和关注。因此，演艺圈里很多艺人都是从最初的跑龙套开始而逐渐被大众认可，渐渐形成了自己独特的表演风格和个性的。艺人需要一个沉淀的时间，慢慢体验人生，才华才会显露出来。

同时艺人作为公众人物，要想保持良好的个人形象、获得影响力就要提高自己的情商，谨防言多语失，不然为什么只有刘德华、刘嘉玲、林志玲这种情商高的艺人才能爬到娱乐圈的顶端呢？很多情商低的明星轻则被鄙视、被骂，严重的直接就断送了自己的演艺生涯。比如韩国艺人张娜拉，本来她的影响力在中国是不亚于宋慧乔的，在中国拍电视剧、开演唱会挣得是盆满钵满。但是如今的90后、00后已经很少有人知道张娜拉，就是因为在韩国一档谈话节目里口无遮拦地说了句"我每次缺钱就会去中国赚"。这种"中国圈钱"论令网友极度不爽，认为张娜拉这样的言论显然是在歧视中国市场，扬言要封杀她。事件最后越演越烈，激起内地网民的一致讨伐，甚至父女俩出来一再道歉也于事无补。所以如今她很难在中国立足。因此，艺人作为公众人物一定要注意自己的言行，尤其是要掌握与媒体沟通的技巧，以免影响到自己的演艺事业。一个艺人经历了千辛万苦才得到大众的认可，而有了一些影响力就因为沟通问题毁掉了自己的前途，真是十分可惜。

○提高情商，获得影响力

如何提高情商？不妨向圈内情商高的同行学习，比如林志玲就是情商高的典范。比如：拍摄时，即使对方准备的衣饰不是她所喜欢的款式，她也会很温和地说："好，我去试一下"，绝不会令对方尴尬；拍照时，因为身高问题，她常常会曲膝半蹲甚至会脱掉高跟鞋；采访时，她习惯俯身侧耳倾听，以尊重每一个提问题的人。可见，艺人情商高首先就表现在对别人的尊重，想要获得大众的认可，你首先要学会尊重别人，考虑别人的感受。

掌握说话技巧也是一个人情商高的表现。有一次记者问林志玲：她被人在网上喷演技为零。林志玲直接大笑说："是不是因为我名字有'玲'字？不管怎么样，既然说演技，那说明大家都承认我是演员了呀，这也是进步哦！"还有一次，网上传了一些绯闻，有记者问是不是有人在追她，她回答道："有啊有啊，时间在追我。"林志玲的回答既没有让记者失了面子，又巧妙地躲开了问题，双方都得到了自己想要的。

所以，个人品牌要在培养过硬的基本功的同时不断提升自己的综合素质，掌握良好的沟通技巧，才会有更多的机会，从而产生更大的影响力。

◎偶像的品牌吸引力在哪里

○偶像的定义

"偶像"在字典里的解释为，一种为人所崇拜、供奉的雕塑品，比喻人心目中具有某种神秘力量的象征物，也指一种不加批判而盲目加以崇拜的对象，特指一种传统的信仰或理想。

可见，偶像是被人们精神崇拜的对象，有一种高不可攀的神秘感。而如今，偶像的意义早已脱离了当初的那种神秘感，而被大众界定为被追捧的艺术家、作家、娱乐圈艺人等在某些方面有一技之长的人。

媒介社会中，人们崇拜的偶像是虚拟的媒介形象与真实的社会人的结合体，既具有社会人的自然特征，同时还承载着更多通过媒介包装而赋予的深层意义。在大众传媒时代，偶像崇拜是崇拜者的心理移情的结果，当偶像在媒介或是公共场合出现时大众就会将自己的想法和情感赋予偶像，并在这种幻想中体验梦想的存在。

偶像之所以具有对大众的吸引力，是因为崇拜偶像实际上就是崇拜自我，这个自我是理想中的自我，而不是现实中的自我。理想中的自我是人生追求的终极目标。偶像是理想的自我，对偶像的迷恋相当于对理想自我的迷恋。所以，我们崇拜和我们的理想自我相符合的偶像。

在媒体的包装下，偶像其实就是被完美包装的一种商品，是媒介产品，传媒利用大众的移情心理，当偶像出现在公共场合时，大众会将自己的想法情感赋予偶像，同时在偶像的身上赋予自己的情感和理想，借助在偶像完成梦想实现的情感体验中找到存在感。

并不是所有的艺人都能成为大众心目中的偶像。偶像之所以被称为偶像，是需要吸引大众去跟随和崇拜的。因此，能称得上偶像的人都是在行业内具有高标准和严要求的，要打造一个成功的偶像派都是要耗费时间和精力的。如：一些娱乐公司很注重新艺人出道前的培养，对他们的要求和学习也非常严格。一般，公司会通过各种方式选拔适合成为偶像的优秀人才，然后集中培训歌舞、演技等必备技能。根据每个人的情况不同，公司定下的学习时间也不同，少则几个月，多则七八年，平均是两至三年。

在互联网时代为成为偶像，并成功吸引粉丝的注意力提供了绝好的平台。互联网时代推广的渠道更加丰富，交互性更强，可以让偶像和粉丝进行更加直接的互动。互联网传播快速、扩散迅速，能迅速积累粉丝，形成强大的粉丝群。在传统的娱乐产业链中，宣传和推广的主要手段就是参加电视台的综艺节目，参加各种颁奖典礼，目的是能在电视上多露面，增加观众对他们的印象。这就是为什么综艺节目收视率居高不下、许多人都愿意参加的原因。虽然如今这类节目依旧是造星的重要基地，但随着微博、微信等社交媒体的成熟以及视频网站的出现，为打造大众心中完美的偶像开启了一条更加便捷的"高速公路"。

但是偶像之所以是偶像，是因为他是一种信仰，是一种被神化的完美的形象，一旦偶像的神秘光环不见了，有可能并不如想象得那么完美。如果偶像走下神坛，就再也不会像大众脑海里想象得那么高大、完美了，甚至会一落千丈。

当你把一个人当作自己的偶像时，就会自行把偶像的形象及其他各个方面都"脑补"得极为完美，在你眼里他就是毫无缺陷的。有句话叫"距离产生美"，大众在银幕上看到的偶像都是经过媒体包装之后呈现出的最完美的一面，而正是荧幕的距离感才让大众觉得这形象是如此的高大、完美。一旦通过网络或是现实的近距离接触，了解了他们私下里的生活，你就会发现其实他们和普通人并没有什么区别：也会有皮肤问题，也会有工作上的压力，甚至因为心情不好而爆粗口。因为他们也是社会中的人，也会有七情六欲。这些在普通人看来再平凡不过的小毛病，一旦出现在偶像身上就成了极大的缺陷，原本完美的想象不复存在，甚至对偶像各方面都产生质疑。

互联网时代，碎片化已经成为这个世界的特征，一切都是琐碎的，易于被人消化的，发达的娱乐媒体把大众的胃口渐渐撑大，神秘感似乎越来越成为一种奢侈品，这就使得偶像的神秘感在逐渐消退。随着各种社交媒介的出现，很多偶像甚至主动走下神坛，把自己当作一个普通人去看待，在微博上全天候播报自己的动向，制造话题，与粉丝互动，有时反而会增加曝光率和粉丝量。这说明，越是真实、可爱的偶像越是有大量的粉丝喜欢、追捧。

○偶像的神秘感

偶像们应不应该保持神秘感呢？我们先来看看偶像们自己的观点。

江一燕就曾在采访中有过这样的观点："我不觉得天天在观众面前晃，观众就一定会喜欢你。我认为只要能拿得出好作品，哪怕只有一两个角色能让人记住也就可以了。保持神秘感是必要的。"在这样的观点的指引下，她拒绝了很多剧本，只有百分百心动的戏才会接受，没有合适的剧本宁可休息，或者调整状态。

偶像们也并不是神，也需要沉淀。如果一个艺人只是热衷于在人面前抛头露面，把自己的一切暴露在公众的目光之下，博人眼球，而没有时间进行自我调整和充电的话，那么他脑子里储备的东西早晚会被掏空，艺术的创造力也必然会下降，最终丧失偶像的光彩。所以，聪明的偶像艺人都善于为自己腾出一定的空档期，把自己暂时放空，利用这个时间去读书、旅行、陪伴家人，不断充实自己，调整自己的状态，以备在遇见喜欢的作品时能够释放出更强大的能量。

在《追寻优雅》一书中作者给出了优雅的四个关键要素，其中之一就是奉行节约之道，给人少许的神秘感，并有所保留。当然做到这点并不容易，因为人类是天生的"无中生有"者，天生就会争取、搜集、囤积、储藏，最后再消耗殆尽。这好像是人类的一种心理和嗜好，必须要用什么东西填满自己的生活，不给自己的生活"添滋提味儿"就会觉得不舒服。

当人们对偶像的崇拜达到近乎狂热的时候，一般也是偶像艺人事业最红火的时期，这时候的偶像最容易懈怠，因而变得浮躁，甚至忘记了自己最初选择进入这个圈子的初衷和目标。有些人会为了迎合大众的口味而选择低质量的节目或是影片，消耗掉了本应属于自己的时间和精力，也消耗掉了大众的热情和期待，而最终丧失了偶像的光环。

　　因此,想要追求艺术的美感,想要在艺术的道路上走得更久,就需要适当地做减法,找到最合适自己的资源和方式。即便是偶像,也要认识到自己并不是完美无瑕的,要明白自己并不是能演好任何一部戏中的角色,尽量把自己的位置放低,正视自己的不足和缺陷。当然,也无须将自己全部的私生活展示给大众看,以此博得众人的关注。这需要有缓冲期,去充实自己,调整自己,同时也给大众一个缓冲期,让他们对你的下部作品产生情感上的期待,这样才有可能释放出更大的能量。

　　其实这是两方面的责任:一方面,大众应该对偶像更理性的崇拜,应该给偶像们更宽容的空间,理解偶像也有普通人的一面,他们也可能犯错,也会有自己的能力所限的事情,也需要有自己的私人空间。所以,大众应该对他们保持理智的心态,而非在自己的想象空间里盲目崇拜和追星;而作为偶像艺人,也需要摆正自己的位置,要"有所为有所不为",真正肩负起偶像的责任,为大众树立起偶像的标杆作用。只有这样,大众与偶像之间才会有持久的吸引力和影响力,才能使中国文化、娱乐产业持续健康发展。

粉丝经济时代的到来

◎粉丝经济的发展及特点

○粉丝经济的发展

互联网时代,社交关系成了最常见的关系,社交网络的核心环节不只是创造内容,最关键的是个人品牌的塑造。当然,社交网络中的主体是个人,但能使得个人品牌充满活力的是你的粉丝。所以,要想把自己的个人品牌经营得更好,关键在于你如何去吸引大众的注意。

粉丝是指共同热衷或追捧某事物或人物的一类人,他们通过某种渠道组织起来就成了粉丝团。粉丝团中的粉丝具有更高的认同感与责任感,大家聚在一起分享资源,成为利益共同体。随着互联网和文化事业的发展,粉丝也拥有了自己的特质文化。

中国粉丝主要分为明星粉丝、网红粉丝、网络文学粉丝、二次元粉丝以及其他各行业名人粉丝等几大类型,其中明星粉丝所占比重最大。但随着互联网时代的到来,直播等社交媒体的出现使得网红经济成了一股不可小觑的力量。因此,网红粉丝也占有很大的比例。

想要获得粉丝的关注,最关键的一点就是如何建立起与粉丝之间的信任,进而去影响他们,获得更多的支持,学会倾听大众的声音,认真了解他们的真实想法和内心的渴望, 这样你才会更加清楚地知道你的受众究竟喜欢什么、讨厌什么,然后再有根据地做些尝试和改变,不断了解如何才能抓住粉丝的兴奋点。

提到粉丝就不得不提及粉丝经济,很多人都会想起 2005 年的"超级女生",那个时候李宇春、周笔畅、张靓颖都有自己的粉丝,甚至还有可爱的名字:玉米、笔迷和凉粉。为了支持他们心目中的偶像,当时的粉丝们会花 0.5 元或 1 元钱通过手机短信给自己的偶像投票。当年李宇春是个"神话",在 2005 年超女的总决赛上, 她最终以 352 万的短信得票胜出, 占总票数的43.28%。同年 10 月,她登上美国《时代周刊》封面,在她身上,"梦想"这个词被无限放大,李宇春成了选秀明星的最佳代表。

可以想象, 当这 352 万粉丝如果每人花 1 块钱投票的话, 也是一笔巨额。所以粉丝经济的潜力是无限的, 只要有人气在就不愁没有经济效益。2006 年,当各类选秀节目落下帷幕后,广电总局发展研究中心对上海东方卫视《加油!好男儿》《我型我秀》《创智赢家》《舞林大会》真人秀进行的调研报告显示,这四档真人秀的各环节价值超过 38 亿元,对社会经济的总贡献达到76.89 亿元。《我型我秀》和《加油!好男儿》两个选秀节目的短信投票总共有1600 万条之多,"粉丝"不单单是一个庞大的消费群,同时也是一种具有潜力能量的经济力量。

新偶像粉丝经济变现的方式更是五花八门。比如,90 后粉丝喜爱的偶像团体 SNH48,其粉丝不仅可以购买演唱会门票,以及写真、文具等周边产品,还可以购买握手券和投票券。粉丝每购买一张新专辑可获得一张握手券,在线下活动时可与心爱的偶像握手 10 秒。购买 268 元的专辑还可获得 3 张投票券,购买 1680 元的专辑则有 48 张投票券,以此刺激粉丝购买更贵的专辑。

粉丝经济继续发展到互联网时代,我们熟知的淘宝、小米等这些都是大数据时代的"赢家",它们赢得市场竞争的关键也是依靠粉丝,也就是那些忠诚的买家。比如,我们说的小米手机的老总雷军,他的博客就有 800 万的粉丝,他们不仅是雷军个人的忠诚粉丝,还是小米的爱好者、狂热者、追随者。正是因为粉丝的支持,才使得小米手机有了今天的成绩。

而在互联网的作用下,这些忠诚粉丝的最大价值就是"裂变",由一个粉丝增长为两个粉丝,甚至是一群粉丝。"这些消费者已经变成了消费商,他们会利用微博、微信等手段,哪怕是秀一秀自己买到的产品,就会引来朋友圈的一群人,依次裂变、增长,其效果是不可估量的。

○粉丝互动的特点

想要聚合粉丝的力量,形成合力,就要有良好的互动。互动与参与是粉丝经济的核心,没有粉丝的互动,就建立不起粉丝的信任,而缺乏了这种信任也就很难形成粉丝的合力。无论是明星还是网红,或者是想要成名的普通草根,都需要去了解粉丝互动的特点,抓住粉丝的兴趣点,然后再展开行之有效的互动。

而粉丝互动的第一个特点就是迅速。以前,粉丝想要和自己心目中的偶像互动几乎是不可能的事情,粉丝们也只是通过传统媒体的宣传和报道了解自己偶像的最新消息,粉丝与偶像之间存在很远的距离。互联网时代,偶像与粉丝的互动变得更加直接和便捷,偶像刚发的微博或微信瞬间就会有上万粉丝的点赞或转载,偶像就像是朋友一样存在于粉丝的"朋友圈"里。这就是互联网的魅力,它大大提高了传播效率,同时也增进了偶像与粉丝之间的亲近感。

这种互动随时可以发生,也就是说大众关注的企业或是个人都可以通过新媒体的传播随时随地为粉丝提供服务或是信息,而这更加改变了粉丝的地位：粉丝由以前的被动接收信息、服务的地位改为主动去发起、去参与。而这一切并不是发生在一个固定的时间点，而是发生在大家都不太会关注到的碎片化的时间里。

这对于企业或是偶像们意味着什么呢？粉丝们希望无论任何时间、任何智能手机都能进行及时的交流与互动。这种关系是一种颠覆性的改变，移动社交时代个性化与即时性是核心，粉丝们对于时间、空间的要求越来越大，而且越来越要求有掌控权，他们会越来越希望是由他们来选择时间、地点可以便利地、快速地捕捉信息，并且有充足的选择和服务。消费者可能会即时地发出信息。这就要看我们的企业或是偶像们能否抓住机会向目标群体提供相应的服务，并满足他们的需求。

第二个特点是交互性。社交的核心是交互，交互就是要交谈、交流。传统生活中的社会关系是人类社会中普遍存在的一种关系，交互也是人与人之间增进关系、联络感情的一种重要方式。在网络社交中，交互性也是很重要的一点。据统计，除了粉丝与偶像之间的互动，粉丝之间的互动也是一种常态，80%的粉丝与粉丝之间会产生互动，其中以每周几次为主，有13.4%的粉丝每天会多次互动，已经成了朋友，而且超过90%的粉丝会分享关于偶像的内容，这一切说明粉丝的社交需求和意愿是极高的。

随着社会的发展，网络上的交互又有了新的特点：首先是交互的主导权换成了粉丝，他们来决定何时、何地、用何种方式来与你交流，他们不再是被动传播的"靶子"，而是主动出击的弓箭。第二个特点是这种交互是有方向性的，是可以分为出口和入口的，而且具有索引，最具有信息属性的交互还会因为交互的内容而产生标签。

当标签体系和入口、出口索引建立以后，就可以建立一个强大的自助服务体系。因为如今的粉丝们更喜欢自助服务，他们更要求控制权，并且他们的时间也不是事先预留出来的，而是希望通过碎片化的时间尽快自主完成所需要的服务。

第三个特点是私密性。目前大多数粉丝互动的渠道首选是微信,其次是微博,然后才是论坛。当然开放性与私密性是相辅相成的:开放是对应的流量,而私密对应的则是粉丝与偶像之间的交流与互动。微信之所以受到大众的青睐,就是因为它具有开放性,人们可以通过网络添加不熟悉的陌生人,而私密性则是发生在熟人之间。品牌粉丝的社群应该是陌生人向熟人发起邀请的社会发展。

因此想要吸引粉丝的注意,就要首先了解互联网时代网络互动的特点,用粉丝们喜欢的交流方式进行沟通和互动,这样才能更长久地吸引粉丝在你的身边,进而成为你的忠实粉丝。

◎维护粉丝热度,打造你的忠实粉丝

○互动源于忠诚

互联网时代,无论是企业家还是明星、偶像,都希望能将粉丝牢牢地留在自己的身边,然而让粉丝们信任还远远不够,还需要让粉丝变成你的忠实拥护者。于是粉丝的忠诚度就成了关键的问题。让粉丝的这种忠诚转化为实际的销售额,同时还可以帮助你做免费的口碑宣传,只有这种质量的粉丝才是有价值的。

不要小看粉丝的力量,互联网时代我们已经无法再忽视他们的存在,正是因为有了粉丝的存在,小米才拥有极高的知名度和影响力。那么雷军是如何做到的呢?首先,他为小米手机的定位非常准确——专门为手机发烧友订制手机。小米善于为粉丝建立联系,每周收集发烧友的需求或意见并对手机进行升级,尽量满足每一位粉丝的需求,最大限度地让用户参与到小米手机的设计中来，正是在这种参与的过程中，增强了小米手机与客户之间的黏性：手机发烧友们在米聊、微博、论坛对小米各种配置给予各种好评，最终"高配低价"成为小米手机的代名词，吸引了更多关注的人成为小米的粉丝。

小米从发售之初就利用精准定位、意见领袖效应、粉丝效应助推小米一夜成名，使得互联网营销效果不断放大，成功获得了网友对产品的信赖和忠诚，抓住了市场口碑的话语权。最后，不仅全国成千上万的发烧友成为小米的粉丝，整个手机市场的购买力也被他们带动了起来。所以互联网时代，我们不仅仅要拥有粉丝，还要学会如何维持粉丝的热情，建立属于自己的粉丝群。

想要维持粉丝的忠诚度，你要把粉丝当作朋友一样来对待，用心去与他们进行交流和互动。就拿建立公众号这件事情来说，我们做微信公众号不要把它当成一个冷冰冰的平台来做，而是要把它做得有血有肉，赋予人的个性，尽量让内容有趣，足够吸引更多的受众。这就和交朋友一样，你是愿意和一个个性鲜明、又有趣的人做朋友？还是喜欢和一个像机器一样毫无个性、默守陈规的人做朋友呢？

通过比较我们就会知道，有鲜明个性的人会更加有吸引力，而且这种吸引力还能更加持久。因为一个有自己独特观点和主张的人会时刻带给粉丝新鲜感，这样粉丝才不会产生厌倦感，你和粉丝之间的关系才会在互动中越来越紧密。所以在打造微信平台的时候，要有自己独特的个性，让粉丝们感受到与他们互动的并不是一个毫无人情味儿的平台，而是一个有着鲜明个性和独特观点的有趣的个体。在编辑内容的过程中，包括对昵称、板块、题目、内容等设计，都要营造出目标人群喜爱的人物个性来，这样才能走进他们的心里，并与之进行更深层次的交流。

○偶像们如何吸引粉丝

偶像的吸引力来自何处？相信很大一部分源自偶像的态度，一个人的态度是他的魅力所在，是他能否吸引粉丝的关键。

对于一个企业而言，品牌定位、内容定位、产品设计、产品体验、服务感受、活动享受等均是态度的体现。对于微平台来说，组织活动是增加粉丝好感度和扩散传播的关键。精心为粉丝准备每一场活动秀，最大化满足他们的物质和心理需求。一次次的"好评"之后，不只是官方设定的分享转发渠道可以扩散传播，粉丝们也会心甘情愿免费为你做口碑宣传，这将使你的产品在市场上立于不败之地。

也就是说，偶像与粉丝之间形成了一种信任和默契，而这种信任是建立在长期的互动与交流的基础之上的。什么是信任？罗素说，信任是建立在对另一方意图和行为的正向估计基础之上的不设防的心理状态。这个定义包含了两大内容：第一，信任发生在个体之间，出现在一定的社会关系之中；第二，信任是对他人的期待，这种期待应建立在共同的社会规范和价值观的基础之上。信任与社会资本都是来自于社会成员之间的互动，而这些互动的基础均是建立在社会共享和价值观之上的。如果一个群体的成员开始期望其他成员的行动是正当可靠的，那么他们之间就会相互信任。

当这种信任关系变得稳定与成熟时，一个企业或偶像才能与大众产生情感上的相互依赖，这种情感依赖不仅体现在经济交易上，而是在大众心智上的占领——面对琳琅满目的商品，消费者会毫不犹豫地选择购买该企业的产品；当偶像出了新专辑或参演某节目时，他（她）的粉丝们也会积极地为其宣传，甚至不惜高价购买偶像的周边产品。

对于产品来说，这种信任关系进一步发展，也就会自然而然地引发大众自主的口碑宣传。一般来讲，口碑是指企业或产品带给消费者良好体验后，从而使消费者对产品或服务产生的口头推广，通过口碑传播，把良好的消费体验传递给更多的消费者，从而达到口碑营销。

口碑的根源在于产品或服务足够吸引人，将口碑营销运用最好的莫过于小米手机。小米手机在营销方面借鉴了许多苹果公司的营销策略，其中包括口碑营销、饥饿营销、发布会营销，等等。众多营销策略的结合使得小米手机成功赢得大众的口碑，进而产生更广范围的口碑传播。

口碑营销拥有比传统广告更高的可信度，因为它比传统营销方式拥有多角度、平易化的特性，能够与用户进行平等对话。可以想象，你的朋友给你推荐一个产品或是一个艺人的电影，在朋友的介绍下，你可能就会对这个产品产生一定的好感，即使你不太熟悉，但也不至于产生排斥的心理。从另一个角度来说，如果自己周围的朋友都在关注或已经使用某产品，而自己却一无所知，那么你就会在你的朋友圈显得不太"入流"。人都是有趋同心理的，都不愿意被孤立。因此，大家就会抱着一种尝试的心态去接受，从而渐渐地对产品产生了兴趣。

口碑营销传播的过程是自发主动获取和传播，具有较好的互动性，信息反馈真实迅速，极易形成话题，引导网络舆论。现代人很乐意在社交网络中分享观点。当一个话题成为公众关注的焦点，人们就会主动地点赞或是转发，这种信息的反馈是大众喜闻乐见的形式，参与的人越多，就越会形成一股强大的舆论力量，这种力量会借助新媒体传播得更远、更广。所以信息越贴近大众的生活就越能够引发热议，在不断的转发和评论中，品牌形象就会像病毒一样被不断地扩散开来。

口碑营销可能在短时间内成就一个品牌，也有可能毁掉一个品牌。中国有一句叫"好事不出门，坏事传千里"。虽然我们相信大众都是善良的，但是有时候一些并不起眼的细节如果没有处理好的话，经过大众的不断转发和评论也会失去它原本的面貌，甚至会对多年积累的品牌形象造成不可逆转的影响。因此,企业或个人还是需要回到原点,保持初心,打造值得大众信赖的品质,用心维护自己的品牌形象。

◎如何辨认真正的粉丝

○粉丝的定义

关于"粉丝",英文中有两个直接对应的常用词,一个是 fan,一个是 fandom。"fandom"更受粉丝群的管理者、应用者的青睐。因为 fandom 的后缀"dom"源自 kindom(王国)、wisdom(智慧)、martyrdom(殉道),代表一种领域、一种思路、一种追求、一种奉献。

其实,真正的粉丝是感性的,更带有一些盲目的色彩,是可以无视品牌(无论是明星还是商品)的缺陷,依旧会一心一意地支持、拥护他们爱的品牌或是明星。对于心目中的品牌,他们首先是果断出手,然后逐渐形成"逢你必买",或者"逢人必荐"的狂热潮流。如果一个品牌拥有了大规模的粉丝群,这不仅代表着它具有一呼百应的能力,粉丝群在消费行为上体现出的"应者群集"现象更能促进品牌的进一步传播。

在忠诚营销中一般是有"心理忠诚"和"行为忠诚"之分的。对于那种只是因为价格优惠或是交通便利而产生的重复购买行为只能称为"行为忠诚",假若这一切便于重复购买的条件发生改变,或者是其他更好的品牌崛起、更加吸引消费者产生购买欲望时,时机成熟后,他们就会转而去支持这个新的品牌,从而改变购买行为,即使这种改变可能花费比之前更多的时间或者金钱。但粉丝就不一样了,他们是品牌"心理忠诚"的客户,那些在心理上忠诚于品牌的顾客或是追星族等才是真正的粉丝。在没有意外或品牌荣誉和品牌价值体系健全的情况下,粉丝们一般不会颠覆自己忠诚已久的品牌地位。

很多时候，我们认为的忠实的客户、死忠的拥护者其实并不一定就是长久的、忠实的粉丝群，他们很有可能是经不起时间检验的一个短暂的人群集合体。互联网时代下，品牌营销活动是否真正达到了预期的目标？你的个人品牌是否拥有了真正的追随者？如何争取互动并主动出击，抢占目标受众的情感空间？这些都是个人品牌建设过程中需要思考和面对的问题。

○粉丝的心理

《粉丝：消费的榜样》一书中，作者将人们成为粉丝的原因归纳为四个方面：反抗霸权、自我表演、满足需求、自我延伸。

但是，这简单的几条已经无法成为互联网时代发展下粉丝形成的原因了。想要探寻互联网时代下，人们聚合在一起而形成某个人或产品的固定粉丝的原因与现状，我们就需要对粉丝的心理特征做更深入的了解，之后才能更有针对性地去创造、培养更多的忠实粉丝。

首先，粉丝都是有叛逆心理的，叛逆意味着不循规蹈矩、不默守陈规，他们总是会渴望新的惊喜、新的刺激，那些越是不符合常理，越有突破和创新的事物就越能给他们带来极大的快感。比如苹果手机就是典型。当乔布斯向世界喊出"传统手机是垃圾"时，准确地击中了那些不满传统手机的人的心理，说出了藏匿于他们心中已久的话，一下子激发了人们对苹果手机的兴趣，叛逆心理促使这帮勇于改变和创新的人对乔布斯的苹果手机充满期待，他们乐于从苹果手机上看到不同于以往、具有创造性和颠覆性的东西出现。他们把苹果手机中所蕴含的创新理念作为引领，从而成为苹果手机的一批忠实粉丝。粉丝们具有的这种叛逆心理，实则与某产品品牌或某个人品牌本身所具有的"叛逆性"是一致的。

但有时粉丝也会像青春期的孩子一样，他们除了有叛逆心理之外，还有一种逃避的心理。纷杂的日常生活无法使他们逃离日常的状态,而是借以某个明星、产品的粉丝之名,在这个群体中获得一定的身份,并在其中找到自我存在的空间,在这种身份的"掩护"下获取某种暂时的满足,身心也得到了一定的放松和修整。当然,这种人对于粉丝团的各种活动是持有积极的态度的,他们甚至对活动的细节有着更高的要求。因为既然是逃离就不能亏待自己的身份。

粉丝还会希望通过自己偶像的突出表现为自己赢得一个全新的世界。这就是粉丝的创世者心理,在这个理念下,粉丝们希望可以创建一个他们可以主宰的世界,以此去维护心中的品牌。粉丝们会创建一个新的群体、新的空间,由这个群体中具备领导意识的人来担任领导,然后众人一起制定新规则,开辟新天地。其实粉丝们做这些并不图回报,只是希望从中获得乐趣,满足自己的心理需求。因此,偶像在为粉丝策划活动的时候,就要充分考虑到粉丝的心理需求,给他们充分的发挥空间,增强互动性。

粉丝们还有一种心理就是表演者的心理,他们会幻想"假如我是……我演……或是我去做这个发布会……"会怎么样,这种表演的心理甚至会上升到"扮演"层面。正因为他们对偶像的迷恋,会让他们渴望成为偶像或偶像身边的人,在心理上就会去主动扮演偶像身边的人,通过这种扮演行为,在心理上得到相应的满足,会让他们感觉自己与偶像的距离又近了一步。

视频直播的出现就极大地满足了粉丝的表演心理,因为在虚拟的空间里,每个人都有可能成为万人瞩目的偶像。在直播平台,无论你是不是明星、偶像,你都可以把自己想象成拥有大量粉丝的人,通过网络互动和交流,真诚地去和他们沟通,与粉丝建立良性互动,不断思考怎么做才能获得更多粉丝的关注,如何沟通才能让更多的人喜欢你,成为长期的追随者,这样才能抓住更多粉丝的心。

○了解粉丝的所想所求

想要拥有真正的粉丝,除了要了解粉丝的几种心理之外,还需要用心经营与粉丝的情感,尽可能多地创造与粉丝近距离接触的机会,不断地激励粉丝。因为有激励才会有积极性。

《激励相对论》为我们提供了一个可以借鉴的"激励相对论",即四条激励法则:匹配法则、变化法则、及时法则、足额法则。这些法则有利于我们梳理出粉丝究竟想要的是什么。

人一旦对某种产品或是某个人产生感情,他的消费行为就会变得并不理性。因此,粉丝与普通受众的需求有着很大的差别:普通受众看中的是产品的性价比,理性的成分居多;而粉丝则更追求归属感、认同感、参与感等感性的诉求,感性成分较多。想要拥有真正的粉丝,就要"匹配"给他们想要的东西,不匹配的激励是无法将粉丝聚拢在身边的。

"变化法则"是强调人们的需求是不断在变化的,尤其是对青少年来说,他们的心智还没有达到稳定的程度,总是会被新鲜的东西吸引,他们可能会因为一部剧喜欢上唐嫣,明天也有可能因为一个网络小视频喜欢上 papi 酱。所以,想要让这些人成为你的粉丝,就要把自己打造成一个"善变"的人,这种"善变"不是个人品质或个人品牌定位上的变化,而是不断变换自己的风格,提升作品质量。

"及时法则"也就是说,当你了解到粉丝的需要之后就要尽快去满足他们。粉丝心理对偶像其实是有一个"考察期"的,偶像能否获得更多粉丝的喜爱,这段"考察期"起着关键的作用。所以,期内,不仅要为粉丝多提供新鲜的刺激,还要尽快了解并满足粉丝的需求,这种及时性、高效性体现了偶像对粉丝的关心,让粉丝感觉到,自己所衷爱的品牌或偶像其实也在时刻关注着他们。另外,"及时法则"还体现在尽量多为粉丝推出新"玩法"。比如"罗辑思维",从微信订阅号到社群电商,"罗辑思维"不断开辟新路径,从不同平台上吸引不同类型的粉丝。

"足额法则"也叫"公平法则"。粉丝们对品牌的贡献是不一样的,自然也就需要有不同的对待或回报方式。比如,对不同粉丝的激励机制要体现出不同的匹配差异,目的是公平地对待不同粉丝的付出。值得注意的是,对粉丝的激励可能是物质上的,也有可能是精神上的,但他们更大的满足是来自情感。因为粉丝们的行为本来就是偏感性的。

当然,以上的几条法则并不是孤立的和割裂的,而是彼此之间互相影响的。因此,在运用上述法则的时候应该将它们视为一个系统的整体。尽管粉丝的迷恋周期是短暂的,不论是企业家还是明星,都需要用心去揣摩粉丝的心思,了解粉丝的所想所求,只有这样才能增加个人品牌的粉丝量,塑造强大的个人品牌。

◎"粉丝经济"是把双刃剑

○粉丝的期待与现实的差距

法国社会心理学家、社会学家、群体心理学创始人勒庞在《乌合之众》中指出:"群体精神统一性的心理学规律,群体只知道简单而极端的感情,提供给他们的各种意见、想法和信念,他们或者全盘接受,或者一概拒绝,将其视为绝对真理或绝对谬论。"尽管他的描述有些夸张,但却道出了"社会群体是一种文化概念"的本质所在。

毫无疑问,粉丝也是一个群体,但粉丝并不是像勒庞所说的那样毫无思想、毫无主见地全盘接受。如今的粉丝有自己的要求,有自己的主见,虽然可能对自己喜爱的"偶像"会有狂热的成分,但假如触碰到他们的利益,他们也会毫不留情地为自己维权,对自己的偶像产生质疑。因此,粉丝经济是把双刃剑,稍有不慎就会适得其反。

比如,某国外人气偶像团体在上海举办演唱会,票房火爆,最高票价被炒到上万元,然而购票入场的歌迷发现该偶像团体只唱了5首歌演唱会就结束了。认为受骗的粉丝表示非常不满,并纷纷要求退票,由此形成巨大的舆论力量。随着更多细节的披露,艺人经纪人也表示自己是被主办方蒙骗了。气愤的粉丝一面为自己维权,一面为偶像打抱不平,引发了媒体的广泛关注。

可以看出粉丝们是为了明星或明星产品而来的,当他们在产品中得不到相应的回馈时就会产生心理上的落差,因而就变得不再忠诚,甚至会另寻"新欢"。

如今,粉丝对偶像的追捧达到狂热的地步已经屡见不鲜。其实粉丝的要求也并不复杂,无非是想和自己的偶像见见面,假如能够与偶像有些亲密的互动,那便足以让粉丝们疯狂。于是,就有人利用粉丝的这种心理,便不考虑艺术的水准,不考虑节目和内容的编排,甚至不在乎演员的发挥和状态,一心只顾着赚快钱。长此以往对行业的发展将造成极大的不良影响。

粉丝们追随自己心目中的偶像,无论是从情感还是物质上都有很大的付出和投入。因此粉丝对偶像的期待也就会越来越高。只有提供更高质量的演出产品,才能对得起粉丝的这份付出,也才能将粉丝经济的主动权掌握在手中。

○粉丝的不稳定性

"粉丝经济"还有一个软肋,就是它是一种弱关系,因为它更多的是一种线上的关系,而且在这种关系中,情感驱动扮演着很重要的角色。

粉丝经济与生活方式有关,与商业交易无关。在传统经济为主的大环境下,粉丝经济作为一种新兴而时尚的经济存在,其社交本质在大多数时间属于一种非理性状态,一旦失去了信任和情感的驱动,很快它便会烟消云散。比如,一个企业只是利用现拥有的粉丝资源,并对其进行反复刺激和强势灌输,就很容易引起粉丝的反感。因为商业对于利益的驱使会使得原本便捷、人性化的社交平台变得功利而又复杂。

粉丝群体是一个不稳定的群体,有些粉丝在面对利益诱惑时就会放弃原本的忠诚,很多粉丝都是看似忠诚的"伪粉丝",有时候你很难辨别他们的真假,这就给粉丝经济带来了很大的不可预测性。2014年1月,汉堡王推出了一款鉴别真伪粉丝的应用。此应用会给出两个选项,分别是真粉丝和僵尸粉,若是选择后者就会得到一个免费的汉堡,但是会收到汉堡王的绝交信以及拉黑通知。这次的结果已在意料之内,果不其然,82%的粉丝选择了后者,只有18%的铁杆粉丝选择了真粉的选项,也不知道汉堡王会不会"哭晕在厕所"。

越成熟的品牌,由明星带动的消费人群所占的比例就越小,相反比例则越大。在品牌的初创期,品牌总是会选择用明星来推荐或代言产品,这样做的原因,首先是借助明星的光芒和影响力来扩大品牌的知名度;另一方面,就是利用明星的粉丝效应,首先将品牌在某个群体中得到关注,并以此辐射到更广的范围。这既为品牌的树立和传播降低了成本,又在一定程度上消除了品牌与粉丝沟通的障碍。相对于其他品牌,有明星代言的品牌可能会在一时间内占据优势。

值得注意的是,明星不会把全部精力投入到某一个品牌的传播上。因此,粉丝的热度也不会太持久,品牌的成长还需要做长远的打算:必须不断推出更好的、更有吸引力的产品,不断满足消费者的需求,这样的品牌才能长久地发展。靠透支和消费明星的知名度和信任并不能让品牌有持久的发展前景。

比如,虽然苹果公司的粉丝众多,也同样不能保证粉丝的"牢固性"。为什么呢?因为苹果公司的粉丝群体相对来说忠诚度很高,相应的,粉丝对苹果公司的预期也非常高。一旦苹果公司不能推出符合或者超过粉丝们预期的产品,那么其地位崩塌的概率也非常高。

苹果公司在 2013 年 9 月推的 iPhone 5C 这款产品,其销量和评价却和苹果公司所预期的截然相反:粉丝们认为使用苹果手机是一种身份的象征,但是 iPhone 5C 过于"Cheap",实在不敢恭维。iPhone 5C 的推出带来的更多是负面的影响,不仅降低了品牌的定位,还让不少铁杆粉丝对其忠诚度有所下降。

通过这个例子可以看出,粉丝经济其实并不稳定,或许你现在看见的是"风光无限"的景致,但是谁也不能保证这一切都会永恒不变。当粉丝不再关注你的时候,或许这种繁荣的景象瞬间就会崩塌。

对于某一产品的粉丝们来说,他们大部分都是因为最优的性价比而来的,而真的只是迷恋于一款产品或者是品牌的实在非常罕见。因此,与其用尽心思去营造粉丝经济,还不如把自己的产品做好,才能真正立于不败之地。一个品牌想要长久的发展,应该对自身的产品苦下功夫,在产品身上挖掘出亮点来吸引消费者,才是最正确的做法。

而对于那些明星来说,除了要尽量去维护好与粉丝之间的关系,更重要的就是要好好地打磨自己的作品,将根基打牢,才有长久的发展潜力,而不是一味依靠粉丝的力量。所以,保持一定的曝光度,不断地拿出新的作品给大众,给他们以惊喜,粉丝们才能记住你。

◎优衣库的反思

想要赢得粉丝,首先要了解粉丝的心理,不同品牌的粉丝对信息的需求是不同的。比如,优衣库的粉丝关注官方微信公众号,其主要目的就是为了了解产品折扣的信息、新产品的上市、店铺活动、粉丝活动等信息。针对于此,优衣库按照顾客需求,在微信平台的设计上都尽量满足粉丝的需求,后台功能上也变得更加全面,包括定位所在门店位置、关键字对应各式服务请求、全新商品资料库整合等。

为了更精准地吸引有效粉丝,优衣库还对受众人群进行细分,尤其对90后、80后的消费观念、消费习惯以及他们的生活方式等进行了细致的调查和分析,根据调查结果对产品图文、语言运用、设计等策划其他环节都进行了细致的整合。

善于运用消费者的原创故事,并通过产品、社交网络,将不同目标消费者和不同品类产品进行串联,制订相应的营销方案。比如,做儿童类的服装品类,会使用父子装或是母子装的模式来进行内文的撰写和页面的编排,满足家庭、亲子的心理需求,而不是单纯地从儿童的角度出发。

优衣库的全球概念是"Live Wear"(服适人生),旨在通过改变穿衣服的方式以及制造衣服的智慧和穿衣服的智慧带给人们更好的生活。

随着互联网时代的到来,优衣库重视品牌概念的传播,并注重通过微信平台将品牌的概念扩大。

因为微信、微博这样的新媒体比传统媒体具有更强的互动性,通过微信平台与粉丝的沟通、互动是品牌理念传播的重要环节。通过微信平台,优衣库不仅获得了与粉丝互动的机会,更重要的是通过粉丝的分享与口碑传播,品牌理念可以在这个平台上获得更大范围的传播,品牌活力也因此能够得到释放,粉丝把优衣库的穿衣体验变成了生活的一部分,他们是优衣库"Live Wear"品牌理念的免费宣传者。

优衣库很注重线上与线下的完美衔接。线上是为潜在消费者提供更多的产品信息和活动预告,线下更多的则是为实现实际消费。优衣库的官方微信账号并没有链接线上商城,原因是能为实体门店多引流,线上与线下互动的效果就为活动效果创造了一个新的高度。

与粉丝们在网络上沟通,最重要的就是关键字。运用有吸引力的标题和具有趣味性的文字将粉丝吸引过来,引发粉丝的好奇围观,从而使他们积极地转发和评论。每一个关键字都对应着一段文字、一则图文信息,或是一个活动。因此,要及时更新关键字,只有这样,平台才会有源源不断的新鲜感注入,粉丝才愿意持续关注。另一方面,还要对粉丝在后台的询问、回复进行数据汇总和整理,并做出分析。

进入微信的公众账号平台,最直观的内容就是服务好下面的自定义菜单。微信平台上对下拉菜单的设定也没有固定的模式,这就为优衣库平台活用自定义的菜单提供了机会。比如,在举办微信粉丝专享九折优惠活动时,平台的自定义菜单中直接设有"领取九折券"的一栏,这样的设置让人一目了然,比隐藏在某一个二级条目下更直接、易懂,让更多的人看到活动信息,自然会方便很多。当粉丝们可以很容易地获得想要了解的内容时,他们的参与度自然会高涨起来。

经营品牌的微信公众账号,或许对许多人而言都是一份苦差事。因为一个好的公众号意味着需要在 800 万个公众账号中脱颖而出,这的确不是件简单的事情。所以,凡事需要以粉丝为先,站在他们的立场全盘考虑,并善用系统后台功能,完善对应需求。

优衣库还会从粉丝的心理出发设计一系列有趣的小游戏,在游戏中增强与消费者之间的黏性。其中比较有名的"排队游戏"就是针对消费者在排队时的心理而设计的一款小游戏。2010 年,优衣库的网络旗舰店举行 lucky line 网上排队活动,界面可爱有特色。登陆后,选择一个卡通人物,就可以与这个卡通人物和其他人一起在优衣库的虚拟店面前排起一串长长的队伍,每天随机赠送一部 iPhone 或者 iPad,如果你在队伍里恰好排到第 10 万或者第50万这样的幸运数字,还可以得到旅游券或者优衣库衣服大礼包,其中九折优惠券的机会几乎人人有份,每当有人中奖,在游戏界面的下端显示的奖品就会由亮变黑,这样就会给优衣库粉丝们的心理上带来戏剧性的变化。这款游戏中的种种设计为排队者提供了源源不断的动力,激发了消费者排队的热情。

要想吸引粉丝的注意,还是需要有一定的底线。人们都有猎奇心理,那种突破人们道德底线的信息很容易吸引大众的注意。优衣库的不雅视频事件一经曝光就引发了网友的疯传,事件的发生地——北京三里屯的优衣库成了一大"景点",一时间成为人们关注的焦点和社会的热议话题。这是一次颇具轰动效应的网络突发事件,集中了"艳照""商业营销""人肉搜索"等一系列能在网络传播过程中掀起"狂欢效应"的关键词,男女主角成为人肉搜索的对象,股价也在跟着涨,其他品牌也利用该事件争相搭车营销,网民借着病毒式传播一饱其窥私欲。

虽然在不久后,不雅视频很快就被删除,相关新闻报道量开始明显回落,但民间舆论仍在持续。《北京青年报》评价说,从新闻价值上,"试衣间"相对"冥王星"简直不值一提。但一则新闻走上饭桌,成为大家的谈资,并不仅仅取决于新闻价值,而是因为现在的互联网几乎被娱乐和消费裹挟着。

但狂欢过后我们仍然要冷静思考,为了达到营销的目的,吸引更多的粉丝,这样低俗的炒作真的有价值吗?对品牌今后的发展会产生哪些影响?一阵看似热闹的社会景象背后,人们记住的又是什么?是你的品牌还是赤裸裸的不雅形象?对于一个想要长期发展下去的品牌,这无疑是一种致命的伤害。与其利用这种没有价值的营销手段,倒不如扎扎实实把产品做好,让潜在的受众人群将注意力集中在产品本身上,而不是把大众的关注点引到无聊的八卦和烂俗的内容上。

从优衣库的例子中我们也应该得出关于粉丝文化的一些反思。粉丝文化是可复制的，更新换代的速度也是极为迅速的。因此，品牌的发展需要顺应大众的需求不断调整策略去吸引粉丝的关注。比如优衣库的线上活动都是为了将粉丝聚拢在品牌周围。这就需要不断地揣摩粉丝的心理特点，去关注他们想要的、发现他们可能喜欢的话题和活动，去引领他们的思想、占领他们的心智。

　　由于"粉丝文化"是一种新兴的流行文化的一部分，它既没有科学的理论体系来作为坚强的后盾，又缺乏深厚的历史积淀，它仅仅是通过偶像的追捧以及同粉丝成员之间的相互交流来使自我的某种特质得到虚拟的放大与延伸，从而使粉丝个体得到心理上的满足感与幸福感。因此，我们应该引导粉丝文化向主流的文化靠拢，取其精华，去其糟粕，在避免丑俗、低俗的"泛娱乐"侵蚀粉丝头脑的同时，让"粉丝文化"真正成为紧张充实的社会生活的舒缓调节剂与有益补充。

方法论

典型人群的个人品牌开发

但凡个人品牌的成功者不一定都是天才，而是自身潜能的挖掘者。所以有时候，你需要敢于超越自我领域，借鉴不同专业和不同行业的经验，以开放的心态去学习，面对他人不是简单的抄袭，而是思考。

企业领导个人品牌开发

企业领导个人品牌塑造

◎不同类型的领导风格

○企业领导类型的分类

每个人有不同的性格和气质,不同的品牌也有相应的气质。

当品牌 LOGO 与品牌名称组合在一起的时候, 就会自然而然带给消费者一种独特的品牌气质,并会对消费者产生潜移默化的影响,形成一种独特的气场,这种特殊的气场会对消费者的购买行为产生一定的影响。当消费者看到相关的品牌名称和标志,就会产生特定的心理感受与评价,这就是品牌气质。

德国近代客观唯心主义哲学代表、政治哲学家黑格尔说过:"世界上没有完全相同的两片叶子"。同理,世界上同样也没有完全相同的两个人。这就使得每个企业的领导人也会具有不一样的领导模式, 没有完全相同的领导者和领导模式,无论你是什么样的人都有自己不同的气质,有多少个领导者就有多少种领导模式。

同样,不同的国家和地区,由于文化、地域的差别,也会造成领导模式的不同。英国管理者是属于外交性质的,他们随意,愿意妥协,寻求公平。当然,必要时他们也会变得冷酷无情,对传统的坚持可能会导致他们不能包容相左的意见。

美国管理者是武断的、有进取心的,以目标和行动为中心的。自信,有活力,乐观,随时接受改变。他们适应团队合作精神,不过他们注重个人自由,第一目的是为了发展自己的职业生涯。

当公司面对一大堆问题时,法国管理者更趋向于独裁,经验丰富的中层管理或是技术人员的意见通常会被忽略。

瑞典人的管理方式是分权和民主。他们的理论依据是雇员知情会更有动力,从而表现得更好,缺点是决策通常很滞后。

乐嘉把不同的人的气质和个性分成了不同的颜色,认清自己是什么样的性格,有利于摆正自己在团队中的定位。

红色,快乐的带动者。做事情的动机很大程度上是为了快乐,快乐是这些人的最大驱动力。他们积极、乐观,富有超凡魅力,随性而又善于交际。典型代表是《西游记》取经路上那个爱闹腾、好耍小聪明的八戒。

蓝色,最佳的执行者。持久深入的关系是他们这类人所着意建立和维系的。他们具有可贵的品质,对待朋友忠诚而诚挚,并在思想上深层次地关心和交流。典型代表:《三国演义》中聪明反被聪明误的周瑜,遇见"更蓝"性格的天才诸葛亮,一步三计,算计太多,最后把自己活活累死。

黄色,有力的指挥者。他们的驱动力来自对目标的实现和完成。他们一般都具有前瞻性和领导能力,通常都有很强的责任感、决策力和自信心。典型代表:《红楼梦》里机关算尽、出尽风头的凤姐是也。

绿色,和平的促进者。他们的核心是对和谐与稳定的追求,缺乏锋芒与棱角。他们宽容透明,通常都非常友善,适应性强,是很好的倾听者。典型代

表:《水浒》中功成身退、唯一没去打方腊的入云龙公孙胜,梁山的第一明白人。

不同的人有不同的性格色彩,有人适合做蓝色忠实的执行者,有人适合做红色活跃的外交家,也有人适合做黄色的领导者,但一个团队最有影响力的还是团队的领导者,是他给团队一个明确的方向,并将团队中的所有人联系在一起。因此,领导力强弱直接关系到一个组织或企业的发展和成败。

在历史中也可以得到相应的启示:为什么秦始皇可以成为统治秦国的皇帝,而胡亥登上王位又如何呢?假如项羽取得了楚汉之争的胜利那将会是如何的景象?历史总是向前发展的,一切都不可能逆转,但这些事例给我们一个警示:领头人的领导力对于一个王朝来说是多么重要,它关乎一个朝代的生死存亡。

如今的领导人虽可能不会像古代帝王那样指点江山,但作为现代企业的领导人,需要为自己的企业、为自己的团队负责,有优秀的领导力才能将自己的企业和团队带上一个全新的、更高的层次。相反一个不具有领导力的人只能将企业带向一个万劫不复的深渊。

○找到属于自己的领导风格

不同的团队有不同的愿景、使命,想要成为一个称职的领导,首先要搞清楚自己是什么样的领导,你有什么样的长板和短板,然后利用自己的性格优势,吸引支持你、跟随你的人,进而去影响和带动团队的其他人来支持、拥护你的观点和决定。

我们可以简单地将团队领导人的风格分为四种类型:随和型、独行型、活力型、目标型。这四种类型主要是由定力和活力构成的。

◆随和型

如果定力和活力都不够,就是随和型。特点是沉着稳重,但随遇而安,缺乏进取心,经常回避挑战。

◆独行型

如果定力很强,活力不够,就是独行型。特点是不为干扰所动,专心致志,但缺乏变通,经常有曲高和寡之感。

◆活力型

如果活力很强,定力不够,就是活力型。特点是工作精力旺盛,雷厉风行,缺乏专注力,精力相当分散。

◆目标型

如果既有定力,又有活力,就是目标型。特点是积极进取,喜欢挑战抗干扰能力强,精力能够聚焦在关键目标上。作为企业或团队的带头人,你首先要对自己有清晰的认识,即你是什么类型的领导人,你有什么可以服众的专长,你的优势在哪里,你的劣势是什么,有什么可以弥补你的劣势,你给团队的愿景是什么、目标是什么,你有什么样的计划去完成这个目标,这个目标是否能吸引更多的人配合你、追随你,你有什么能力去带领团队,团队的凝聚力在哪里……

除了要认清自己的个性,作为团队领导还需要明确自己的任务。1954年,美国管理学之父彼得·德鲁克(Peter Drucker)是这样描述经理人的基本任务的:

◆决定目标,分配工作——经理人需要决定目标应该是什么,分析达成目标所需的活动、决策和关系,将工作分门别类,并分割为可以管理的职务,然后将这些单位和职务组织成适当的结构,选择合适的人来管理这些单位以及需要完成的工作。

◆分层管理,制定衡量标准——经理人必须保证组织中每个人都有适用的衡量标准,既把重心放在整个组织的绩效上,也关注个人的工作绩效,并协助个人达到绩效目标。同时,经理人需要与下属和上司沟通这些衡量标准的意义和结果。

◆评估员工,奖罚分明——经理人透过管理、透过与部属的关系、透过奖惩措施和升迁政策激励员工努力工作,激发他们的潜能,强化他们的操守,训练下属以正直负责的精神完成任务。

彼得·德鲁克的这个理论是对 20 世纪管理工作的定义,虽然对于现代的管理工作来说可能已经有些过时,但对于现代的社会发展来说,这样轮齿和螺丝钉的安排可能会制约企业的发展。而互联网时代更需要激发员工的创造力和创新能力。

创新工场董事长兼首席执行官李开复认为,新时代的领导力应该具有以下三方面的内容:作为一个领导人,要有前瞻性与规划艺术,也就是要有宏观的决策能力。而这种决策能力为员工设立愿景比去设立严苛的管理制度更重要,与其为员工定力硬性的指标,不如给他们坚定的信念;挖空心思地去想企业战略不如去招聘好的人才。

在领导的管理行为上要注意协调与沟通艺术,要知道个人的单打独斗远远比不上团队的协作;将军似的颐指气使远远比不上授权能让团队有高效的执行力;员工们需要的是平等,而不是所谓的权威。

美国汤姆彼得斯公司荣誉退休主席库泽斯(Jim Kouzes)和 70 年代以来最为杰出的法律经济学家之一波斯纳(Barry Posner)在他们的著作《信誉》(Credibility)一书中写道:"如果人们不相信信使,他们就不会相信信使传达的消息。员工看到领导者时会问,是否应该相信这些领导者呢?"如果领导者能融入群体,他们就会获得追随者的信任。融入群体的能力对提升领导力的有利之处还在于,它能给领导者打下一个使他们脱颖而出的良好基础。因此,作为团队的领导最终是要融入团队的,领导人要知道权利的均衡远远比个人的魄力重要;理智地去处理工作上的问题远远比凭借激情义气用事要好得多;真诚地去与下属沟通远远比高高在上的体面更能赢得人心。

◎企业领导在团队中的作用

○领导者需要哪些能力

有句话说,"一只狼领导的一群羊能打败一只羊领导的一群狼",领导者在一个团队中的地位和重要性不言而喻。根据相关研究和调查,大约80%的经理和员工都表示,领导者所拥有的领导能力是非常重要的一种能力。一个出色的领导者至少具有以下二十种能力:

1. 成为团队的建立者或开创者
2. 拥有与人建立关系的能力
3. 拥有能量、品格、激情与个人魅力
4. 具有创造性思维
5. 保持开放、诚实、坦诚的态度
6. 愿意为实现目标、任务、使命而不断努力
7. 能够控制风险
8. 极强的抗压能力
9. 为每个人提供平等的机会
10. 思维逻辑清晰,做事有条理
11. 能够把握全新的机会
12. 懂得与人交往,巧妙化解冲突
13. 发现机会,把握机会
14. 懂得放权、授权
15. 拥有未来,具有坚定的信念
16. 能激发别人的潜力

17. 拥有谦虚的态度

18. 有良好的沟通技能

19. 懂得如何提出问题,解决问题

20. 始终保持竞争力,让自己成为某些方面的专家

每个人对领导的能力定义各有不同。所以,想要成为一个合格的领导者,就要善于聆听别人的意见,始终让自己处于一个不断"成长"的过程。这样才能成为一名出色的领导者,也有利于打造个人品牌。

一个人所拥有的能力不是一成不变的,而是会随着时代的发展变化而不断变化的。所以,领导者也要不断更新自己的各项能力,开拓自己的"能力圈"。

你的个人品牌是你给别人的感觉,你的个人品牌反映了你是谁、你有哪些目标和信仰,这些都可以通过你自身所具有的能力得以体现。

○定位你是什么类型的角色

产品只有在市场上找到精准的定位,才能获得自己相应的市场空间,明确哪些是可以做的,哪些是自己不能做的。研究表明,第一个进入人们心智的品牌所占据的长期市场份额通常是第二个品牌的 2 倍、是第三个品牌的 4 倍,并且这个份额并不会轻易被改变。

同理,一个公司和团队,不同的人在团队中的所处的地位和所做的工作都不尽相同,因此都扮演着一定的角色。你需要对自己在团队中的地位和作用有一个正确的评估,尽快找到在团队中的合适位置,不断提高自身的素质和能力,让某方面在他人心里抢占一个第一的位置,提升你在团队中的威信,形成较高的辨识度。这个位置最好是与自己的性格、未来的规划相匹配,这样才有利于将自己的个性和优势充分发挥出来。

公司作为一个团队,是由不同的角色组成的,团队中一般有八种不同的

角色,他们是:实干者、协调者、推进者、创新者、信息者、监督者、凝集者、完善者。

以下分别从角色描述、典型特征、作用几个方面简单分析一下这八种角色。

1. 实干者

角色描述:非常现实、传统,甚至有点儿保守,他们崇尚努力,计划性强,喜欢用系统的方法解决问题,有很好的自控力和纪律性,对团队忠诚度高,为团队整体利益着想而较少考虑个人利益。

典型特征:有责任感、高效率、守纪律,但比较保守。

作用:由于其可靠、高效率及处理具体工作的能力强,在团队中作用很大,不会根据个人兴趣而是根据团队需要来完成工作。

2. 协调者

角色描述:能够引导一群不同技能和个性的人向着共同的目标努力。他们代表成熟、自信和信任,办事客观,不带个人偏见,除权威之外,更有一种个性的感召力。在团队中能很快发现各成员的优势,并在实现目标的过程中妥善运用。

典型特征:冷静、自信、有控制力。

作用:擅长领导一个具有各种技能和个性特征的群体,善于协调各种错综复杂的关系,喜欢平心静气地解决问题。

3. 推进者

角色描述:说干就干,办事效率高,自发性强,目的明确,有高度的工作热情和成就感;遇到困难时,总能找到解决办法;大都性格外向,干劲儿十足,喜欢挑战别人,而且一心想取胜,缺乏人际间的相互理解,是一个具有竞争意识的角色。

典型特征:挑战性、好交际、富有激情。

作用：行动的发起者，敢于面对困难，并义无反顾地加速前进；敢于独自做决定而不介意别人的反对，是确保团队快速行动的最有效成员。

4. 创新者

角色描述：拥有高度的创造力，思路开阔，观念新，富有想象力，是"点子型的人才"；爱出主意，其想法往往比较偏激和缺乏实际感；不受条条框框约束，不拘小节，难守规则。

典型特征：有创造力、个人主义、非正统。

作用：提出新想法和开拓新思路，通常在项目刚刚启动或陷入困境时，显得非常重要；有想象力，有天分，智慧，博学，但好高骛远，不太关注工作细节和计划，与别人合作本可以得到更好的结果时，却喜欢过分强调自己的观点。

5. 信息者

角色描述：经常表现出高度热情，反应敏捷、性格外向；强项是善于与人交往，在交往的过程中获取信息；对外界环境十分敏感，一般最早感受到变化。

典型特征：外向、热情、好奇、善于交际。

作用：有与人交往和发现新事物的能力，善于迎接挑战。

6. 监督者

角色描述：严肃、谨慎、理智、冷血质，不会过分热情，也不易情绪化；与群体保持一定的距离，在团队中不太受欢迎；有很强的批判能力，善于综合思考、谨慎决策。

典型特征：冷静、不易激动、谨慎、精确判断。

作用：善于分析、评价，权衡利弊来选择方案。

7. 凝聚者

角色描述：是团队中最积极的成员，善于与人打交道，善解人意，关心他人,处事灵活,很容易把自己同化到团队中;对任何人都没有威胁,是团队中比较受欢迎的人。

典型特征:合作性强、性情温和、敏感。

作用:善于调剂各种人际关系,在冲突环境中社交和理解能力会成为资本;信奉"和为贵",有他们在的时候,人们能协作得更好,团队士气更高。

8. 完美者

角色描述:具有持之以恒的毅力,做事注重细节,力求完美;不大可能去做那些没有把握的事情;喜欢事必躬亲,不愿授权,无法忍受那些做事随随便便的人。

典型特征:埋头苦干、守秩序、尽职尽责、易焦虑。

作用:对于那些重要且要求高度准确的任务,完美者起着不可估量的作用;在管理方面崇尚高标准严要求,注意准确性,关注细节,坚持不懈。

不同性格、气质的人在团队中有不同的定位和分工,一个团队想要良好的运转,必须要先学会认清不同的人在团队中的作用。作为团队的领导,首先要从个人角度思考你能带给这个团队什么,你有什么样的特质,能够吸引别人和你一起实现公司的未来愿景吗?

○从细节入手打造领导力

领导力并不是两三天就能够形成的,商品需要一个时期的预热才会渐渐地在消费者心中形成一个稳固的心理定位,领导力的形成也是需要与团队有一段时间的磨合才会有相应的预期出现。或许你一开始还找不到合适的切入点,那就先从日常工作的小事入手,找一个你可以控制的点。不要企图一开始就能够操控全局,从小事入手更有利于你理清思路,并渐渐在工作中找到与全队其他成员的差异化定位。

成功的领导一定是能够让别人信服并跟随的。一个品牌因为有了信任,才能长久生存下去。有个专业词语叫作"信任状"，"信任状"是营销策略中的一个武器，就好比在 1980 年到 1990 年期间的广告总爱打出：省优、部优、国优等荣誉称号，并列举出该产品赢得过什么样的奖项。因为这些名誉是对消费者有价值的信息，可以进一步赢得大众的信任，同时也可以进一步证明你与其他产品的差异化所在。

在日常工作中，细节透露着一个人的行为能力和思考方式。我们不可能天天都把各种证书、荣誉挂在嘴边。但在一些小事上可以体现出专业性，这种专业性会体现在你的工作能力上，从而会渐渐转变为一种信任，是在日常工作中渐渐累积起来的。领导力也是在一桩桩、一件件小事中形成的。不要小看细节的作用，只要你找准了在团队中的定位，踏踏实实地从小事做起，终究会树立起你的个人品牌形象。

作为团队领导，你也许已经习惯在团队中发号施令，坐在办公室里"指点江山"。然而，现在是一个讲参与感的社会，领导虽然不必对团队中的每一件事都亲力亲为，但还是需要常常参与到团队的讨论和活动中去，同时采取强有力的行动，做出表率，经常参与团队工作。所以在分配任务时，要适当为自己安排相应的任务，让下属感觉到你对团队的关怀。这些小事能让团队中的人感觉到你的心是与他们贴在一起的。从小事中树立威信，这才是一个团队领导应该做的。

领导需要为团队做好愿景规划，制订清晰的目标，带领团队朝着这个愿景和目标奋力前行。在目标制订中，领导除考虑一些大方向的问题外，还需考虑对细节的处理和把握。比如，团队建设，一个团队的好坏是企业执行能力强弱的体现。所以团队建设就显得尤为重要。那么，领导如何在细节上把握团队建设的大方向，从而使企业形成强大的聚合力，建立一个相互信任、高效协作的团队呢？在细节中树立领导的个人品牌形象，就是领导需要思考的问题。

没有完美的个人，只有完美的团队。作为现代的领导者必须要明确你是团队的领头羊，你要先做出表率，带领团队去实现共同的目标，这样的团队才具有更强的凝聚力。

◎注重个人品牌的反馈

○学会倾听别人的反馈

倾听就是认真、耐心、诚恳地听取顾客的意见，这属于有效沟通的必要部分，以求思想达成一致和情感的通畅。作为领导必须像塑造各大品牌一样，去倾听目标受众的建议和评价，并做出积极的反馈和及时的回应。

别人对你的品牌评价有正面的评价，也会有负面的评价，对于好的评价要继续保持，而对于负面的评价就是你个人品牌塑造中不利的因素，要予以及时的调整。

反馈原来是物理学中的一个概念，是指把放大器的输出电路中的一部分能量送回输入电路中，以增强或减弱输入信号的效应。心理学借用这一概念，以说明学习者对自己学习结果的了解，而这种对结果的了解又起到了强化作用，促进了学习者更加努力学习，从而提高学习效率。这一心理现象称作"反馈效应"。反馈效应可以指导企业管理和学习工作，是一个非常重要的管理定律。

下面来看看松下幸之助是如何进行反馈的。素有"经营之神"之称的日本松下电器总裁松下幸之助有一次在一家餐厅招待客人，一行六个人都点了牛排，等六个人都吃完主餐，松下让助理去请烹调牛排的主厨过来，特别强调："不要找经理，找主厨。"助理注意到，松下的牛排只吃了一半，心想一会儿的场面可能会很尴尬。主厨来时很紧张，因为知道客人是大名鼎鼎的松下先生,紧张地问道:"是不是牛排有什么问题?"

松下略带歉疚地说:"牛排很美味,但是我只能吃一半! 原因不在于厨艺,牛排真的很好吃,你是位非常出色的厨师,但我已经 80 岁了,胃口大不如从前!"主厨与在场的其他人都困惑得面面相觑,松下接着说:"我想当面和你谈,是因为我担心,当你看到只吃了一半的牛排被送回厨房时,心里会难过!"在这里松下幸之助所运用的就是及时反馈的技巧。

松下幸之助的及时反馈不仅给了别人极大的尊重,同时也树立起自己尊重别人、善于沟通的品牌形象。要知道作为一个企业的领导人,一些小事可能看似无关紧要,但是你的反馈则直接关系到你的领导、下属、合作伙伴对你的品牌的评价。

倾听也是一门艺术,你要学会倾听,要学会倾听别人的意见,理解别人反馈的核心主题,并采用他人中肯的忠告。为何唐太宗能将唐朝治理成贞观之治的局面,就是因为他能够采用魏征这样忠臣的直言进谏,善于吸取和倾听对自己有益的部分,并进行消化和吸收。倾听直接反映着一个领导者的气度和眼界,领导者应该从一点一滴培养自己的胸怀和眼界,慢慢将格局放大,这样你才能让团队信服和团结。

个人品牌的改善意见往往都是在日常的交流中获得的。作为团队的领导,这就要求团队的领导有善于倾听的艺术,注意虚心接受别人对你个人品牌的评价和反馈。这种反馈可能来自你的上级或下属,也有可能来自你的合作伙伴或竞争对手。多倾听别人的反馈意见,可以帮助你认识到目前自身品牌有何不足,明确有哪些需要改进,哪些是可以继续保持的。在此基础上,提出改进和提升品牌价值的新方法,从而有利于个人品牌的塑造。

◎从容应对品牌危机

○强化品牌符号,居安思危

当下,市场的竞争日益激烈,传统的品牌策略已经不能适应现代的市场发展,品牌识别及品牌想要代表什么,或不想成为什么已经成为企业所有经营活动的驱动力。著名品牌管理和品牌营销权威 David.A.Aker 在他的新书中提到:"未来的品牌战略不仅仅是要依靠传统的方式, 比如标志设计和传播、媒体广告和促销等,更要依靠战略。"

作为企业的领导人,必须打破思维定式,建立自己的品牌符号,让自己的品牌符号能够深入人心,有领导全局的强大气场。或许你可以从以下几个点去思考是否有突破的机会:

1. 目标倒推:目标优先,现状第二!

如今,很多机会都是跳跃式的,如果一味因循守旧,按部就班地制订发展规划,很有可能错失良机。这就需要领导人在打造个人品牌时要将眼光放得更长远一些,不要只盯着眼前的现状,始终想着这个目标在哪里,如何去实现这个目标,不要问机会在哪里,先要看是否够创意、能突破。

2. 改变游戏规则:卖点优先,品牌第二!

或许你还没有强大的品牌, 不足以让足够多的人去认识、信任你的品牌,不可能所有人都拥有像明星一样的强大品牌,营销的锋利尖刀不是来自于品牌,而是来自于品牌是否有卖点。因此对个人品牌的培养,需要不断提炼出独特的"卖点",这个"卖点"包括你的能力、风格、兴趣爱好、价值观等。不同的人会拥有不同的风格和个性,有的安静、沉稳,有的奔放、洒脱,还有的大气、有魄力……这都是不同人的不同卖点。在提炼个人品牌的"卖点"

时,也要打破游戏规则,假如你是苹果,我是梨,你是梨,那我就是苹果梨。不断超越,寻找差异化,只有做到创新化、唯一化,才能找到最好的卖点。

3. 改善个人形象的游戏规则:服务优先,信誉不打折扣!

要想打造强势的个人品牌,树立起领导的威严威信,就必须首先以身作则,做好品牌的基本功,以服务目标客户为原则,为你的领导、合作伙伴、潜在客户提供优质的服务,做身先士卒的榜样,有责任感、有担当,不做有损于个人品牌形象的事情,把目光放长远,不要为了眼前的利益而毁了未来的品牌。

4. 改变推广的游戏规则:细分人群,整合资源!

有句话说,"做广告是找死,不做广告是等死"。当下互联网时代下的中国营销环境与 10 年前相比,媒体数量增加了 10 倍,媒体价格增加了10 倍,广告的数量也增加了 10 倍,广告效果被稀释了 10000 倍。很多企业的领导也纷纷站出来为自己的品牌代言。陈欧第一个走出来说"为自己代言",让大众因为这一句话而记住了陈欧,记住了聚美优品。广告要有强烈的风格标签,才能在第一时间被人牢记,若所有的人都跟陈欧一样跟风"为自己代言",就没有什么意义可言了。

随着工作的深入你会发现,你的潜在目标客户越来越少,你的"市场空间"(职业发展空间)越来越狭窄。强化个人品牌,就需要进一步细分你的目标受众,延伸你的个人品牌。因为受众更愿意对适合他们并与他们有关的信息做出反应。目标受众的细化是根据受众相似的特性、需求和需要分为一个个更小的群体。对目标受众分类越细,就越能获得更多的信息,从而就可设计更有针对性的信息内容、制订宣传战略和鼓励措施,并由此获得更好的宣传效果。

大多数创业者犯的一个致命错误就是将所有精力都放在新的客户身上,然后浪费大量的时间去发现新客户、说服新客户,这种工作时间成本和精力成本是很高的。你需要整合身边的资源,知道哪些人或合作伙伴是你可以进一步开展合作的,哪些是可以采取另一种方式再去开发的目标,哪些是可以从竞争对手转化成为合作伙伴的, 而哪些是真正永远都不可能进一步合作的,这样就会将精力放在那些可以发展的重要的客户身上。第一次的合作是最困难的,因为大家都需要一个了解和建立信任的过程。第一次合作由于彼此之间的信任并没有建立起来,总会有怀疑和不信任,但是当第一次完成合作,那么很有可能就会有第二次合作,合作关系会进行得很顺利。所以,建立个人品牌应该学会把重点放在现有的资源上,这样会有更好的效果。

当个人品牌做到一定程度,就需要进行进一步的品牌延伸。因为时代在变,你所遇到的工作环境也在不断变化。所以,你的品牌价值也需要不断延伸。一个企业要不断思考除了为目标受众提供眼前的服务和产品之后,还有什么新的项目和技能可以满足他们越来越挑剔的要求。对于个人来说,就要不断接受新的思想、新的知识,不断去学习,创造新的个人价值,只有这样你才能站得更高、看得更远。

○掌握化解个人品牌危机的技巧

品牌的建立并不是一劳永逸的事情, 不光要在日常工作和交流中强化自己的品牌形象,还需要不断地进行品牌维护。个人品牌建设过程中难免会遇到危机,危机如果不能被及时化解,一定会影响到你的个人品牌的发展,那么如何巧妙化解危机是品牌维护的重要内容。作为团队领导,如果你的团队开始质疑你的领导力,甚至对你产生信任危机,这无疑意味着你在某些方面出现了问题,假如这种质疑和信任危机化解不好,将会严重影响你的个人品牌形象。根据国外总统当选的民意调查,有的总统当选后的两年内民意满意度迅速下降。我们不禁要问,为什么一位由全民选出的领导者民意满意度会下降得这么快呢? 这说明,民众已经对他们现在的领导所拥有的能力打了问号，领导的个人品牌出现了危机。

政治上的危机可以通过民调来化解，而对政治上的领导危机、企业的领导危机就无法以选举与民调来判断。企业领导的终极目标就是要将公司经营好，为公司带来实际的效益，帮助企业树立良好的形象和品牌，如果你不能为企业带来盈利，恐怕下一个鞠躬下台的就是你。

不管是企业发展面临危机，还是个人品牌出现危机，你都应勇于承担，学会在危机中扭转自己的品牌符号。首先，要做到真诚的沟通，不要试图掩盖、隐瞒所发生的问题，而是要直面问题，抓住问题的关键点，找到解决办法，对上级领导、客户或合作伙伴等所提出的质疑做出诚恳的解释，在不断沟通中化解信任危机。

其次，要尽量转移公众的视线。一旦危机出现，代表着你将落入被动的状态之中。这时候，应该用转移话题的方式将公众的关注视线转移到另一件对你有利的事情上来，这样就可以把负面的事情变成正面的传播，变被动为主动，从而掌握主动权。例如：当年海尔张瑞敏砸冰箱，直接把质量差的砸掉，来重塑品牌在大众心中的形象，这就是很好的公关策略。

最后，与其采用不正当手段去遮盖、删除负面的信息，不如将事情的事实与背后的原因公之于众，然后快速采取相应的危机公关，比如告诉大家事情的真相是什么，目前正在采用什么样的方式去弥补损失……这些做法会让公众觉得你很真诚。因此会用一颗比较平和宽容的心接受事实，与你一起期待新的转变。比如，伦敦奥运会 110 米栏预赛中，刘翔在起跑跨过第一个栏后就摔倒在地，再度受伤"失足"出局，这让所有中国人大跌眼镜，也使他代言的耐克品牌受到了巨大的损失。但是耐克做出了极快的反应，很快就设计出了新的广告文案，文案中没有强调负面的东西，而是站在一个大众都能接受的角度：谁敢在巅峰从头来过，即使身体伤痛，内心不甘……振奋人心的广告文案引爆了营销传播巅峰。

中国有句古话："祸兮福之所倚，福兮祸之所伏"。它的意思是说所有的事情都具备两面性，学会用发展的眼光去审视你所遇到的危机，因为并不是所有的危机都是坏事情，发挥你的创新思维和主动性，可以让不好的事情朝着好的方向转化。作为领导者的你，应该具备这种转化的能力。

◎掌握领导的艺术

○拥有强大的领导力

在当下竞争的市场环境中，如果单纯地依靠技术、资金等因素都无法决定企业的成功，企业真正的成功必然有赖于企业背后的领导者。作为一个领导者，你的团队、你的企业就是你的王国，为了使你的王国能变得更强大，你需要充分发挥自己的领导力，有责任、有担当，为你的王国负责，这就需要你拥有强大的领导力引导大家一同前进。领导力不是上司对员工的震慑力，也不是让人厌倦的光环，而是努力成为受人尊敬的上司。领导力是当下很时髦的词语，市场上关于"领导力"的书籍也非常多。那么，究竟什么是领导力？领导力对企业的发展和领导者个人品牌的树立又有哪些作用呢？

领导力指在管辖的范围内，充分地利用人力和客观条件，以最小的成本完成面临的各项事务，提高整个团队的办事效率的能力。领导力心理学是以心理学为基础、以管理应用为实践、以组织实验为依托，塑造管理者的领导魅力；重新审视管理者的误区，突破管理瓶颈，改善管理制度；培养管理工作中让别人说"是"的能力——让否定、拒绝、抵抗、放弃变成认同、接纳、支持、执行；应用于领导、管理、沟通、团队、策划、营销等诸多领域。

作为一个领导者，不光要有较高的威望和令人信服的判断力，还需要明白如何最大限度地开发和利用人力，如何鼓舞人心，赢得下属的信赖和信心,让你的团队有跟随你的凝聚力。因此,领导力的一个重要的课题就是要赢得人心,提高与人沟通的能力。沟通的关键就是真诚,顺畅的沟通可以消除员工心中的疑惑,解开他们心中的疙瘩,可以让工作更有效率,让工作环境更和谐。你应该给予员工足够的信任,给他们充分自由发挥的空间。信任是一切的基石,也是良性沟通的开端,或许每个员工都会经历一段时间的"敏感期",但信任可以让彼此渡过难关。领导者与员工达到一种和谐的信任关系,双方就会进一步坦诚相待,并勇于展现真实的自我,为了共同的目标而努力前进。

在当代知识经济的背景下,强大的领导力还体现在你的知识拥有量和对问题的思考上。达尔文早在一百多年前就曾说过:"真正存活下来的并不是最强大的物种,也不是最具智慧的物种,而是面对改变做出最快反应的物种。"一流的领导者从不是靠死磕 MBA 经典案例读出来的,也不是仅仅从朋友那里得到的经验和智慧,而是靠自己的实战经验加上对当下社会发展所做出的快速思考,从中一点点"悟"出来的。波司登股份有限公司总裁高德康认为,企业家是靠"悟"出来的,想要"悟"出个企业家来取决于两点:一是自身的"敏锐",也就是悟性;二是"悟区",就是你所"悟"的基础,所"悟"的背景。这里既有你的实践,也有你的"道听途说",还有可能是你所读的"万卷书"。读书虽然能给人们以智慧,但仍禁不住实践的检验;实战虽能给我们丰富的经验,但仍旧还缺乏一些理论的高度。所以,一个合格的领导者需要加强理论与实践的"和谐"配比。

一个优秀的团队领导是团队的核心人物,若想要高效地完成工作,还需要对自己的团队人员有充分的了解,善于激发他们,让每一个员工融入到现有的工作环境中。钱锦国认为:任何一种管理模式的运用,不可能是要求下属们依葫芦画瓢就可以了,而是需要使每位有不同管理职责的人都能对该管理模式融会贯通,在不同环境下为同一个目标而因时制宜、不断改善。所以，领导力的修炼还是要根据所处的工作环境和工作任务，在具体的情况下做具体的分析，在日常工作中不断与团队去磨合、调整。相信一个高瞻远瞩、做事果敢、风趣幽默的领导远比一个循规蹈矩的领导更让人迷恋。

○人格魅力让领导气质更出众

这是一个以"人"为主导的时代，一个企业的成功也绝不仅仅依靠其产品有多么出众，企业背后的那个"人"比产品更具吸引力。魅力是什么？魅力是一个人所具备的超凡品质或特殊才能，它对你的"粉丝"具有超强的吸引力凝聚力和感召力。作为团队的领导，你的人格魅力会让你的员工或其他追随者更加信赖你、跟随你，在良好的沟通环境下，由此形成一种和谐的上下级关系。

领导者的人格魅力是企业的隐形财富，能为企业带来光明的未来，也是员工学习的榜样和前进的动力。企业员工跟随一个领导，不仅是因为领导的专业技能有多强，而更多的是领导的人格魅力吸引了他们。每个人都是独特的个体，你独有的特点、性格魅力会更容易吸引员工信任你、追随你。跟随一个具有人格魅力的领导，员工们会为了实现目标而心甘情愿地付出。因为他们追求的不是眼前的利益，而是未来更美好的希望。

魅力展现了一个人的"软技能"，这种软技能有时也被称为情商，包括人际交往能力、乐观积极的态度、良好的沟通能力、讲故事的能力、时间管理能力、善于倾听和对话、准确的信息表达能力，等等。

有魅力的领导是讲求诚信的，时刻记住要兑现的诺言。有句成语叫"一言九鼎"，讲的是战国时，赵国被包围，赵国的平原君和毛遂去楚国劝楚国出兵，毛遂成功劝服了楚王，回国后，平原君感慨毛遂的话一言九鼎。毛遂在对人性的深刻把握的基础上和对游说技能的熟练驾驭下，运用自己的智慧和口才挽救了一个国家的尊严和利益，实现了自己对国家的诺言。

有魅力的领导一定会以积极的态度面对错误。"人非圣贤孰能无过",作为一个领导者,不要惧怕偶尔在员工面前犯错,或展露真性情。这是一个向员工展现你另一面的机会,员工也需要全面了解自己的领导。即使犯错误,也把它当作与员工一同进步和成长的机会。相信一个敢于面对自己错误的领导会更加让人尊敬。

作为企业的领导者,一定要注意语言的技巧。有这么一个故事:春天的早上,一个双目失明的小女孩儿在路边乞讨,她的面前铺了一张白纸,上面写着:"好心人,请可怜可怜我吧。"大多数路人只是看一眼便离开了,半天下来,她几乎没有什么收获。这时,一位作家路过,见状,他帮小姑娘把原来的话改成了:"春天来了,可我什么都看不见。"过往行人看了上面的话纷纷走上前给小姑娘留下了钱币。这就是语言的艺术,用另一种表达方式去感化别人。语言是一门艺术,作为团队的领导不免需要对员工进行一些批评。一些领导喜欢对别人大发雷霆,一定要把人批到泪奔。这种领导是缺乏情商的。其实,把自己的观点表达出来并不一定要对别人造成伤害,可以采用"先扬后抑"的方法,用一种委婉、愉悦的口吻与别人沟通,先赞扬别人身上的优点,指出他在工作中的一些优点,然后再根据出现的问题细谈,选用最恰当的语言来表情达意,力争获得最佳的表达效果。

○稻盛和夫的领导艺术

稻盛和夫是日本著名的"经营四圣"之一,1932年生于日本鹿儿岛县,1955年毕业于鹿儿岛大学工学部,曾就职于生产高压电流绝缘体的送风工业。1959年,27岁的稻盛和夫在京都设立了京都陶瓷株式会社,起初员工仅有8人,10年后公司在日本的股票市场上市交易,京瓷逐渐成长为世界级大企业。1984年,52岁的稻盛和夫创办了第二电(现为KDDI,目前为日本仅次于NTT的第二大通讯公司)。这两家企业都进入了世界500强公司之列。

稻盛和夫在自己的职业生涯中总结出了一系列领导经验，他这些在实践中总结出来的经验会给领导者们带来有益的帮助：首先是人性化管理。稻盛和夫深知一个企业想要发展，必须要顺应人性的需求，为员工提供可靠的保证，他是这样看待人性化管理的："经营者必须为员工物、心两面的幸福，殚精竭虑倾尽全力；必须超脱私心，让企业拥有大义名分。这种光明正大的事业目的最能激发员工内心的共鸣，获取他们对企业长时间、全方位的协助。同时大义名分又给了经营者足够的底气，可以堂堂正正、不受任何牵制、全身心投入经营。"后来又考虑到作为社会一分子所肩负的崇高使命，稻盛和夫又在经营理念中加上了"为人类和社会的进步与发展做出贡献"。稻盛和夫把这一理念作为毕生追求的目标。

其次是身先士卒，作为企业的领导者必须要以身作则，才能从根本上树立起在团队中的威信，进而形成自己强大的个人品牌，这样才能带领团队齐心协力，为了一个共同的目标而努力奋斗。稻盛和夫本人是个追求完美的人，在他的带领下，京瓷一直以追求完美为目标，每个员工的工作目标都是追求完美。除了在工作上追求完美之外，在公私分明方面，稻盛和夫也坚持以身作则。就是由于稻盛和夫处处以身作则，在他的带领下，京瓷的员工也以稻盛和夫为榜样，努力为公司贡献自己的力量。这也是稻盛和夫成功地创立了两家世界级企业的原因所在。

最后要有强烈的愿望。企业领导者必须为自己的企业设立长远的企业愿景，有了长远的企业愿景，员工才会知道自己的努力是为了什么，自己辛勤的付出将会收到什么样的回报。当大家为了一个共同的目标而努力奋斗时，这个企业才具有了长远发展的动力。

稻盛和夫曾经说过："极好的机会都隐藏在平凡的情境中，但它们只被那些有强烈目标意识的人发现。"他认为潜意识在企业经营中起着极大地作用。想要实现一个愿望，就要在脑海里不断描绘愿望实现时的情景。这样人的潜意识中就有了强烈而积极的思想,慢慢的,这个思想就转化成了事业成功的原动力。

稻盛和夫的这些领导经验给了我们一个相当重要的启示:当一个团队或是个人,对一个目标有着强烈的持续的渴望时,苦苦思索并有所领悟,就可能在事先"清晰地看见"未来的发展。相反,如果事先没有清晰的意象,就不会有崭新的未来,甚至也达不到良好的结果。

所以,谨慎不只是要你在工作中谨小慎微,而是要注意你的日常言行举止。作为领导要有领导的艺术,对自己的一言一行都要十分注意。因为你的形象和言谈关乎整个团队和公司的形象,也代表着你自己的个人品牌,什么样的话该讲,什么样的话不该讲都要在之前先思考一番。

强化个人品牌形象

◎用优势强化个人品牌

○选择自己的优势角色

人从一出生就面临各种各样的竞争和选择。对于领导来说,在个人品牌塑造过程中要从多个角度对自己进行评估,检验自己的能力,找到自己的优势能力和角色,才能更好地进行个人品牌塑造。

著名的"木桶原理"讲:一个木桶装多少水,是由最短的那块木板决定的。以此来启示人们要补足自己的短处,实现全面发展。这条理论在工业时代非常盛行,但在互联网时代,尤其是对个人发展来说,"短板理论"似乎已经不太奏效。互联网时代更强调人的多样化和个性化，一个人不可能在每个方面都很精通，要想在短时间内将自己的弱势转化成优势也不太可能。所以，发现并"延长"自己的"长板"，将自己的长处和优势发挥到极致，而不是花费时间弥补自己的"短板"，才更容易取得成功。

一个人的性格属性和优缺点各有不同，要学会过滤掉你身上的"杂质"，避免自己的能力"短板"，寻找自己身上最纯粹的闪光点和自身的"长板"，才能最大限度地取得成功。

根据总结与比较，我们可把领导者的优势角色划分为以下九种：

1. 建议者：

在面对困难和解决其他人的困难时，这类人会比较有优势，因为他们讲究实际，考虑得更周全。

2. 联络者：

这类人有"催化剂"的作用，他们有热烈的渴望，能把很多人的想法汇聚在一起，让事情变得更好。

3. 创造者：

这类人理解这个世界，能够将其分成若干个部分，寻求更好的组织架构，或者创造一个新的架构。

4. 平衡者：

这类人头脑冷静，理性思维逻辑较强，他们的优势在于能使这个世界在道义和现实中保持平衡。

5. 影响者：

这类人能直接影响他人，并赢得人们的信任，使他们付出行动。这类人的优势在于他们的说服力。

6. 开拓者：

在这类人眼中，世界是个非常友好的地方，无论到哪个角落都有好的事情发生。这种人的优势在于面对不确定的一切所持的乐观主义。

7. 提供者：

这类人能感知他人的感情，会不由自主地去辨别这些情感，给他们提供建议，让他们遵照自己的建议行事。

8. 激发者：

这类人是其他人情绪的主宰者，觉得对别人负有责任，要让他人的情况有所好转，使他们的能力得到提升。

9. 教育者：

这类人会因为发现他人身上的潜力而激动不已，并努力使他人身上的潜力尽量发挥出来。

以上是九种领导者的优势角色区分。作为团队的领导者，你应该认清自己的优势是什么，这个优势是你克敌制胜的法宝，也将是打造你个人品牌的核心要素。所以，要善于发现自己的"长板"在哪里，然后通过不断地学习和实践加固和延伸自己的"长板"，从而确定自己的优势——领导角色是什么。

○激励型领导——马云

拿马云来举个例子，其实在马云身上还有更可贵的角色优势，但他最典型和突出的应该是激发者的角色。从马云的眼中你总能看到一种自信，无论什么时候，他都是一副信心满满的样子。曾经和马云一起共事的人曾评价说："你和他在一起就会感到充满活力。"

马云在创业的第一天起就向员工宣告："阿里巴巴会成为最伟大的电子商务公司"，"阿里巴巴总有一天会上市"。这些宏大的愿景无疑为公司所有的员工描绘了一个美好的前景。在马云的激励下，员工们即使遇到困难，仍旧拥有积极乐观的心态，与企业一起朝着共同的目标奋斗，实现美好的愿望。其实，当公司运营遇到困难的时候，阿里巴巴的员工特别辛苦，待遇也不好,甚至有人抱怨宁愿不要期权也希望能多发点儿工资。作为领导者的马云丝毫没有灰心和退让,依旧对企业的未来充满信心,他不断鼓励员工,一起研讨新的解决方案,甚至提出将自己的股份稀释分给员工。

管理心理认为,激励就是通过一定刺激促使某种思想、愿望行为产生的心理过程,使个人为实现目标而产生的行为处于积极状态,表现为高昂的情绪,坚定的意志,冲天的干劲儿,它能最大限度地激发人的潜能,从而创造出更大的价值。

马云曾透露了阿里巴巴以及自己成功的秘诀,那就是永远要相信自己。他曾言道:"人必须要有自己坚信不疑的事情,如果没有这种信念,那做什么都不可能坚持下去;假若你对某件事情有了一点点的信念,那么做下去就会发现越来越有意思。"可见,马云之所以能克敌制胜,成为今天世界知名的企业家,除了他对未来发展的战略性思考和独到的市场眼光,这种激励型的人格优势也是他制胜的法宝之一。然而,一个人的能量再强大也无法与一个强大的团队抗衡。所以,领导者还需要将这种正能量传递给他的团队,成规模、成气候,能凝聚人心的力量,将团队的优势发挥到极致,才能所向无敌。

当然,并不是说只有"激励型"优势角色的人才能成为优秀的领导人,其他几种优势角色者也都各有不同的优势。只要扬长避短,不断发挥自己的"长板",就可以取得事业上的成功。我们再拿具有平衡者优势角色的人分析:

平衡者的最大优势就是,遇事沉着冷静,"中庸"是他们一贯坚持的原则。对于他们来说,平衡的世界就是最好的世界,不平衡的世界会让他感到焦躁、不安。这种类型的人想要成为一个团队的领导者,他的优势是能给员工带来思考的体系。因为人们总是希望能在一个比较平衡稳定的环境中工作,而这正是这类领导者能给予他们的。

所以能给员工确定性,能平衡他们之间的关系,是有这种优势角色的人可以成为一个优秀的领导人关键所在。不同个性的领导都有自己的优势所在，作为领导人需要不断地在工作中找到适合的领导方式，在竞争中不妨亮出你的优势，让竞争对手无法超越。

○转换思维，巧妙应对竞争

在应对竞争时，除了充分发挥性格上的优势，还要学会转换思维，不要把自己的思维局限在一个层面上。因为这样不仅仅会形成思维的定式，还会禁锢你的发展，让你看不到自己的优势和方向。

下面讲一个很著名的故事：一位画家请教大画家门采尔说："我作一幅画只用一天的时间就够了，为什么卖掉它却需要用上一年的时间？"门采尔却反问道："你为什么不倒过来试试？"这位画家听了恍然大悟。没错，有时候就算你表现得很努力，如果方向不对自然不会收获理想的效果。

中国有诗言："山穷水尽疑无路，柳暗花明又一村"。当你在做一件事情却怎么也进行不下去，感觉走投无路的时候，不妨停下来想一想，换个角度和方向重新出发，也许就会收到意想不到的结果，获得另一番新天地。有时候，我们太在意结果而忽视了过程，很容易出现"欲速而不达"的后果。所以，当你在面对竞争和挑战的压力时，不妨先让自己沉淀一下，有了清晰的思路和正确的思维导向，你就会离成功更接近一些。

优秀企业与普通企业相比，最大的差距是企业领导人的心态。优秀企业的领导者总能把失败看作一件平常的事情，好像时刻在为失败做着准备似的。比如，比尔·盖茨曾说过，"微软离破产永远只有 18 个月"。而那些没有发展的普通企业总想着怎么在短时间内实现快速发展，每当企业处于高速发展的时候，领导人总会想入非非，考虑如何取得下一个更大的成功。并不是说这样不好，而是想飞得太高的前提是要考虑自己的能力是否能达得到。其实，任何成功都是有阶段性的、暂时的，失败也一样，不妨时刻做好"失败永远等待着我们"的心理准备。

用辩证的眼光看待企业的失败与成功是领导者智慧的体现。当企业遇到困难时,仍旧能看到企业自身存在的优势,不抱怨、不退缩,而继续拼搏、奋进,想方设法摆脱眼前的困境;而在企业发展顺利时,也依旧不骄不躁,及时看到目前存在的不足,将自己的优势发挥到极限。这才是一个领导者应有的气度与风范,也是一个企业领导应有的品牌形象。

市场的竞争将越来越复杂,领导者要高瞻远瞩,开拓自己的视野,若仅看到眼前的那一小片天地,只是着眼于一些蝇头小利而忘记企业未来的长远发展,永远也不可能有所作为;智者善于运用"善假于物"的思维化解危机,而愚者却手捧着元宝而不自知。所以,一个领导者应该具有竞争的智慧,只盯着脚尖就事论事的人只能说能力一般,而能够运筹帷幄的人才具有真正的大智慧。

◎找准定位有效应对竞争

○找到竞争对手,正确看待竞争

竞争是什么？网络上是这样解释"竞争"一词的:竞争(competition)是个体或群体间力图胜过或压倒对方的心理需要和行为活动。即每个参与者不惜牺牲他人利益,最大限度地获得个人利益的行为,目的在于追求富有吸引力的目标。

有市场就会有竞争,竞争是具有目的性的一项社会活动。为了争夺利益,必然会导致个人和群体之间的不团结,对建立和谐、稳定的人际关系有一定的负面影响。有竞争就会有失败,失败会挫伤一个人的锐气,甚至会让人一蹶不振。然而，竞争也并不全是一件坏事。在竞争中，你必须付出加倍的努力才能赢得更多的资源、经受更多的历练，这就意味着更多的资源将被利用、激活，有利于激发出更多的品牌活力和个人潜能，这个过程无疑是练就品牌的绝佳时机。作为领导者，必须学会应对竞争，而不是削弱团队的凝聚力，让竞争成为团队发展的动力，让自己的个人品牌在竞争中熠熠生辉。

在参与竞争时，首先领导者必须认清你的竞争对手是谁，找准自己的直接竞争对手，然后对其进行全方位的分析。直接竞争对手是指那些向相同的顾客销售基本相同的产品，或提供基本相同的服务的竞争者，它将是你主要的竞争目标。任何一个企业都难以有足够的资源和能力，也没有必要与行业内企业全面为敌、四面出击。所以，必须处理好主要的竞争关系——即与直接竞争对手的关系。

找准你的直接竞争对手后，还要对它进行进一步的分析，分析它的存在会对你的个人品牌、企业品牌造成什么样的影响，这种影响是否会对你的个人品牌和企业品牌造成不必要的伤害和损失，对手有什么样的优势，这种优势是坚不可摧的？还是可以通过什么样的方法去弱化它？

《竞争战略》一书中提出了竞争对手分析的模型，分别从企业的现行战略、未来目标、竞争实力和自我假设四个方面分析了竞争对手的行为和反应模式，并通过对竞争对手未来目标的分析预测驱使其向前发展的动力。在一些企业中，分析竞争对手的目标多是财务目标，这里我们不只是要了解它的财务目标，同时要了解它其他方面的目标，比如对社会的责任、对环境的保护、对技术领先等方面的目标设定等。

所以在应对市场竞争时，一定要认真地分析出自己真正的竞争对手在哪里，如果连自己的真正竞争对手都没有弄清楚，就会导致后续一系列策略的不准确，甚至会影响个人品牌的长远发展。举一个大家都熟知的例子。一直以来大家都认为,在中国麦当劳的竞争对手是肯德基,没错,在相当长的一段时间内肯德基都是麦当劳的强劲对手,在有麦当劳的地方不远处一定会存在肯德基爷爷慈祥的微笑,肯德基与麦当劳的市场争夺战一直火热地进行着。但由于肯德基的"入乡随俗"策略,中国人对肯德基的接受度要远远大于麦当劳。但是市场是会变的,你的竞争对手也会发生相应的变化。然而近几年,不论是大城市里、道路旁或甚至是不经意的街坊转角你都可以发现汉堡王餐厅的踪影。汉堡王现在在全球60多个国家和地区拥有超过1万家门店,是仅次于麦当劳的全球第二大快餐连锁企业。或许汉堡王在国外比麦当劳受宠1000倍不止,但和肯德基相比,汉堡王才是麦当劳称霸全球快餐连锁业的最大威胁。

随着社会的不断发展,竞争将成为越来越不可避免的课题。然而,事物的发展都有它的复杂性,竞争不是永恒的,甚至有时候是可以相互转化的,我们不可能将合作与竞争完全剥离开。竞争是社会发展不可缺少的一种动力,但竞争中也可以包含合作,相互分享各种有效的资源,使合作成为人们提高竞争力的手段;合作是人类生存的必要方式,人们通过合作取长补短,既可以发挥个人的优势,又弥补了个人的缺陷,这是在竞争中获胜的前提。所以,我们现在所强调的"竞争"是一种又竞争又合作的良性的竞争关系,即在合作中有竞争,在竞争中有合作。这是提高个体核心竞争力的关键,也是良性竞争的基础。

一言以蔽之,竞争的本质不是要拼个你死我活,而是要学会如何在竞争中智慧地共存。竞争对手不是永远的"敌人",也不是永远的"伙伴",谁都不可能在竞争中永远处于不败的地位,屡败屡战看似很壮烈,但时间久了就会挫伤团队的锐气,导致团队整体士气的低迷。聪明的领导者一定要学会在竞争中合作,在合作中竞争,一味地强调"战斗式"的竞争只会妨碍了企业的其他发展目标,对企业造成负面的影响。

○深入分析竞争对手

竞争愈演愈烈,企业欲生存发展就要采取有效的竞争战略。了解企业所在行业和市场以及参与竞争的对手,是企业领导者们必须考虑的重要课题。因此,分析竞争对手成为企业制订竞争战略必不可少的组成部分。竞争对手确立后,就需要对每一个竞争对手做出尽可能深入、详细的分析、明确每个竞争对手的长远目标、基本假设、现行战略和能力,并判断其行动的基本轮廓,特别是竞争对手应对行业变化以及当受到竞争对手威胁时可能做出的反应。

对竞争者的分析就像"瞎子摸象",不同部门和级别的经理对竞争对手分析的理解不同,关心的内容也各异,以至于他们会从不同角度进行分析和解读。比如,销售经理关心的是如何建立竞争对手产品价格跟踪系统、订价、销售队伍的分布、业务能力、薪酬待遇和服务等内容;市场营销经理最关心竞争对手的品牌定位、市场份额、产品的幅度和深度、广告开支、分销范围等;公司执行总裁们往往更关心财务杠杆、运营回报、合作关系等内容;而集团公司总部的决策者们最关心影响集团发展的技术平台建设、集团纵向整合的程度、经营主体的地域覆盖和地点分布、部门之间的协作以及公司如何跟踪了解对手的资本运营手段和收购路线,以分析评价对手的市场定位和核心竞争力。

从总体上讲,企业对竞争对手进行深入的分析大体可以从以下几个方面入手:(1)确认竞争对手的目标。(2)确定竞争对手的战略。(3)确认竞争对手的优势和弱势。(4)确定竞争对手的反应模式。(5)最后确定公司的竞争战略。

此外,还要分析竞争对手的长远目标,预测竞争对手对目前的地位是否满意,由此判断竞争对手会如何改变战略,以及它对外部事件会有什么样的反应。比如竞争对手的目标规划是成为某个地区首屈一指的企业,那么它一定会采取与之相应的市场策略和实施计划。于是,我们也要采取相应的策略去应对。想要制订出合理的竞争策略,可以采用"假设"的方法从以下三个方面对竞争对手进行分析和比较。

其一,竞争对手所信奉的理论假设。比如你所信奉的理论是利润至上,认为只要有了高额利润企业就有较大的生存空间。而你的竞争对手很可能信奉品质第一,认为只要有品质企业才能获得永续的发展。所以在制订竞争策略时,要找到你自己的优势,去应对对手的竞争。

其二,竞争对手对自己企业的假设。不同的企业会有不同的优势,你的企业优势可能在技术研发上,而你的竞争对手的优势很有可能是在价格上占有绝对的优势。

其三,竞争对手对行业及行业内其他企业的假设。市场的发展瞬息万变。因此作为企业的领导者,应该对企业的发展有一个中肯的预估。面对强大的竞争对手不要被眼前的气势所吓倒,而是要有自己的想法,大胆去开拓属于自己的市场,开拓者往往更具有创新精神,甚至能跨越更大的障碍。当然也不要盲目乐观,而是客观地面对自己的不足,用努力与坚持去拓展属于自己的市场,勇敢面对竞争。

◎在竞争中成长

○向市场学习

《领导引擎》一书中提到:当今世界上最稀缺的资源是能够带领组织转型,进而在未来世界中成功的领导人才。而能够带领组织走向光明前景的领导人必定是善于学习的人才。因为知识让他们有更加宽阔的眼界,更加独到的视角,也会有准确的市场判断力。

联想集团董事局主席柳传志曾有一个观点:那些失败的企业家之所以失败,不能适应环境是一方面,更多的是因为企业管理出现了问题,没有科学的战略作指导,也没有掌握学习的能力。

如何让企业活下来是每个企业领导都要面对的课题。一个企业想要在当下这个竞争无比激烈的市场中生存下来,离不开具有学习精神和强烈学习意识的领导人的带领。知识可以提高一个人对现实的判断力以及对未来的预见力。危机来临,谁能有好的预见性和对信息的把控能力,谁就能在竞争取得胜利。

作为企业领导者,你的"江山"能不能坐得稳,你的个人品牌能否被团队成员所认可,并不是仅仅靠钻研管理学上的经典案例就能所向披靡、战无不胜的。每个人都是独特的个体,不同的企业、不同的领导人所遇到的现实问题也不尽相同。所以想要稳固你的"江山",想要成为一个拥有强大个人品牌效应的领导人,不仅要学习书本上的知识,还要向市场学习。在实践中磨炼,在实践中取长补短,不断完善自我成长。

传统的观念认为,学历越高能力就越高,其实这种观点并不正确。一位哈佛的领导学教授曾说过,"领导是伟大的经历"。一位合格的领导人或一个强大的个人品牌,绝不是在温室里历练出来的,只有经历市场的种种考验,经历大风大浪的洗礼才能培养出卓越的领导者个人品牌。

学会学习,保持成长,是每个企业领导的必修课。七匹狼总裁周少雄就有一个习惯,每到一个地方一定会逛商场,对一些经营好的品牌研究其经营管理方法。在 20 世纪 90 年代的香港,他注意到鳄鱼、苹果这两个牌子的专卖店显得异常抢眼,周少雄对此异常崇拜,并以此为奋斗目标。如今苹果、鳄鱼这两个品牌的服装已经渐渐衰落,而七匹狼却逐步成为国内领先的男装品牌。这与周少雄贴近市场,一直保持学习的心态是分不开的。他认为,学习别人的成功经验并不等于抄袭,因为盲目地"抄袭"只会让自己的路越走越窄,失去自己品牌的灵魂。学习就要把先进经验背后的原理弄明白,然后将自己品牌的文化和气质融进自己的产品中去,只有这样才能形成自己品牌的理念和风格。在不断的学习与成长的过程中,七匹狼越来越能掌握市场的脉搏,终于走出了一条属于自己的道路,形成了属于自己的独特的企业文化。

○竞争的形式

有一个很著名的管理学故事:西班牙人爱吃沙丁鱼,但沙丁鱼非常娇贵,当渔民们把刚捕捞上来的沙丁鱼放入鱼槽运回码头后,用不了多久沙丁鱼就会死去。而死掉的沙丁鱼味道不好销量也差,倘若抵港时沙丁鱼还存活,鱼的卖价就要比死鱼高出若干倍。为了延长沙丁鱼的活命期,后来渔民想出一个法子,将几条沙丁鱼的天敌鲇鱼放在运输容器里,因为鲇鱼是食肉鱼,放进鱼槽后,鲇鱼便会四处游动寻找小鱼吃。为了躲避天敌的吞食,沙丁鱼会自然地加速游动,从而保持了旺盛的生命力。如此一来,便大大提升了沙丁鱼的存活率。

管理学上著名的"鲇鱼效应",让我们认识到竞争的作用。在当今这种高速发展的社会,无论企业还是个人,都是"逆水行舟,不进则退"。只有认识它才能更好地应对。我们可以把竞争归纳为以下几个方面:

形式竞争

第一种竞争是产品形式竞争,这是最狭义的一种竞争,它反映了企业竞争主要是产品品牌竞争的观点。这些品牌属同类产品,具有相同的产品特征,面对同样的细分市场。

品类竞争

竞争的第二个层次是具有类似特征的产品或服务之间的竞争,称为产品品类竞争。在界定竞争对手时,企业应重点考虑这一层次的竞争对手。例如,如果不考虑目标市场的话,所有针对个人电脑的企业都可以相互视为竞争对手。

属类竞争

竞争的第三个层次是产品属类竞争。属类竞争以更长的时间跨度为导向,着重于可替代的产品分类,是满足同一顾客需求的产品或服务之间的竞争。比如,软饮料与橙汁在"解渴"上的竞争,快餐与正餐在"方便"上的竞争等等。

预算竞争

第四个层次的竞争更广泛,是营销大师菲利普·科特勒提出的"对抗",即预算竞争。这个层面的竞争考虑了市场上争夺同一消费者钱包份额的所有产品和服务。

作为团队的领导者,要勇于打破安于现状的常规思维,勇敢面向市场,不畏惧真刀实枪的硬仗,让自己的团队产生适当的危机感和竞争意识,这样才有利于整个团队保持旺盛的活力。

○不断学习,勇于突破

企业竞争的实质就是在抢夺人们心理预期中的第一位置,占领第一位置才会拥有较高的话语权,拥有更好的资源和巨大的影响力。然而,并不是所有企业都能在行业内占据"第一"的位置,与其与第一硬碰硬地较量,不如找到一个更适合自己的定位。所以,一些企业在面对竞争时,不妨采用著名定位案例中,美国艾维斯公司提出的"老二定位策略",找到属于自己的位置,发现什么样的位置是属于自己的,什么样的资源是你能驾驭了的,然后保持学习的心态,向行业"老大"学习。因为它之所以能领军于行业,定有它成为第一的原因所在。所以在竞争中,领导者向别人学习的过程也是强化自己个人品牌的过程。

　　很多人对于自己的竞争对手都会有一种不屑一顾的态度。其实,聪明的领导不会轻视自己的竞争对手,而是会以博大的胸怀去面对他们。在之前的章节中,我们已经论述过如何去分析竞争对手,而在这一节中,我们重点强调如何向竞争对手学习。当然,向别人学习可分为两种:一种是学习别人的成功经验,或者积极主动地学习别人身上所具有的优点,从他们的成功中汲取对自己有益的"营养";另一种学习是从别人的失败中汲取教训。相对于学习成功经验,我认为学习别人的失败教训是一种更有效的学习。因为成功的案例虽然值得借鉴,但成功往往带有"偶然性"。当我们参考和学习别人的成功经验时,一些"天时""地利""人和"的因素早就发生了改变。因此,别人的成功经验在你的企业或个人身上就不一定完全奏效;而失败的教训就不同,你只要不再重复别人的错误,才可以减少失误,这会让我们在实际操作中节省很多不必要的时间和精力,少走弯路,从而降低失败的概率。每个企业的成长都不会是一帆风顺的,假如没有创业时不断失败的经历,就不可能有当下的成长。乔布斯是经历过多少的质疑和不信任、多少次的失败才将苹果这个品牌做到今天这样强大的。比尔·盖茨又是经历了多少白眼才将微软做到今天这般风生水起的。正是曾经一次次的失败才让他们的个人品牌变得更加强大。成功是不可复制的,而失败却会不断地重演。所以,了解别人是怎么失败的比了解别人是如何成功的对自己的帮助更大。向失败学习,在失败中总结经验,发现新的机遇,这才是一个成功的领导者应该有的自省力。

　　中国有句古话,"三人行必有我师",没有任何人的成功是靠单打独斗出来的,尤其是在现代企业间合作越来越紧密的时代,必须学会取长补短、互利合作,在合作中将个人品牌塑造得更加丰满。只有这样才能有更多的人愿意与你合作。因此,向与你一起同行的合作伙伴学习也不失为一种有效的学习方法。既然大家能在一起共事,那证明你们之间一定有着共同的目标,"金无足赤,人无完人",他们身上一定有某种能力或长处是你所不具有的,一定有值得学习和借鉴的地方。不同的人有自己独特的处事方式,你可以学习他们如何处理工作上的难题,如何与客户沟通,如何制订市场策略等。所以,合作的过程也是一个相互学习的过程。

在如今的市场竞争中,知识和科技的更新迭代速度之快令人无法预料,企业已经很难按照自己的意志去按部就班地实施制订好的战略计划,由顾客意志(满意程度及需求变化等)引发的不确定因素常常会让企业措手不及。在这种情况下,各个企业无论是为了保持领先的优势,还是力争后来者居上,都无一例外地面临着重新调整在竞争中的行为和观念的问题。因此,企业家或领导者都需要全方位、多角度地学习,才能适应当下市场竞争的需要。

在竞争中成长,不断优化企业形象,提升领导者的个人品牌形象,以更好的姿态迎接未来市场的挑战。

◎勇敢亮剑,塑造企业文化

○企业文化的凝聚力

企业文化或称组织文化(Corporate Culture 或 Organizational Culture)是一个组织由其价值观、信念、仪式、符号、处事方式等组成的特有的文化形象。美国学者约翰·科特和詹姆斯·赫斯克特认为,企业文化是指一个企业中各个部门,至少是企业高层管理者们所共同拥有的企业价值观念和经营实践。或是指企业中,一个分部的各个职能部门,或地处不同地理环境的部门所共同拥有的文化现象。企业文化是企业为解决生存和发展的问题而树立形成的、被组织成员认为有效而共享的并共同遵循的基本信念和认知。

美国学者迪尔和肯尼迪把企业文化分为四种类型,即强人文化;拼命干、尽情玩文化；攻坚文化；过程文化。

1. 强人文化：这种文化鼓励内部竞争、创新和冒险，具有竞争性较强、产品更新快的企业文化特点。

2. 拼命干、尽情玩文化：这种文化把工作与娱乐并重，鼓励职工完成风险较小的工作，具有竞争性不强、产品比较稳定的企业文化特点。

3. 攻坚文化：它具有在周密分析基础上孤注一掷的特点，具有一般投资大、见效慢的企业文化特点。

4. 过程文化：这种文化着眼于如何做，基本没有工作的反馈，职工难以衡量他们所做的工作，具有机关性较强、按部就班就可以完成任务的企业文化特点。

文化是一种氛围，是适者生存的"土壤"、激励的"阳光"和恰到好处的"雨水"。城市的发展和企业的进步都离不开这种氛围的滋养。文化是潜移默化的，文化在长期的沉淀与积累中所形成的惯性是巨大的。对企业来说，企业文化集中体现了一个企业经营管理的核心主张，也是指导企业制定员工和顾客政策的宗旨，以及由此产生的组织行为。在德勤公司（Deloitte）发布的《2015 年全球人力资本趋势》调研中，企业文化与敬业度已经超越领导力的发展，成为目前企业人力资源部门及企业管理者们的首要挑战。可见企业文化的建设已经成为现代企业发展的重中之重。企业文化氛围是一个企业文化思想、文化沉淀、文化品格、文化标志的必然文化表达，是企业精气神本质释放、演绎和溢出效应的外在呈现，是企业文化建设的最直观感觉、体验与享受。塑造企业文化不是组织一帮文人墨客探讨这个企业的文化到底是什么，该怎么做？而是将企业的经营理念融入到企业生产、运营、管理中的每一个环节。

企业文化是一个企业所共同信仰的理念，并会反映在日常工作当中的精神符号。曾经有一部热播的电视剧《亮剑》，男主人公李云龙身上所展现的

"亮剑精神"赢得了无数观众的喜爱和尊敬。这种"亮剑"精神是极为可贵的，因为它体现了团队的高效执行力，体现了一个团队的文化灵魂。上海罗莱家纺用品有限公司总裁薛伟斌极为推崇这种高效的"亮剑"精神，他认为亮剑精神其实包括两个方面：一是精神本身，对部队而言就是军魂，而对企业而言就是企业文化；二是精神的具体体现，对部队而言就是剑锋所指，所向披靡，而对企业而言，就是在竞争中用企业自己的核心理念与核心竞争力战胜竞争对手，使自己处于或强化领先的市场地位。

企业文化是一个企业的灵魂。企业文化作为一种管理体系，它是企业全体员工共同的基本信念、价值观念和行为准则，具有隐性约束的作用，它可以使员工在观念上确立一种内在的、自我约束的行为标准，在工作中形成一种约束和控制。一个没有自己文化的企业不能为员工带来一种归属感，而是把企业看作是"别人"的企业，与我无关。一些企业领导者看似手下有很多的员工，但其实一直是在"单打独斗"。因为没有属于企业自己的文化，团队中缺乏了一种凝聚力和向心力，员工虽然看似都在自己的岗位上各司其职，但是大家并没有将自己的全部精力放在共同的目标上一起努力，非常不利于企业的工作效率和未来的发展。这样的企业或许看似一切平稳，实是一盘散沙，人心涣散，若真正遇上危机和难关的时候就会溃不成军。因此，要想建立一个现代化企业，实现更高层次的人性化管理，必须有一个与之相匹配的具有本企业特色的先进企业文化。

企业的核心是人，企业领导是企业文化建设的倡导者、推动者和实践者，领导者的个人品牌是企业文化的人格化体现。领导者自身的个人品牌无时无刻不体现着企业文化，他们的领导风格和行使权力的方法无不体现出他们的信念、价值观和理想；他们的微小举动都会经由正式或非正式渠道向下传递着有关工作如何进行的线索和信号；他们的行为、制定的政策、表达或抑制的情感、关注或忽略的业绩、对工作的投入程度、传达的态度和遵循的价值观念等无不影响着企业的整体态度和行为。一个企业的领导者强大的个人品牌是企业文化中的重要因素,如果没有自己核心的企业文化,这个企业就会失去其灵魂及发展动力。

虽然每个人的价值观和精神追求不一样,但是在一个企业,员工应对企业领导个人品牌有一致的认同感,这样才能使企业上下形成一股合力,员工对自己所在的企业和从事的事业有着强烈的归属感。另一方面,企业强大起来,作为领导者个人品牌才会更加稳固,你在团队中的号召力也会大大增强。

○如何建设企业文化

随着市场经济的不断深化,各行各业的竞争都日趋激烈,企业之间的竞争不仅存在于产品之间的竞争,而是更多地体现在企业的软实力——企业文化的竞争上。

建设适合团队发展的企业文化,需要从多方面入手:首先是要建立企业的价值观念。所谓价值观念,是人们基于某种功利性或道义性的追求而对人们(个人、组织)本身的存在、行为和行为结果进行评价的基本观点,可以说,价值观念决定着人生追求。企业要根据自身实际精心提炼出切合实际、内容丰富、健康向上、有益企业发展、提高企业形象、能让广大员工接受的企业精神,用良好的企业精神调动员工的积极性和创造性,形成心往一处想、劲儿往一处使的良好工作氛围,将企业逐步打造成团结协作、积极进取、顽强拼搏、乐于奉献的坚强团队,这是企业价值观使然。

当企业员工的个人品牌价值追求与企业的品牌价值和目标达到基本一致时,员工就会乐意为了企业的共同价值观念去奋斗,对企业也更有认同感,也更容易得到企业的认同。研究发现,当员工得到认可、做有兴趣与有挑战性的工作时,工作就会更努力,人也会更聪明。虽然物质和金钱的刺激在一定程度上也是员工努力的动力,但钱不是万能的。企业领导人应该把重点放在发展信任、参与、学习和真诚的企业建设上，鼓励员工与企业共同成长，这样员工的个人品牌才会逐渐与企业品牌同步发展，员工对企业才会有更深层次的认同感。

其次是企业精神的建立。企业精神通常用一些既富于哲理、又简洁明快的语言予以表达，便于在传播过程中在人们脑海里形成深刻印象，传递个性鲜明的企业形象。陈欧为自己的网站代言，那一句"我为自己代言"其实也是聚美优品企业精神的体现；海尔提出的"真诚到永远"的口号不仅是企业形象的表述，更传达了海尔企业真诚、客户为先的企业精神……这些都能很直接地传达出企业的精神理念，不仅会给企业的目标受众带来一种信任感、认同感，更能激励企业的员工不断努力，为建设企业美好的未来而同心协力的奋斗。

最后是企业的使命和企业的愿景。企业的使命和愿景是企业的黏合剂，它将企业的员工凝聚到一起，为了一个目标去努力奋斗，在市场竞争中整个团队会拧成一股绳，在危机到来时整个团队可以勇敢亮剑、克服困难，让企业所向无敌。

所谓企业使命是指企业在社会经济发展中所应担当的角色和责任，这是企业的根本性质和存在的理由，企业的经营领域、经营思想，为企业目标的确立与战略的制订提供了依据。企业使命要说明企业在全社会经济领域中所经营的范围和层次，具体表述企业在社会经济活动中的身份或角色，它包括企业的经营哲学、企业的宗旨和企业的形象。

另外，企业形象是企业文化中的重要因素，是通过外部特征和经营实力表现出来的、被消费者和公众所认同的企业总体印象。企业形象代表着一个企业的精神气质，统一的企业形象可以让员工找到强烈的归属感、自豪感，也能给目标受众带来直观的形象刺激，让潜在的目标客户对企业的品牌产生信任感。这就是企业形象的作用。企业形象可以分为"表层形象"和"深层形象"。由外部特征表现出来的企业形象称为"表层形象",包括招牌、门面、徽标、广告、商标,甚至是企业员工的统一装束配饰,以及店内统一的营业环境等等;企业的"深层形象"是指不能直观表现出来的部分,如企业文化、企业精神、企业竞争意识等。企业的深层形象是一种高级的形象,对社会和公众的影响是深远而持久的。企业的"浅层"与"深层"形象是互为表里的存在关系,比如前面提到的"亮剑精神",表面上看是军人听指挥、肯吃苦,但实际上它体现了一种为共同的精神目标而忘我奋斗的大无畏精神。

企业的表层形象是以深层形象为基础的,没有深层形象基础,表层的、外在的形象就是虚假的、"不堪一击"的。因此,任何一个企业内外统一的企业形象会让企业的品牌价值大大加分,也会提升企业的精神气质,帮助企业形成品牌,更好地形成企业整体形象。

○"老板文化"与企业文化

有一种说法是企业文化其实就是老板文化,就是领导者文化,就是企业老板或者领导者个人的性格和价值观、行为方式的直接体现。

我们常说"性格决定命运",对个人如此,对企业亦是如此。从某方面来说,企业文化也就是一个企业的性格,而企业的性格很大程度上取决于老板个人的性格,这就是"老板文化"的体现。老板的行事风格、工作态度、工作方式、工作生活道德观、工作生活价值观、对顾客的态度等会影响身边的员工,从而构成基本的企业文化。一个企业选择了什么样的企业文化,具有了什么样的性格,也就决定了企业今后会拥有什么样的命运。因此,从根本上说,老板决定了企业的命运,老板的性格与该企业的风格、文化有时是可以画等号的。

纵观我国的一些民营企业,老板即"家长",老板作为企业的核心,拥有决定一切的特殊权利。因此在经营管理过程中,企业老板的意向或决定常常会影响这个企业的发展。

其实，"老板文化"的存在在一定程度上是具有合理性的。很多企业的老板在创业之初都是白手起家，一个企业经历从无到有、从幼小到强大，与老板个人的勤奋努力和能力是分不开的，他们的人生思想、经营理念、文化价值观也会与企业融为一体，渗透到企业的方方面面。在这一阶段，"老板文化"就是企业文化的全部。但是，企业要成长，要发展，仅靠老板个人意志而创建的企业文化不一定能帮助企业实现健康持续的发展。

企业领导要做企业精神的引领者，也是企业文化的主要影响者。"老板文化"只是老板个人的想法，一个人的思想高度毕竟是有限的，老板再有能力也无法代替众人的力量。如果一个企业的文化仅仅是由老板个人决定的，那么这个"企业文化"就未免有些狭隘。归根结底，企业是由一群人集合形成的一种组织，企业文化不是某个人的文化，而是所有员工都认同的文化。企业领导者也许有制订经营策略的能力，但一个人终究无法系统而科学地回答：企业是什么？企业要做什么？企业要成为什么？企业的社会责任是什么？等问题。所以，老板无法直接将自认为好的文化强行植入每一个员工的心里，但"老板文化"中的一些优秀因子可以通过文化建设成为企业文化的一部分，以此有利于企业和员工的共同成长。

例如，松下公司的创始人松下幸之助先生是佛教信徒，在松下公司创办之初，整个公司的企业文化洋溢着浓厚的佛教文化。松下幸之助先生认为：佛教可以拯救人类心灵，让人类有救世的大慈大悲之心，消除贫困就是人类的事业，而生产就是企业的使命。而松下公司的员工也用佛教的忠诚来对待企业，心甘情愿地拼命工作，创造了松下公司的奇迹。

但松下公司在发展过程中逐渐发现单纯的佛教精神无法管理一个规模巨大的现代企业，松下幸之助先生果断地扬弃了旧的老板文化，把不合时宜的地方剔除，重新增加了新的内涵，使松下公司的老板文化发展成为成熟完整的企业文化。松下幸之助先生强化了企业命运共同体建设,让公司所有的人员朗诵公司"纲领、信条、七大精神",并一起唱公司歌曲。同时,把培养人才作为重点,强调将普通人培训为有才能的人。"松下电器公司是制造人才的地方,兼而制造电器产品"不单单是一句口号,更是全体员工一致的奋斗目标、行为方式和道德观。

20世纪30年代,成熟的松下文化从企业家文化到企业文化基本转化过来了,松下幸之助先生的文化理念渗透到松下的企业文化之中,其积极成分构成了松下文化的骨架,同时又有许多新的理念融入其中,共同构筑了松下文化的精髓——顺应同化、团结合作、追求进步、促进社会大众福利。此时,松下公司的老板文化已经退出了历史舞台,取而代之的是一个成熟、完善的松下企业文化。由此,我们可以看出,"老板文化""企业家文化"到"企业文化"的发展过程。

从松下幸之助的例子我们可以看出,企业领导人所代表的"老板文化"在企业发展的不同阶段会对企业文化的形成产生不同程度的影响,甚至在某个阶段企业领导的个人品牌形象是与企业紧紧捆绑在一起的。虽说"老板文化"在某个阶段有利于企业凝聚力的形成,但就企业的长远来看,企业文化需要更科学、更有效的精神支柱。

◎调整心态从容应对成败

○舍得间的智慧

下面一个故事:在一辆飞速行驶的列车上,一位老人不小心将刚买的新鞋从窗口掉下去一只,周围的旅客无不为之惋惜,不料老人毅然又把剩下的一只也扔了下去。众人不解,老人却从容一笑说:"鞋无论多么昂贵,剩下一只对我来说就没有什么意义了,我把它扔下去,就可能让拾到的人得到一双新鞋,说不定他还能穿呢!"这个故事让我们看到了一位老人所具有的智慧和理智,老人虽然失去了一双鞋子,但收获的是对待生活的那份超越与豁达的态度。一般来说,人们总是飘飘然于拥有的喜悦,而凄凄然于失去的悲伤,老人却以从容的达观之态超越于世人之上。的确,与其抱残守缺,不如舍去,或许会给别人带来幸福,同时也使自己心情舒畅。老人的这种做法令人顿生敬意,也值得我们深思。

中国古典文化中有一个很具智慧的哲学思想,那就是"舍得"。舍就是得,得就是舍,有舍有得,小舍小得,大舍大得,不舍不得。舍与得的关系就如同冰与火、天与地、阴与阳一样,是既对立又统一的矛盾体。作为企业的领导人,在树立个人品牌过程中,就更需要拥有这种舍得的哲学智慧,才能用最有效的资源创造出更大的价值。

"舍"与"得"是企业运营管理的智慧,是久经沙场沉淀下来的淡定与从容,闪耀着一种理性的光辉。面对风云莫测的市场,面对人心叵测的内部管理,"舍"是理性的给予,甚至是放弃,但却能"得"到内心深处的超脱和更长远的发展。

20世纪伟大的质量管理理论先驱约瑟夫·摩西·朱兰在自己的著作《质量控制手册》中提出了"重要的少数"和"琐碎的多数"两个概念。他指出,质量问题往往取决于很少的一部分因素,如果集中精力处理好这些问题,就可以低成本,高效率地规避失误。任何事物,最重要的、起决定性作用的只占约20%,其余的80%尽管是多数,却是次要、非决定性的。其实,所有的成功企业家也都是"80/20"一族,他们懂得用最有效的资源创造更大的财富。因此作为企业领导,面对大量的信息时要做好选择,尤其是在面对同类产品的市场竞争时,更要有清晰的思路,大刀阔斧的割舍也需围绕企业核心价值而进行,而不是面对强有力的对手就方寸大乱,大胆放弃无用的、不利于企业品牌塑造的 80%,抓住关键的 20%,明确企业现在的发展状态,才能用最少的付出获取最大的成功。

马云就是一个具有舍得智慧的企业家。马云经历过三次高考,最后才被杭州师范大学破格收入外语本科专业。毕业后马云被分配到杭州电子工业学院(现在的杭州电子科技大学),担任英文和国际贸易专业的老师。在 20 世纪 90 年代,能当上高等院校的讲师就相当于有了一个"铁饭碗",是许多人求之不得的事。但是马云却在 1995 年毅然辞掉了学院的工作,立志开始创业。之后,马云的经历被很多人当成了励志故事,一个从蹬三轮车送杂志的无名小人物,用了不到二十年的时间成为《福布斯》杂志封面人物。他创建了淘宝商城,创立了第三方网上支付平台支付宝、阿里巴巴,设立了教育基金……马云的经历就像一部励志电影。人生需要做出抉择,在你面对现实和梦想的时候,如果你敢于舍弃一份安详稳定的生活,勇敢去选择拼搏,就能得到一个更有价值的精彩人生。

有竞争就会有成败,不论在企业发展还是个人品牌塑造的过程中,都会经历不同程度的成功与失败。但在舍和得之间的取舍后你会发现,成功与失败只是一个相对的概念。在别人眼中的成功或许对于你来说,并不是真正意义上的成功,甚至是一种失败;而在别人眼中的失败对于你来说却是某种意义上的成功。现实的市场竞争就像一堆杂乱的音符,每个企业、每个人都有自己的位置。一个人的生存状态能否谱写出一支优美的乐曲,而不是杂乱无章的噪音,这一切都要看你的内心是如何看待得失。

《拉封丹寓言》中有一头著名的布利丹毛驴,它面对两捆干草不知该吃哪一捆好,最后不但一根也没吃,还竟然饿死了。其实每个人、每个企业也都和布利丹毛驴一样,在品牌建设过程中,会时时面临着在两捆干草之间做出选择的问题。许多企业在成功之后陷入了盲目扩大的怪圈,而对于中小企业既知"舍得",更应懂得"该放手时就放手",得到之时才会水到渠成,顺理成章,在舍得之间开拓品牌塑造的新天地。

○转变思维,让失败转化为成功

有句话说,"成功与失败的界线就是思维转变"。其实,失败从来都不可怕,世间也不存在绝对的失败,也没有绝对的成功,只有勇敢面对失败并转变思维进行思考的人才能扭转败局,重获新生。

爱马仕从一家名不见经传的马具店到全球知名奢侈品牌,除了靠对待产品的匠心,还与领导者对待时代与竞争的灵活思维息息相关。爱马仕原本只是巴黎城中一家专门为马车制作各种精致配套的马具店,爱马仕本人创业的初衷,就是希望每一匹用过自己制作的马具的马都能够有精致、完美的体验,对待自己的产品从未表现出丝毫的懈怠。但后来,随着交通业的不断发展,马车渐渐退出了历史舞台,爱马仕企业面临将被淘汰的危机。

然而,爱马仕企业并没有被危机打击得不知所措,而是在爱马仕先生的带领下将危机转化为新的商机:凭借在皮革经营上多年积累的经验,爱马仕推出了皮件系列和"马鞍针步"的行李箱,创造了爱马仕精神的崭新风格,使爱马仕脱胎换骨,树立了独树一帜的风格。

转变思维能够助企业一臂之力,转败为胜。对爱马仕而言,失败并非一个终点,而是另一个绝妙的起点。正是适时地转变思维,爱马仕才从失败中创造了新的辉煌。

可见,失败与挑战对企业领导者的成功起着关键作用。失败往往会给人带来挫败感,员工的士气可能因此受到一定的打击。但这并不完全是一件坏事,在危机与失败中以领导者感到危机感,看清自己的团队和企业在市场竞争中所处的位置,能够清醒地意识到自身存在的问题。危机和失败虽然会对企业的发展产生一定的影响,但在危机中很有可能蕴含着新的发展机遇。因此作为领导应该对未来怀有信心,激励员工齐心协力,在困境中转变思维,寻找新的机遇,在失败中总结经验教训,朝着新的发展目标继续努力。

蒙牛集团总裁牛根生曾说过,"闯事业就像是走迷宫"。曾国藩率领湘军与太平军作战,连吃败仗,幕僚草拟奏章中有"屡战屡败"字样。曾国藩大为不悦,提笔改为"屡败屡战"。同样两词,顺序一换,屡战屡败的颓废之师就变成了百折不挠的威武之师。"自古成功在尝试",这就要求我们用良好的心态看待成败,学会换位思考,学会转变思维。思维的力量无比强大,在你感觉毫无出路的时候,一定要多尝试,换个角度思考问题,也许就会看到不一样的风景。成功就在一线之间,在尝试中创新或许会有不同的结果。

企业领导个人品牌维护

◎权利从何而来

○权威型还是魅力型领导

马克思有一句话,"没有无义务的权利,也没有无权利的义务"。因此,领导者在拥有权力的同时,也将肩负相应的责任,权力越大,肩负的责任也就越大。领导者对于自己的权力来源有不同的解释,也有不同的侧重点。然而,在生活与工作环境中我们不难发现,有一类领导者我们称之为"权威型",即他们认为自己的影响力来源于自己的职位;还有一类领导者属于"魅力型",他们认为其影响力来自自身某些美好的品性,如魅力、能力、品德等。

权威型领导善于发号施令,追随者遵照执行,他们将自己的权力或影响力归因于自己的职位,认为这个"角色"已经成为自己人格的一部分,所以会异常注重维护自己作为领导的尊严。于是,他们会刻意地与员工保持一定的距离,仅仅维持合理的工作关系即可,避免与员工过于亲近,不愿与员工透露自己的内心和想法,也不会轻易改变自己的决定和想法。因此,这种越正式、越不带有主观个人情感的行为就越有助于他们领导力的发挥。这种领导给人的感觉往往是含而不露、深不可测的威严和法官般的公平感。

在这方面,汉武帝无疑是权威型领导的典型代表:以绝对权威解决了权力纷争、制度异化、匈奴侵扰,消除了内忧外患,具有一定的优势。但由于太专注于自己的权威,在监控运营、创新冒险、联络沟通、体恤关怀下属等方面都稍逊一筹。

商界领导人通用汽车前总裁斯隆(Alfred Sloan)也是权威型领导的典型代表之一。《财富》杂志这样描述他的管理风格:与手下保持情感上的距离,但他对事实的尊重带动了整个管理层。斯隆尊重企业的每一个员工,但同时又注意与同事保持一定的距离,通用汽车的高级主管风格迥异,各具特色。为了充分调动每个人的积极性,不让个人的好恶影响对企业的经营决策,斯隆故意把自己孤立起来不与任何主管建立个人联系,尽管斯隆是个交友广泛的人。

可见,权威型领导者与下属虽然没有过多的接触或是情感上的交流,但是他们用自己的专业和威信得到了团队成员的认可、信任。这种类型领导者的威信是建立在个人能力与学识基础上的,但这类型领导者也会让人觉得深不可测甚至难以接近,从而导致与属下沟通不畅,进而影响工作的顺利进行。

与权威型领导相反,还有一种领导是魅力型领导。魅力型领导的影响力主要来自于个人魅力,其知识、才干、性格、经历等权利以外的卓越个人品质都是其魅力的重要组成部分。魅力型领导非常注重维护自己的个人魅力,经常与员工打成一片,建立良好的信任关系。他们不喜欢摆架子、打官腔,追求融洽、紧密的人际关系,注重用人格的魅力去影响下属,让员工从内心深处去认可他、接受他。

原摩托罗拉 CEO 鲍勃·高尔文就是很典型的魅力型领导的代表。高尔文被员工评价为"一个正直而平易近人的人"，他的领导风格有浓烈的个人色彩。他在企业中的角色就像是一个父亲，总是会照顾到被经理们冷落的员工，将自己的角色定义为"制度领导者，做一个好的倾听者"。所以，高尔文的这种家庭式管理风格也深深体现在了摩托罗拉的制度与文化系统中。

刘邦也是一个人格魅力型的领导。刘邦之所以能够得取天下，性格魅力给了他很大的帮助，他体恤下属，甚至为了团队统一天下的目标连父母、子女都可以牺牲，可以想象他是抱了多大的决心和多么强大的意志。刘邦曾这样总结自己的成功："夫运筹帷幄之中，决胜千里之外，吾不如子房；镇国家，抚百姓，给馈饷，不绝粮道，吾不如萧何；连百万之军，战必胜，功必取，吾不如韩信。此三者皆人杰也，吾能用之，此吾所以取天下也。"也正是他身上的这种领袖魅力让他可以吸引到萧何、张良等重臣帮助他完成一统天下的霸业。

领导者的地位与权力不是谁授予、指认或委派的，而是依靠领导者过人的智慧和才干赢得的。在知识经济社会的新形势下，企业内虽然仍需要领导威望的存在，但不是居高临下的姿态和对手下员工颐指气使的态度就可以树立领导者的威望，那样只能给员工造成心理上的压迫感或是距离感，并不能真正走进别人的内心。因此，不论是权威型还是魅力型的领导，都要掌控好手中的权力，用自己的能力和魅力在工作中树立自己的威望。这样的领导才更有吸引力。

○不同的领导风格，如何掌控权力

以上讲述的只是两种比较典型的领导者，根据美国哈佛大学心理学博士丹尼尔·戈尔曼的研究，一共存在六种领导风格，每一种领导风格都源于情商的不同组成部分。掌握了四种或者更多领导风格的领导人,尤其是远见型、民主型、关系型以及教练型领导风格往往会营造出最好的工作氛围并取得最好的绩效。

1. 远见型

远见型领导动员大家为了一个共同的想法而努力。同时,对每个个体采用什么手段来实现该目标往往会留出充分的余地。

情商基础:自信、移情能力、改变激励方式。

适用情形:几乎所有的商业。

不适用情形:有个别情况下不宜使用,比如当与一个领导人在一起工作的是一个由各种专家组成的团队时,或者是一些比他更有经验的同事时。

2. 关系型

这种领导风格以人为中心,努力在员工之间营造一种和谐的氛围。

情商基础:移情能力、建立人际关系、沟通。

适用情形:是一种不受时间约束的好方法。下列情况下尤其应该使用:需要努力形成和谐的团队氛围、增强团队士气、改善员工之间的交流,恢复大家之间的信任等。

不适用情形:不宜单独使用。由于这种领导风格千篇一律地对员工进行表扬,所以它可能会给那些绩效较差的员工提供错误的导向,感觉到在这个组织之中平凡是可以容忍的。应该与远见型风格结合使用。

3. 民主型

这种领导方式通过大家的参与而达成一致意见。

情商基础:协调合作、团队领导、沟通。

适用情形:当一个领导人对组织发展的最佳方向不明确,且需要听取一些能干的员工的意见,甚至需要他们的指导时,即使已经有了很好的愿景,也可以从员工中得到一些新的思想来帮助实施这个愿景。

不适用情形：这种领导风格最让人头疼的一个问题就是它会导致无数的会议，很难让大家达成一致意见，所以在危机时刻不应使用。

4. 教练型

教练型领导发展人才以备将来之需。他会帮助员工们确定自身的优点和弱点，并且将这些与他们的个人志向和职业上的进取心联系起来。教练型领导非常擅长给大家分配任务，为了给员工提供长期学习的机会，往往不惜忍受短期的失败。

情商基础：发展别人、移情能力、自我意识。

适用情形：当人们"做好准备"时，这种领导风格最有效。比如，当员工已经知道了自己的弱点并且希望提高自己的绩效时，需要培养新的能力以进行自我提高。

不适用情形：当员工拒绝学习或者拒绝改变自己的工作方式时。

5. 示范型

示范型领导会树立极高的绩效标准并且自己会带头做榜样。这种领导人在做事情时总是强迫自己又快又好，而且他们还要求周围的每一个人也能够像他们一样。

情商基础：责任心、成就动机、开创精神。

适用情形：当一个组织所有员工都能够进行自我激励并且具有很强的能力，而且几乎不需要任何指导或者协调时，这种领导方式往往能够发挥极大的功效。

不适用的情形：像其他领导风格一样，不应单独使用。因为他们对完美的过度要求会使很多员工有被压垮的感觉。

6. 命令型

命令型的领导需要别人的立即服从。

情商基础：成就动机、开创精神、自我控制。

适用情形：在采用命令型领导风格时必须谨慎，诸如一个组织正处于转型期时可采用这种领导风格。

不适用情形：如果一个领导人在危机已经过去之后还仅仅依赖于命令型领导风格或者继续使用这种风格，就会导致对员工士气以及员工感受的漠视，而这带来的长期影响将是毁灭性的。

可见，不同类型的领导风格都有自己相应的优势和劣势。领导者要学会使用权力，如何使用权力是一门技巧，更是一门艺术。领导者权力观是他们世界观、人生观、价值观的集中体现，权力观正确与否直接影响着领导者的领导水平和领导效果。

权力是一把双刃剑，使用得当会让你的工作如鱼得水，若使用不得当则可能影响你的团队发展，甚至会导致失败。所以，想要提升你的威信力就必须学会刚柔并济，权衡你的领导风格，作为领导者需要在工作中不断与团队磨合，在实际的工作中树立起你的威信，建立具有自己风格和魅力的个人品牌。

◎聚拢跟随你的人

○完成角色转变，助人才成长

"人才"一词出于古老的《易经》："三才之道"，即孔子及孔门弟子的《易传》讲："《易》之为书也，广大悉备。有天道焉，有人道焉，有地道焉。兼三才而两之，故六。六者非它也，三才之道也。"《易传》反映了孔子的思想，孔子是讲天才、人才的。可见聚拢人才是一个亘古不变的话题。

为何刘备为了请在茅庐中归隐的诸葛亮出山，宁愿三次去隆中那个小地方？正是因为徐庶和司马徽向刘备推荐了诸葛亮，说他很有学识，又有才能,是可以辅佐刘备平定天下的可用之才。而历史已经向我们证明,诸葛亮为刘备定江山立下了汗马功劳,刘备"三顾茅庐"用极小的代价换回了巨大的回报。其实在某种程度上,这也可以说是个双赢的结局。诸葛亮的才能自比管仲、乐毅,而他需要一个施展才能的平台,而刘备显然是可以给他提供这个平台的人。所以才会有这样一拍即合、皆大欢喜的结局。可见,人才对于任何一个团队或企业都是至关重要的。

那么,究竟什么样的人才算得上是人才呢?让我们一起来看看关于"人才"的定义:人才是指具有一定的专业知识或专门技能,进行创造性劳动,并对社会做出贡献的人,是人力资源中能力和素质较高的劳动者。市场经济下,人才是企业的第一资本,市场经济的竞争最终体现在人才的角逐上。谁拥有一支高素质的人才队伍,谁就有了成功的基础。然而,很多企业在人力资源管理上存在很大的问题,比如对技术人才欠缺激励、对技术人员也没有明确的管理规章等。因此,加强人才管理是企业管理革新的重点,也是当务之急。

每个人一生中都在不停地扮演着不同的角色,不同的形势、不同的时间,转变不同的角色。从职业经理人到老板、从基层领导者到高层领导者、从业务精英到领导管理等等,不同的角色有不同的标准,每次的转变都会受到扮演角色标准的影响。人各有志,人各有性,但是不能完全按照自己的兴趣、爱好、标准去处理事情。角色转变的关键在于封存本性,把自己的原始个性有效保护起来,根据角色要求改变自己的本性。一个企业或团队中的领导,在建立个人品牌的过程中,首先就要完成自我定位的转变,在不同的阶段给自己一个恰当的角色定位,逐渐完成从自我的成长到带领团队中人才一起成长的转变。在一个团队或企业中,领导的角色并不是一成不变的。因为作为基层员工只需要处理好同事与上级领导的关系就可以了。但作为团队领导就需要协助团队和企业去协调存在的各种关系。这也是角色转变的关键一点。

其次，作为团队的领导人需要有一定的决断力，敢于决断、善于决断是作为领导者的必要条件。从某种意义上讲，领导过程是由一系列决策或决断活动所组成的，决断的正确与否关系到领导活动的成败。领导者的决断力尤其体现在机会或危机的处理，以及为团队选择合适的人才上。作为领导，想要留住人才，就要有人尽其用的智慧和慧眼识人的能力。留住优秀的人才，让他们的聪明才智在相应的岗位上得以发挥，不光有利于企业的发展，对人才自身的成长也有积极的帮助作用。领导者带领员工成长是在一个个具体的任务和工作中实现的。作为领导，除了要知人善用，还要辅导培养，给予他们更多锻炼和成长的机会，让下属在一次次的工作中不断提高并完善自己。给员工更多成长的空间，这个企业才会对人才有长期的吸引力。

○尊重人才，激发员工潜能

美国管理学者华德士说过："21世纪的工作生存法则就是建立个人品牌。"

每个人都有各自的个性，价值观也不尽相同。相比于一个冰冷的组织机器，人们更愿意相信一个真实的人、有血有肉的人。互联网时代，信息的公开透明导致品牌没有神秘感，个性化也越来越得到尊重，组织的品牌越来越失去影响力，取而代之的是个人品牌开始崛起，个人的价值被最大限度放大的同时也在创造着巨大的商业价值。

很多人认为，企业成功了老板才成名，老板才有自己的个人品牌。其实这种想法是错误的。有很多人都知道著名的企业家李嘉诚、王永庆、稻盛和夫等人，但却鲜有人知他们的企业名称是什么。我们知道，知识财产的延伸性和生命周期会因品牌而增长，当你的名声、内容开始产生经济价值，而且有意识地经营、开发、保持这种价值的时候就产生了个人品牌。马云个人品牌的成功带动了阿里巴巴企业品牌的成长；张瑞敏的个人品牌带动了海尔的企业品牌。所以，先是老板个人品牌的萌芽，经过一步步的建立，才带动了企业从小到大的发展。等企业取得成功，成为著名品牌之后，企业品牌又反哺于老板个人品牌的提升。所以，一个企业的品牌和老板的个人品牌是相互辅助的关系。因此，具有独特的个性魅力和独特的个人品牌价值，才能吸引更多的人才向你聚拢，以此形成强大的团队力量。

很多领导认为，企业为员工支付薪水，员工为企业效力，这是天经地义的事，还谈什么激励员工？然而问题在于，企业雇佣的不是一双只会劳动的手，而是一个人，这个人在工作上的投入程度必然会影响到企业的绩效。所以，我们经常探讨"企业该如何激励员工发挥自己的个性潜能"等类似的问题。研究表明，人的潜能是巨大的，人表现出来的现实能力仅占其能力的30%，还有70%的潜能未发挥出来。可见，企业要获得发展，首先要做到尊重员工，在工作中不断激发员工的潜能。这就意味着领导者必须更加关注员工的需求，并采取相应的方式灵活应对，创造一种良好的工作环境，尽可能地满足员工的需求。

激励员工的方式有很多，最简单粗暴的无非就是加薪。在一定程度上，适当的奖励机制有利于提高员工工作的积极性。然而，有时候，这种看似直接的方法效果也并不见得就好。因为一个人在工作中获得的快乐和满足是工作能够给予的最大回报，其意义可能远远超过金钱、地位和名誉这些外在因素。为了钱而工作的员工几乎没什么价值，而真正有价值的员工他们工作绝不仅仅只是为了钱。因此，作为企业的领导者，要了解每位员工的现实需求和潜在需求，并针对这些需求的特点采取不同的激励方式，以此来实现激励效果的最大化。

"诚于嘉许，宽于称道"。适时地给予下属真诚的夸奖和赞美是一种"零成本"的激励方式。美国前总统里根曾说过："对下属给予适时的表扬和激励会帮助他们成为一个特殊的人。"所以,一个聪明的领导者善于经常适时适度地表扬下属,这种激励往往会"夸"出很多愿意为企业效劳的好员工。

心有多大,舞台就有多大。一个企业的目标和愿景往往会成为员工的动力及方向,可以让人才感到企业的愿景和自己想要实现的价值是一致的,所以才会有为未来奋斗的动力。作为企业的领导都希望手下的员工有远大的志向,能够为企业的长远发展添砖加瓦。苹果公司前首席执行官兼创办人之一乔布斯,他对待工作充满了热情,对产品追求极致。有人评价他脾气暴躁,缺乏耐心,甚至连自己公司的人都会觉得他这个人很难相处,但这并不影响有一大批人追随在他的左右,原因就在于乔布斯的理念和为企业勾画的前景能给团队以希望。

"投桃报李""以心换心",管理者给予员工充分的信任,才能赢得员工对管理者的信赖。作为领导,应该学会拿捏信任的尺度,给下属一个舒适的信任空间,信任员工并能够合理授权是激发员工潜能的重要方式之一。领导者对员工信而不疑是难能可贵的,以诚待人是留住人才的关键。聪明的管理者一旦给予员工充分的信任,会使员工"离心"的概率大大降低。美国管理学家艾德·布利斯曾说:"当你授权的时候,要把整个的事情托给对方,同时交付足够的权力让他作必要的决定。"这样一方面可以减轻自己身上的压力,另一方面可以让真正的人才有用武之地,让他们的才能得到充分展示。信任员工,适当授权,是在为人才提供一个舒适的工作空间,一个企业想要真正留住人才,就要争取创造出一个"沙发"式的工作环境,而不是把单位搞得像个"铁皮箱子",要让员工得到精神上的满足,尊重人才的精神生活。

企业对人才的尊重还体现在公平制度上。公平对一个企业来说非常重要,它能充分调动员工积极性,让员工看到不论亲疏和职位高低,在这里人人都能受到同等的尊重,拥有同样平等的机会。1965 年,美国心理学家约翰·斯塔希·亚当斯(JohnStaceyAdams)提出一个理论:"员工对自己受激励程度是一种主观感觉，这种感觉来源于自己和参照对象在报酬和投入的比例差异。"员工的工作积极性虽与个人实际报酬多少有关，但与对报酬是否感到公平十分密切。公平感不仅直接影响员工的积极性、动机和行为，而且还会影响其对企业的忠诚度和整个团队的和谐与稳定，进而影响企业的活力、效率和效益。如果失去了公平的机制，干好干坏一个样，甚至努力工作的还不如整天混日子的，那么员工工作的积极性就会大打折扣，极大地影响企业的效率和发展。

一个企业的发展离不开领导者的个人品牌为先导，领导者对人才的尊重和激励是其个人品牌建设过程中的重要体现。领导者需要用个人品牌的独特魅力去吸引人才，用巧妙的方式和方法激励人才，这样才有可能让更多优秀的人才聚拢在你的身边。

◎企业领导的禁忌

○成功不可复制

现实中不乏有许多成功的企业家或领导者，他们已经在自己的领域拥有一定的名气和影响力，也成功拥有了个人品牌，于是就成为许多人争先模仿的对象。其实，个人品牌的打造是有方法论的，不同的人、不同的企业想要建立自己的品牌就一定要有自己独立的思想和符合自身的方法论作为支撑，盲目照搬固化的经验或方法，只能将品牌引入到一个死胡同里。所以，作为企业的领导者在品牌建设的过程中要尽量避免以下几个误区和禁忌，不要被这看似捷径的"捷径"而毁掉自己的个人品牌形象，影响了企业的长远发展。

首先，一些企业，尤其是一些新兴的小企业常常试图模仿或照搬某些大企业的经营管理方式,总是觉得大企业的经验都是先进的,是值得小企业学习的,遇到困难不是根据自己的情况克服,而是一味"学习"其他公司的解决办法,忽略了自身的情况和特色。这种做法是非常可怕的。因为企业越发壮大,就会产生一些"大企业病",比如由于组织机构的庞大而导致执行力的下降等。管理大师明茨伯格认为,制度主义已经过时了,而"灵活型企业"则代表了未来管理的趋势。"灵活型企业"善于解决问题,更有创新意识。因此也更容易在多变的环境中生存。

孟子有一句话叫做"尽信书,则不如无书",意思是读书时候不要完全照搬书中的思想和经验,因为每个人所遇到的实际情况不尽相同,书中所写的只是根据当时所处的环境和特定的条件而得出的经验总结,并不适用于所有的人。况且,当下时代发展变化之快早已不同于从前,因此不能盲目照搬某些理论经验,而是要根据自己的实际情况做出相应的判断和选择。

一个企业也是一样,很多领导都会迷信大企业的管理流程、规章制度等,但是他们忽略了每个企业的经营状况不同,遇到的实际情况更不尽相同,一些所谓的成功经验未必能对每一个企业都行得通。要知道,一些经验和方法都是根据当时所遇到的情况所制订或者总结出的,具有一定的特殊性,一些过去行之有效的方法不一定就适合当下的状况。所以,一味地照搬并不能解决问题,甚至还会让问题更严重。因此必须要用创新的思维,根据自身状况"量身定做"符合自己企业的经营管理方式和品牌塑造之道。

除此之外,固守已有的制度或模式,追求一劳永逸,企图用固有的模式解决企业遇到的所有管理问题,这也是不科学的;通过拉拢关系,搞自己的小团体来增加自己在组织中的影响力,而不愿意用出色的工作来赢得人心等等。这些看似的捷径很有可能会将企业引入歧途,阻碍企业的发展。

著名职业经理人唐骏曾宣称,他的成功可以复制,然而真正能够靠复制某个人的成功模式而取得成功的寥寥无几。

　　每个企业和个人的成功都是由特定的环境和特殊的自身条件促成的，都存在一定的历史和自身的特殊性。我们应该用批判的态度看待这些能够习得的"外来经验"，吸收和借鉴有利于本企业发展的经验方法，摒弃那些无用的经验及方法，逐步探索出一条适合于自身品牌建设和发展的新道路，以此收到品牌建设的最佳效果。这才是智慧的体现。

　　○不要搞办公室政治

　　有人形容职场如竞技场。职场中关系复杂，不论是同事关系还是上下级关系都有可能因"竞技"而变得复杂起来。"办公室政治"对很多人来说是一个禁忌词汇，但它在工作场合却是不可避免的。办公室政治是职场中的"政治"行为，一般情况下，人们将办公室政治理解为办公室的人事及利益争斗。简单来说，办公室政治其实是人与人之间的交流和关系的一种体现，职场上人与人观念的差异、利益的冲突等，都可以看成是办公室政治的表现。

　　政治是一种现实，只要有两个人就会有冲突，有三个人就会有政治。人多的地方就会有政治，一个企业也难幸免。除了一些职场老手习惯于这种不动声色、没有硝烟战火的办公室"战场"，大多数职场人其实并不愿卷入办公室的尔虞我诈中。但现实却是无论你愿不愿意，很多时候都是身不由己。毫无疑问，"办公室政治"会让员工将宝贵的精力浪费在追求与公司目标毫不相干的其他目标上，当人们在观望"谁会获胜"的时候，重要的事情就会被搁置，影响工作效率。

　　但作为领导者，要全面看待"办公室政治"，因为在某些时候它也有一定的积极影响。比如它为高层管理者提供了一个观察下属的机会，可以借此了解主管们是否善于表达自己的观点以及是否足够老练。而且许多高层管理者还喜欢保持一种充满冲突和摩擦的环境，以此来选择最优秀的人才。

　　职场上有句话叫做：大公司做人，小公司做事。公司有一定的规模就会有人际关系,有人际关系的存在,自然就会形成不同的利益群体。随着公司进入一个更大的发展阶段,那么势必就会遇到更多复杂的关系,也会有越来越多的"办公室政治"出现。这就是为什么在大的企业做人要比做事重要的原因。所以,企业领导者为了提升组织敏感度一定要懂办公室政治,但不可以在组织内部搞政治,因为玩弄权术只会加剧公司员工之间的矛盾,从而影响企业的长远发展。

领导者如何看待并处理好办公室政治是一种智慧的体现,也是个人品牌建设过程中重要的一环。在一个团体中,如果大家都拥有同一个信仰,拥有同样的目标,那么这个组织间的利益冲突就会降低。因此,有经验的领导人总是会为自己的团队寻找到一个共同的"敌人",这个"敌人"可能是行业内的老大,也可能就是临街的竞争对手,因为面对共同的"敌人"可以让团队内部的利益冲突减少到最小。除此之外,很多的领导人还会为企业制订一个共同的愿景,以激励员工为了实现共同愿景而努力奋斗。

"办公室政治"很多时候是多重矛盾的体现。矛盾是不可能被完全消除的,我们只能选择尽量去弱化,可以从下面两个方面入手:第一是建立有利于公司的规则,第二是要降低组织内部矛盾的复杂性。减少组织内部矛盾的复杂性,最有效的办法就是集权,当权力掌控在一个人手中的时候政治就相对简单一些。当然不同的企业会遇到不同的情况,需要根据企业的实际情况去做出相应的战略调整。

作为领导者,面对办公室政治,你必须有明确的立场,对公司出现的类似事件勇于做出裁判,学会防微杜渐,掌控好手中的权力,拿捏好处理事情的力度和方式,不要让办公室政治毁掉你的品牌。

○懂得平衡工作与生活

"工作与生活的平衡"所涵盖的问题是,我们应该如何管理生活、支配时间,也就是关于优先次序和价值观的问题。这个"平衡"也意味着我们应把多少时间放在工作上。生活中,不乏有"视工作为生命"的人,对他们来说,仿佛只有工作才是最重要的事情。当下全球经济不景气,失业率上升,拥有一份好工作就显得弥足珍贵,整个社会形成了以"工作优先"的价值标准。

我国企业界很多领导人都是完美主义者,总想把事事做到完美,追求更完美的结果和更高的效益,渐渐地变成了工作狂。心理学家科学分析,认为过高的行为动机、对完美有极致追求其实对工作和健康都是不利的。

我们的社会文化往往过多强调工作而忽视个人生活,甚至主流文化也认为努力工作就是为了家庭的幸福。但是,这种工作生活价值观正在受到挑战。因为随着人们生活节奏的加快,生活范围的扩大,工作和生活的冲突日益明显。再加上近年来"职业枯竭""英年早逝""过劳死""抑郁""焦虑""亚健康""幸福感低"等词语成了现代社会的关键词,也让越来越多的人认识到平衡好工作和生活的关系是如此重要。对于个人来讲,只有做到均衡发展,平衡好工作与生活的时间分配,才能带给人们真正长久的幸福感。

为什么法国人那么"懒"经济依旧发展那么好?或许追求生活的完美并不会对工作造成多大的影响,身心与精神的放松才会有更好的工作效率,甚至会对一个国家的发展有巨大影响。高压的环境虽然会创造一时的高效率,但是,我们要懂得张弛有度才是发展之道。作为企业的领导者,不要把自己和员工的神经绷得太紧,鼓励员工做好时间管理,学会放松,才会更有利于日常的工作。聪明的雇主懂得,企业付薪酬买的不是员工的时间,而是员工的生产力。福特公司创始人亨利·福特是工作与生活平衡的倡导者,他主动缩减员工的工作时间,并强调这不是出于人道主义的考虑,而是出于商业目的,他认为员工必须有休闲的时间才能刺激消费。

其次,要勇敢创新,摆脱旧有思维的束缚。人们的创新往往是从好奇开始的,当一个人对某一个事物产生好奇的时候,就会有强烈的欲望去探索事物的真相。虽然创新的成本远远大于守旧,但是当一个产品、一种商业模式走到了尽头,那么创新就成了唯一的出路。乔布斯有一句名言:"大多数时候,在你没有把设计给用户看之前,用户根本不知道他们想要什么。"没错,很多时候人们的创新往往来自一种直觉,当你习惯了不断挑战自己,不断试验新的想法,你会发现创新的直觉会越来越敏锐,你对未知的恐惧就会越来少。

所以,不要因为害怕失败而因循守旧,畏首畏尾不敢创新。创新意味着可能失败,但是不创新就意味着因循守旧,意味着落后被人赶超。没有哪个企业和个人的发展是靠别人的经验或者根据书本上的理论得出的,而且我们要相信,人的潜力是无穷的,必须要勇敢地突破自己,才会闯出一条属于自己的发展之路。

◎用业绩检验个人品牌

○为什么需要求真务实

"务实主义"一词是美国务实主义(pragmatism)哲学大师威廉·詹姆斯于1906 年正式提出的,此后正式成为一种新型哲学名词。

"务实"是一种积极、严谨的工作作风,就是要看清楚现实条件,把握好机遇,克服困难,找到有效的措施解决问题。当前进之后,又遇到新问题,就再根据当时的条件提出新的解决方案,逐步走向成功。

纵观 "苹果""微软""IBM"(国际商业机器公司)"英特尔""Google"(谷歌

公司)等一些知名的世界品牌,都是靠坚定务实、一心一意打造好产品才取得了今天成功的。"RIM"(移动研究公司)也是务实的企业,即使到了绝镜之时仍在研发 BB10(黑莓智能系统)。这是一种极其可贵的务实态度。

可见企业的发展并不是靠投机取巧,而是需要扎扎实实的埋头实干。作为企业的领导者,既要让员工从企业的发展前景中看到自己的未来,同时也要克服他们内心的浮躁。与其好高骛远,整天把"理想""未来"挂在嘴边,不如将理想变成一个个实际的小目标,脚踏实地地去工作。

任正非在一次高层会议上提问:"我的水平为什么比你们高?" 大家回答:不知道。任正非说:"因为我从每一次的成功或失败中,都能比你们多体悟到一些东西,事情做多了,水平自然就提高了。"

有些企业的领导人认为自己天生头脑聪明,没错,聪明人有很多的优势:逻辑思维强、思路灵活、理解事物的能力快、创意突出等。正是这样,也往往会让他们根据自己的经验和直觉去处理、判断一些事情。然而,正如华为创始人、总裁任正非所说的那样,其实很多事情是需要靠你亲身的实践去完成的,这是一种务实的态度,这种"务实感"会给人们带来可靠与信赖,对品牌的塑造有积极的助力作用。

所以,与其做个不务实的聪明领导,不如做个又聪明又务实的领导,并刻意要求自己倾注更多的心力于"人"与"环境",让逻辑思维能力与务实的历练都能达到一种新的平衡,这样领导能力才会不断提升。

○日本企业的务实精神

说到务实精神就不能不提及日本企业。日本企业所追求的"务实精神""极致精神"举世闻名,产品主要体现在实用性、超前性和灵活性等方面,其核心则是功利性的。日本企业的实用主义色彩非常浓厚,他们认为,企业之所以存在,唯一的理由是能够满足社会需求。所以,针对社会需求而兴办企业是最实在的。

其实,日本人的务实精神有着悠久的历史。在传统社会里,日本人重家族而轻血缘的态度打破了家族血缘关系的封闭性,使人们可以依据品德和才能标准选择家业继承人。异姓的养子、婿养子在改了姓氏之后,就可以进入家庭、继承家业,是否有血缘关系并不重要。反之,如果没有继承和管理家业的能力和良好的资质,即使亲生儿子也可能被剥夺家业继承权。

一些日企在谈项目或寻求合作之前,他们的经营理念驱使他们不要盲目的投资、上项目,一定要经过仔细的调研和市场考察。在谈判中往往会"顾左右而言他",因为大量的调研时间而被合作伙伴所诟病,就连美国前国务卿基辛格也称他们是"经济动物"。

务实精神虽然让日本企业显得谨小慎微,甚至在有些时候过于狭隘,但正是这样严谨的作风才让日本企业少了许多失误,避免了由于经验主义误判而产生的损失。也因为追求务实的作风,日企的市场定位一般都是非常精准的。日本企业文化多是以"实用"为目的,他们强调的是将有用的东西当作工具来使用,带有很强的目的性和可实施性。相反,有些时候,国内的企业崇洋媚外,盲目地引进一些"水土不服"的项目,反而容易导致失败。

务实还体现在灵活地对待和解决问题上,较强的行动力是务实的体现。有一则有意思的小故事:有一个老翁请客,吩咐儿子去集市上办肴蔬果品,到了中午儿子仍未回家,老翁心急地到村口观望,看见儿子在不远处正挑着果蔬担子,与挑担子的货郎对峙着,而且互不相让。老翁赶紧上前百般相劝,仍无济于事,最后老翁挺身而出,脱履解袜,对货郎说:"来来,让我老头下水,替你拖着担子,让你空身过去,再将担子奉还怎么样?"货郎见状深为感动,说道:"老伯不必如此费事,还是让我下田为好!"于是僵持局面被化解了。

可见在解决问题时,一千次的争执和推测都不如实际的行动更能解决问题。这就是行动的重要性。与其在会议室里无数次争执,不如走出去了解真实的情况,做出实际的调研和执行方案;作为员工,与其漫无边际地谈论目标和愿望,不如拿实际的业绩来说话。

一个企业的领导者关系到企业的成功, 更是与领导者所处的环境和曾经的经历有很大的关系。经历是财富、是宝藏,假如没有伴随企业一同成长的成功与失败的经历,而是一味地在一个舒适的环境中看别人去奋斗,那么早晚会被时代的巨浪推倒。所以,企业的领导人应该本着务实的精神吸收和学习一些别人的先进经验,有根据地制订企业的发展战略,而不是仅凭自己的逻辑判断,或是以前的经验而做出所谓的发展战略。与其坐在办公室里苦思冥想,不如与员工在一起做一些实事儿更有意义。

◎利用网络维护个人品牌

○新媒体环境下的领导者的媒介形象

现代社会信息往来之发达已经远远超出了我们曾经的想象。无论我们是抱着抗争还是接受的态度, 来自世界各地的新闻和图片组成的信息流已经重组了我们的精神生活和情感生活,这似乎已经成为一个不争的事实。

著名传播学者麦克·卢汉早就意识到时代变革的本质,他首先指出媒介已经成为常态。麦氏提醒人们应该了解世界上一切文化的变化影响,既看到其革命性的积极效果,也看到由此引发的危机,并努力寻求解决的方案。

华为消费者业务集团首席执行官余承东曾指出:互联网是一种先进生产力,它改变了人与人沟通的方式,从过去广播式的单向沟通到如今的双向互动,消费者的话语权从来没有像今天这样强。可以说,互联网时代对品牌营销、产品研发和改进都有深刻影响。不仅如此,互联网组织和运营更加扁平和高效,沟通精准直达消费者,不管是在电商销售还是信息传递方式都发生了很大的变化。

以互联网为代表的新媒体传播环境为领导者公共形象传播提供了巨大空间。所谓领导者媒介形象是指领导者的人格形象,通过大众媒体传播给大众的心理积淀形象。也就是说,领导者媒介形象是以大众媒体为媒介塑造的公共形象,是大众通过媒体信息传递而感知到的具有意义的人格形象。

公众对领导者形象的认知主要来自两方面:一方面通过对领导者执政行为和生活言行的切身感受;另一方面则通过报刊、广播、电视、互联网等各类媒体所传递的信息了解。在领导者、媒体和公众三者之间,媒体就像一面三棱镜,领导者的工作和生活言行会通过媒介载体在公众心目中形成一种映射,而公众对领导者形象的感知和评价很大程度上来自于媒体对领导者形象的塑造和相关信息的传播。

新媒体传播环境暗含了对领导者形象进行解构的可能,也使得领导者的形象更加接近真实。进入新媒体时代,媒体运行机制发生了很大变化,以社交网络、微博等为代表的新媒体改变了传统媒体对新闻信息的垄断与控制,媒体把关人的能力也逐渐消解。其次,新媒体的发展以一种类似于百科全书的方式,将媒介对外部世界的建构由拟态环境转向了高仿真环境,新媒体的传播以裂变式、滚动化、全天候的方式建构了一个更为公开透明的信息场景,极大地改变了人类社会原本信息不对称的现状,使每个人都可以更为顺畅自由地表达意见、传播信息。在这样一种传播环境中,信息发布权被分散在每个公民手中,媒介话语权逐渐向草根下放,掩盖真相越来越难,民众认知的领导者形象也将越来越接近真实。

作为新时代的领导,必须要重视媒介的作用,好的媒介形象不仅能让大众对企业的领导人产生信赖感,更会因此对企业的产品产生好感,对领导者的个人品牌建设具有重要意义。

○打造你的独特媒体形象

在新媒体环境下,企业的领导者打造个人品牌要具备"顺势而生"的思想,即充分利用互联网带给我们的便利勇敢打破思维局限,为自己和企业打造新的形象,而不是像面对洪水猛兽时只知一味抵制,况且这种"抵制"在当下时代是无效的,反而不利于个人品牌的培育和成长。

如何利用互联网思维打造领导者的个人形象,马云是一个很好的例子。马云从一开始就很懂得如何利用个人品牌形象去打造企业的品牌,懂得如何去争取媒体的曝光度,将媒体为自己的个人品牌建设所用。镜头前的马云似乎从来没有刻意去打造自己的公众形象,但是他的每一次出现总能带给人"出其不意""艳惊四座""语不惊人死不休"的感觉,以至所有的媒体报道都如出一辙地为马云画了这样一幅"肖像":"马云等于狂妄、执着、疯癫的互联网精英"。在这种形象树立起来之后,他便开始了"互联网疯子"般的自我成长之路。

喧嚣的互联网行业,只要你够执着、够创新,你就会是众人瞩目的焦点。可以说互联网行业的很多领军人物都是营销高手,每个人都个性十足,但是有关个人品牌塑造的能力和水平却无人能及马云,他看似无意,实际上颇有心思地将自己的品牌形象树立起来了。

特立独行的马云确实有着与众不同的气质,与腼腆木讷的"技术人才"丁磊的媒介形象相比,马云更像是一个新事业的开创者,而较之颇具炒作盛名的张朝阳,他既没有《男人装》赤裸上身的封面照,也没有"美女与野兽"登山队的大炒作,马云的媒体表现更集中更凝练,马云本人似乎很在乎自己媒介形象的"完整性"。马云的成功之处在于,他打造了一个疯狂的、无可复制的媒体形象:挥着拳头,收紧双腮表达信心,这个形象反复被媒体传播着,这就是他特立独行的形象。这个"互联网疯子"的形象不可能是别人,它被马云占据着、享用着、创造着。毫无疑问，马云独特的个人品牌塑造实现了用最小成本创造最大收益的目的。

不管是马云这样的企业家，还是各种各样的网红，能够真正走进大众视野的都是有独特个性或具有强烈个人标签的人。在"无新闻，毋宁死"的资讯爆炸年代里，"网络+名人"的配合堪比武侠电影里的"英雄配美人"。注意力经济下，一些名人的言论传播速度与放大的比例都是惊人的。所以，想要打造独特的媒体形象，你首先要有独特的个性。互联网时代人人都是传播者，最缺乏的不是群体性，而是独特的个性。

为了打造企业的独特个性，很多品牌的老总纷纷出来为自己的企业代言。比如聚美优品老总陈欧的那条广告宣传片，陈欧在片中突破陈规的形象不仅直接体现了陈欧本身的不畏艰难、勇于突破的创业者形象，更是聚美优品自身品牌气质的彰显；再比如，董明珠的那句"让世界爱上中国造"，不仅让大众深深记住了这个坚毅的"中国阿信式"的女企业家，更对格力这个品牌产生了强烈的好感。可见是鲜明的个性让这些企业的老总成为万众瞩目的焦点人物，让他们所经营的品牌随之成为可信赖、可追捧的对象。这对企业来说无疑是双赢的：一方面企业的老总通过媒体的宣传将自己独特的个性传达给受众，同时大众也通过企业领导人的形象认识了整个企业的个性特征，进而会去接触甚至成为企业潜在的目标客户。

○互联网思维与个人品牌形象

互联网的发展在很大程度上为人们的生活带来了便捷。企业要想做得更好就必须借助互联网思维。比如，万科的商业社区与阿里巴巴合作，通过与阿里巴巴淘点点线上服务平台签约，构建了网络客户端，万科的业主可以实现随时随地自助下单、付款，足不出社区便能享受到餐饮半小时送到家、营业时间至 24 点的便利。从万科的社区商业到购物中心，足见万科的互联网思维应用已落地开花。其社区商业的大力推进，正是不断跟随客户需求的变化，增加客户的扁平化，增加住宅的黏度，已形成不是靠"造房子""卖房子"赚钱，而是靠"管房子"来赚钱的新模式。

学会利用互联网，真正理解互联网思维，让你的目标受众享受到互联网时代带来便捷的同时，借助互联网打造自己的个人品牌形象。很多企业家都已经开始利用互联网与粉丝或目标客户互动，据了解，至今有近百名 A 股上市公司董事长或总经理在新浪微博实名注册并经常发布信息，约占上市总数的 4%，董事长秘书和副总经理级别的公司高管则数倍于这一数字。可见，企业领导都在利用网络与自己的目标群体展开"亲密"的互动。

潘石屹曾说："今天谁能充分利用互联网，谁就是一个超越个人的能量体，谁要熟视无睹、不利用互联网，谁就会落后，就会被这个时代淘汰。"潘石屹自己更是将互联网玩到了炉火纯青的地步：我们在第一章已经提及过，他成功地利用其个人博客和微博推广 SOHO 品牌建立起个人形象，在十多个主流门户网站上落户，只新浪一家网站的浏览量就达数千万、微博粉丝达一千多万，是名副其实的网络大 V。

要学会应对互联网带来的品牌危机，互联网在带给我们便利的同时，一些关于企业和企业领导的不实报道，或是一些关于企业的负面消息会给企业和企业领导带来相关的困扰。所以，我们应该对突如其来的危机做出反应，将危机给企业领导个人品牌形象和给企业带来的损失降到最低。

汶川地震的时候，关于知名企业的社会责任问题和公众人物的人性道德问题，王石和马云及其各自企业受到社会关注和热议。面对社会争议，王石并没有及时澄清事实，而是在微博上采用激进的方式来回应网友的质疑，这样的做法自然不会得到大众的理解，反而会引发更大矛盾。而在事件发生的当晚，阿里巴巴第一时间就在网上澄清了谣言，为进一步化解矛盾赢得了时间。所以，最后的结果就是，马云带着他的阿里巴巴走了回来，而王石却带着他的万科被推进了深渊。

是什么造成了群众对王石如此的口诛笔伐？是什么让王石苦心经营和树立起来的企业形象瞬间崩塌？是什么让马云可以转危为安甚至被舆论所褒奖？在争议面前，受众最想要知道的是事实的真相。王石也许是碍于面子而没有选择澄清，相反马云运用了"自媒体"传播方式回应网友的质疑，借助网民散播、口口相传的方式，既避免了被人指责是"被逼无奈之举"，又避免了"做秀"的指责。

互联网时代，谁有能够吸引受众目光的能力，谁就能够拥有更多资源，谁就拥有更多的话语权。网络虽然是虚拟的，但你与粉丝的互动必须是真诚的。一旦粉丝发现你与他们的互动是不真诚的，是带有欺骗性的，那你的品牌形象将会瞬间崩塌。

互联网时代为我们创造了无限可能，可能性越多机会就越多，当然也会有更多的挑战。作为企业的领导者，需要不断掌握互联网时代的基本规律，珍惜自己树立起来的媒体形象，学会如何通过互联网与大众相处。这是一门必修课。

◎案例：美国大选中的领导人个人品牌塑造

引领品牌开发是企业家最重要的工作之一，不过就个人品牌打造而言，恐怕没人比美国总统候选人更驾轻就熟的了。毫无疑问，希拉里·克林顿和唐纳德·特朗普这场美国历史上最激烈的选战成为人人热议的焦点，一场竞选之战无疑是两位竞选者的个人品牌之战，为营销者提供了诸多宝贵的启示。

○通过设计打造个人形象

希拉里·克林顿和唐纳德·特朗普本就风格迥异，所以在个人品牌的塑造过程中，要抓住自己主要的个性气质，为受众呈现自己想要展现出的那一面形象。

首先来看希拉里，她一直在塑造一个完美的女政客形象，虽然她为提升自己"合格候选人"的形象付出了最大努力，不过很多美国人还是将她视为华盛顿政坛的保守派，并自然地为她打上了"女总管"的品牌烙印。然而在大选时，她开始改弦更张，试图基于直言不讳、面面俱到的风格寻找一条打造品牌的新途径。于是，我们看到了一个崭新的希拉里形象：以自己姓名首字母"H"为基础的简洁竞选标志，以及精心设计的竞选招贴。这一切都彰显出希拉里·克林顿优雅得体、干练、睿智的女政治家形象。

作为一个商人，特朗普毕业于宾夕法尼亚沃顿商学院，20世纪70年代就开始进入地产行业，在价格低迷的时候就开始入手纽约的地产，随后生意越做越大，他本人也以傲慢、高调、浮夸等标签出尽了风头，和希拉里完全不同风格是，特朗普将自己的形象精心打造成对抗正统传统的候选人，并为自己与正统背道而驰深感自豪。他采用的"差异化营销"策略让他以不同以往典型的商界领导者和政客的面目参与竞选，在选民、媒体面前展现了一个过分天性释放的、言辞极端的、自信爆棚的形象。川普最大的才能就是推销自己，不停地夸赞自己，放大自己的闪光点。他走进人们视野的独特方式是：哪件事情高调他就做哪件。他满怀信心地认为他是最聪明的人，而且一定会成功。这样一来就会有自我满足，大家也就相信他可以做到。他极端的说话方式总能让他的竞争对手沮丧无比，有人说："他讲的都是错的，解决不了任何问题，更可气的是他用这样的方式聚集人气"。显然他很自信，而且直言不讳，毫不在乎他冒犯了谁，又或者他的诋毁者在想什么。

○特色故事

政治家的成功也离不开好的品牌故事。一个情感强烈(而且真实)的故事——你来自何方,以及自己的成长背景对你现在工作的影响的故事能让你与客户、员工和同事心灵相通。你的品牌不应仅限于只言片语,也不应该仅限于简短的"电梯游说"。否则,当事情出乎预料时,你的品牌会因此遭到伤害。最佳品牌含有多重互补信息(complementary messages),它们紧密地编织在一起,可以把你引向一个容易开启、复杂而且深层次的沟通。

特朗普算不上一个故事营销的高手,他并没有专注讲述如何将自己引向总统竞选之路的故事,而是将美国目前面临的问题当作自己入主白宫的理由。不过这么做他也错失了将自己的品牌与参与竞选更宏大、更具历史渊源的理由联系到一起的机会。

美国民主党总统参选人希拉里似乎更擅长讲述品牌故事。在加利福尼亚州的超级星期二前夕,希拉里信心满满地说:"我相信,我会取得决定性的胜出。"她谈到了自己的母亲,谈到母亲对自己生活的影响,谈到了最终将自己引向公众服务之路的成长过程。希拉里以女性独有的细腻、敏感成功打造了属于自己的品牌故事,让大众看到了一个更有人情味儿、更丰富的女政治家形象。

○特色服务

在竞选中,希拉里·克林顿品牌的核心优势是她在政府工作的丰富经验,以及自己经过证明的能力——在一个成为自己最佳擂台的政治体系中完成工作的能力。她在对外关系——尤其是美国目前对外关系上的独到能力为身为候选人的她赋予了参选的强势地位。她有能力,而且愿意讨论"如何"化解问题的根源,她想尽各种办法让选民们相信她有能力将美国打造成一个更完美的国度。

与希拉里恰恰相反，唐纳德·特朗普的品牌根植于"非"政府内部人士即商界人士这一背景。他自信且口无遮拦，通过不断言说自己在企业上的成功、谈判特长以及商业头脑给选民传达出这样一种信息："总统应该更像一家公司的 CEO 而不是一国的首脑。"虽然有人认为特朗普的某些言论缺乏具体政策支持，但这种"不正统"的信息却引发了很多人的共鸣，让人不禁想一探究竟。

不管是商界还是政界人士，都需要从评估自己目前的个人品牌形象入手客观判断个人品牌形象中设计成分和自然成分的比例。之后，在品牌营销与推广的过程中重视故事营销的隐形力量，及时评估目前品牌的影响：你的品牌给你带来了你希望的声誉吗？它创造了你希望的环境、带来你希望的反应吗？如果没有，那么就需要从其他角度出发，想方设法打造一个更强大的个人品牌形象。

所以，清楚地了解自己展示出来的品牌形象，并知晓如何利用自己的品牌与竞争对手较量，还要找到一条诉说自己品牌时能激起他人信心的有效方法。你需要将自己的品牌支点放到那些构成自己的价值观以及自己职责的方面上，独出心裁的风格能给你加分，但作用有限。有时候，除了表明自己的立场以外，让人们确知你准备如何达到目标会成为下一个关注点。

◎网红企业家打造

○"网红"老板要有鲜明的观点

在企业发展的过程中，企业家的个人品牌形象起到了相当重要的作用，有鲜明观点的老板无疑会让个人品牌的辨识度提升，同时也会增强自己的个性魅力,让企业有凝聚力。

拥有良好个人品牌的企业家,不管对吸引投资还是提高员工素质都具有积极作用,企业家的个人品牌魅力在一定程度上直接与企业未来发展挂钩。

"网红"老板本身具有丰厚的知识储备和创业经验。企业家升级为"网红企业家"本质目标是让看起来"高高在上"的企业领导者借助互联网的方式贴近消费者,倾听消费者,把个人魅力和品牌有机整合,以情感为载体,化营销为交流。最简单直接的方法就是提出一个掷地有声的观点,而且这个观点要鲜明、个性化、具有个人风格。

福耀玻璃创始人曹德旺坚定地说:"我不做房地产,我不为钱,我捐了八九十亿给中国,我赚的钱也是捐掉。为什么拿我跟李嘉诚比呢? 我是实业家,对那些为了钱的人不屑一顾。"在金融、房地产等虚拟经济如狼似虎的当下,曹德旺的观点可谓是一股"清流"。于是,一个耿直的实业家形象迅速走红网络。

聚美优品的陈欧以"纽交所史上最年轻 CEO"的称号开启了"我为自己代言"的刷脸新时代。从他之后,很多企业家从幕后走到台前,担任起自家企业品牌的形象代言人,把自己的个人生活有意无意地展示在网络大众面前。

品牌建设常被人们认为是企业的活动,与个人没有什么关系。然而面对 21 世纪全球经济发展,越来越多跨国公司的 CEO,由于他们拥有优秀的个人品牌,总是使公司员工和顾客感到与众不同。

个人品牌向他人传达一种积极的期望,它是对别人的承诺,是你在受众中的首要印象。

○没有颜值,制造话题

1997 年,美国学者 MichaelGoldhaber 发表一篇题为《注意力购买者》的文章,他指出:"获得注意力就是获得一种持久的财富。在信息爆炸的新经济下,这种形式的财富使你在获取任何东西时处于优先位置。因此,注意力本身就是财富。"现代社会有这样一条竞争铁律:谁先让消费者知道,谁先让消费者认知,谁先让消费者试用,谁成为热销产品和强势品牌的几率就会比你的竞争对手要高。

互联网时代,每个人都有展示自己的机会,这仿佛是一场全民的狂欢,就连严肃的商业市场也成了色彩斑斓的秀场。在这股新浪潮中,地产、IT、家电等行业的企业家充当了领风气之先的角色。"数字英雄"张朝阳和"地产大佬"潘石屹是新生代企业家中以"爱做秀且善做秀"而出名的代表人物。

或许并不是每个企业家都那么年轻又帅气,靠刷脸就可以拥有极高的辨识度,因此,还需要可以吸引大众眼球的事件来获得更多的注意力。比如京东创始人刘强东与"奶茶妹妹"一波三折的恋情故事就抢夺了大众眼球。夫妻两个一起做网红,无形中为京东赢得了大量的免费媒体曝光量;万科创始人王石和田朴珺的爱情故事自曝光以来争议不断:"30岁的年龄差""亿万富翁爱上三线女星"等话题本身自带大量赢得大众围观的吸引力。随着越来越多人的关注,事件发展的结果就是:田朴珺身价暴涨,万科和长江商学院都跟着沾了光,一度成为网络热搜词,就连时尚杂志都开始跟拍王石,原因是自从和田朴珺牵手后,王石开始走型男路线,上演了一段令人瞩目的"老来俏"桥段。

一个话题的展开会占据网友大量的注意力,相对于话题本身,人们更多的是关注话题背后的那个人。互联网时代,每个人都成了"信息携带者",每个人都是信息的制造者和传播者。在这个言论自由的空间,人人都有权利发表自己的意见,无论对错,人人都可以找到志同道合的"战友",形成一个个的圈子,乐此不疲地讨论着各自关心的话题。所以,话题的制造如何引导人们朝着有利于自己个人品牌发展方向是需要思考的问题。个人品牌的建设需要话题快速"加热"，但最重要的还是一个人的品牌价值，千万不要让没有一些"营养"的话题无端拉低了个人品牌的质量。

○个人品牌与企业形象相结合

企业家想要建设个人品牌，首先要让个人品牌形象有较高的辨识度，找到自己区别于其他人的清晰的定位：专家型企业家或公关型企业家，创新型企业家或传统型企业家，冒险型企业家或稳健型企业家等等，但定位必须与自己企业的定位以及企业家的个人形象相符合。另外，在个人品牌形象定位上也要寻求"差异化"和"标志化"。以知名的营销策划人叶茂中为例，深色的鸭舌帽以及上面叶茂中营销策划机构的LOGO，黑色边框的眼镜，永远不苟言笑的一张严肃的脸，标志性的双手胸前交叉等等，就是叶茂中为自己选择的品牌元素，以便人们无论在哪里都会一眼认出这个形象就是叶茂中。

其次，要正确地定位自己想要吸引的是什么样的人群，即找到自己的目标受众群，并试着去和他们做朋友，可以清楚地知道他们喜欢什么，需要用什么引发他们的关注。成功的企业家在塑造个人品牌形象时总是可以有效地利用自己个性中的独特的部分，而弱化自己个性里与个人品牌规划不符合的部分。由于新媒体的出现，企业家个人品牌的形象甚至与本人有着很大差别，但无论怎样，个人品牌形象的定位都是为企业家的整体形象服务的，必须形成统一的认知才能被大众识别并记住。

联想控股集团董事长柳传志算得上是中国企业家个人品牌里最为经典的了，在其仍为联想集团董事局主席之时，他的个人品牌定位为"IT大佬"，后来顺利实现联想集团的交接班，柳传志退居联想控股集团。我们发现，近年来，柳传志先后又向白酒、农业等方向发展，成功转型为投资家。于是，他的个人品牌定位又顺利转型为"资本大鳄"。这是非常典型的企业家个人品牌定位与企业品牌定位相一致的典范。

　　个人品牌塑造不要刻意夸张而为之，要在不经意间形成个人品牌的独特元素特征，包括外在形象、穿着打扮、气质塑造、仪表仪态、个人标语等都是经过长期的坚持和创造而取得的个人品牌认知。这就需要企业家具备强烈的个人品牌意识，只要是在公众场合亮相，就需要保持自己一贯的风格特征，并在不经意间提到自己的品牌标语。

　　无论企业家个人形象如何有个性，如何有辨识度，依然要以企业的品牌为根基。海尔的张瑞敏、联想的柳传志、阿里的马云、百度的李彦宏、腾讯的马化腾、中粮的宁高宁、万达的王健林、娃哈哈的宗庆后等等，这些名字没有一个不是与企业的品牌捆绑在一起的。显然，企业品牌对于企业家个人品牌的支撑力非常强大，反过来，个人品牌同样可以强化企业品牌的影响力。

○企业家的大情怀和大格局

　　经常能听到罗永浩说"我们是一家有情怀的企业"，"情怀"这个词语似乎已成为罗永浩和"锤子"手机的标签。现实中，我们也看到越来越多的企业家也开始将"情怀"挂在嘴边，时常提及。那么情怀到底是什么东西呢？

　　京东品牌成功的背后有着刘强东的家国情怀。当创始人刘强东成为家喻户晓的名人之后，他积极回报家乡，不但将京东的一些业务落户宿迁，还介绍了当当网李国庆等互联网企业去宿迁投资。在刘强东和京东的极力推动之下，宿迁从全国有名的贫困地区成了全国的电商重镇，打造了以呼叫中心为主的外包服务产业。这可以说是先富带后富，也可以说是吃水不忘挖井人。京东在宿迁投入一亿元用于教育、养老、文化等公益事业，有着积极的社会示范作用，在一定程度上会影响到其他的企业家。如果更多的企业愿意去不发达的地区投资，为当地经济发展做出贡献，就能提高当地的收入水平和人们的生活质量。相比于个人的财富来说，这种大的家国和社会情怀才更令人尊重。刘强东对家乡发展建设和教育的大情怀，使得京东的品牌和他的个人品牌有了温度。

其实,无论是什么样的企业,都不能单纯地为自己、为本企业利益而生存。从根本上说,是为这个社会、为人民、为利益关联方、为环境等多方面而共同生存的。一个有情怀的企业家带领的企业才能够解决造假问题、环境污染问题、偷排问题以及其他违法问题。

企业家除了拥有大情怀之外,还要有宽广的视野和格局。宋代的张载说过:"为天地立心,为生民立命,为往圣继绝学,为万事开太平。"作为公众人物,就要为大众树立起良好的榜样,利用自己的影响力、号召力,多用正面的行为去带动自己的粉丝去做一些对社会有意义的事情,用正面的事件去积累自己的品牌形象,赢得大众对你的认可。

一个人的格局决定了他看待事物的眼光,中国企业家不能站在中国内部看中国,也不能为了获取更多经济利益而不择手段,而是要跳出中国看中国,跳出金钱看发展,这才是大格局的体现。所以,企业家要有独到的先见之明和战略格局眼光,才会有利于自己品牌的积累。

当然光有情怀和格局是不够的,强大的个人品牌还需要有专业的品牌传播策略,才能产生良好的传播效果。现代的企业家个人品牌传播非常倚重互联网新媒体,这就要求企业家个人与时俱进,成为其个人品牌传播的核心力量,带动整个团队共同塑造企业家个人品牌。像潘石屹、任志强、杜子建等微博企业家明星,就是抓住了微博这一新媒体,进一步强化了其企业家个人品牌的形象。

艺人个人品牌开发

艺人面对的困惑

◎做好成为艺人的准备

○负面新闻带来的损害

现代社会物质极大丰富,选择越来越多样化,人们享受欲望和消费的冲动被无限放大,对于精神生活的充实也有了更高的要求。作为精神消费的一个组成部分,明星艺人成为人们关注的热点。铺天盖地的明星新闻中,一些负面新闻也日益增多,媒体和受众貌似非常热衷于"揭露"艺人聚光灯背后的生活。艺人作为公众人物总是需要以良好的形象出现在大众面前,因为他们的个人形象的塑造会直接关系到演艺生涯的长远发展。艺人为大众提供的是娱乐产品,娱乐市场的竞争一点儿不亚于其他行业的市场竞争。因此打造一个鲜明的艺人个人品牌形象,有利于艺人在娱乐市场激烈的竞争中占有一席地位。

艺人不仅是个体的自然人,更是资本重金打造的文化消费符号。艺人不同于普通演员,尤其是所谓的"偶像",其表演具有荧屏前与荧屏后的双重场合。也就是说，在参与制作的音像、影像产品之外，"偶像"艺人在公共空间中的言行同样是整个流行文化产业链的一部分，对其个人品牌的形成有着巨大影响。

明星艺人为企业代言，是个人品牌价值转为商业价值最直接的体现，广告代言人的品牌形象会直接影响消费者对企业产品的认知，同时也会影响营销效果。

企业选明星艺人做广告代言人是一种非常普遍的营销战略，一个著名的人物能将众人的注意力吸引到所宣传的品牌上来，并通过消费者在对此名人了解的基础上做出推断，形成对品牌的感知。因此，在选择广告代言人时，名人要足够有名是很重要的一点。因为能提高品牌的知名度和品牌形象。企业倾向于找个人品牌明显且具有一定社会价值的明星或艺人作为本企业的形象代言人。在消费者心中，影响广告代言人的负面因素非常多，典型的如吸毒、婚外情等，这些对明星的个人品牌打击是巨大的。

我们生活在一个被媒介包围的时代。艺人作为公众人物要十分注意自己的言行，有些言行在普通人中并不是什么大的污点，但发生在艺人身上却会引起轩然大波。比如醉驾，对于普通人来说就是吊销驾照、接受处罚，而作为艺人则要被媒体曝光，受到舆论的谴责，处理不当还会影响艺人的个人品牌形象，很容易让辛辛苦苦积累下来的人气功亏一篑。比如，高晓松醉驾事件，作为一位公众人物，他因为酒驾被抓在媒体上曝光，使其个人形象受到巨大的损伤。好在高晓松的公关团队反应迅速，高晓松本人也在第一时间做出诚恳的道歉，通过后期的一些补救措施才使他的个人品牌形象不至于完全毁灭。然而这一事件已经在社会上产生了不好的影响，这是一个不争的事实，无论再怎样极力补救，都会在高晓松个人品牌塑造的过程中留下深深的烙印。

在娱乐圈中，有些艺人的艺术生涯犹如昙花一现，红的时候风靡全国，但过不了多久就渐渐消失在观众的视野中；有些艺人则在"星途"中游刃有余，一路走来大红大紫，在娱乐圈占有一定的话语权，对此起到决定性作用的就是艺人的个人品牌的营销程度及效果的好坏。因此，明星艺人想要在今后的事业发展中"永葆长青"，就必须注重维护个人品牌，严于律己，避免产生负面新闻，适当地选择并运用营销策略，这决定着他们是否能成为真正有价值的明星，也影响整个娱乐文化的发展和走向。

○人际关系的压力

娱乐圈明星更新换代的速度是极高的，一位明星不可能永远保持超高的人气。演艺圈中不乏由于没有处理好工作与生活的压力，而不幸患上抑郁症的明星，进而无法再继续从事自己的演艺事业。所以，决定选择做艺人这个职业时，就需要调整好自己的心态，能够承受来自外界的巨大压力。

无论是刚出道的新人，还是已经有一定人气的明星都属于公众人物。这就意味着需要面对并处理好更加复杂的人际关系。处理好人际关系会有利于打开艺人更广阔的发展之路，也是艺人个人品牌发展与建设过程中重要的环节。

有经纪人的艺人很多事情可以由经纪人出面处理，这样会避免很多不必要的麻烦。但很多演艺界的新人是没有经纪人的，由于他们年轻，生活阅历少，在处理某些问题上难免会有些冲动。所以在人际关系处理上，稍有不慎就会有处理不当的地方，产生一些负面新闻。

艺人作为公众人物，在踏入演艺圈之前一定要想清楚，我为什么要成为演员，我为什么要成为歌手，我为什么要成为笑星，是因为渴望艺人身上那些闪亮的光环，还是渴望艺人可观的经济收入，抑或仅仅喜欢被粉丝追捧的感觉。如果仅仅是因为艺人表面的华丽——金钱、粉丝、社会地位，那你必定无法在这个行业做长久。毕竟，没有个人品牌支撑的光环终将退去，令人生慕的光环背后也会有阴暗和沧桑。

○是金子总会发光

演艺是一条漫漫长路，任何明星艺人都不可能一出道就能获得良好的职业发展机会。即使有，也仅是些星运极好的人才能获得"一夜成名"的机会。大多数情况下，很多人奋斗了很久，仍旧只是演艺圈的无名小卒。

所以，想要在演艺圈立足，在职业发展的黄金时期做出一番成绩，这背后付出的汗水和坚持是有别于常人的。

个人的实力和努力永远不会被湮没，所有成功的艺人都是因为对自己从事的事业有执着的追求，克服了重重困难，一步一个脚印地走上成功之路的。比如，成名之前的周星驰曾在 1983 版《射雕英雄传》中与吴孟达一起出演不起眼的兵卒，若不留意，很难在剧中看到他们的面孔；周星驰在演戏方面的奋斗经历和他在代表作——《喜剧之王》中扮演的角色极为相似：跑龙套、不被重视、被人嘲笑……但即使是一个不起眼的小角色，他也非常用心地进行理解和塑造。正是这份对演艺事业的专注和热情，周星驰终于打拼出一片属于自己的天地。

周杰伦没出名前在吴宗宪的公司里为人写歌，常常吃住在公司，累了就睡在公司狭窄的录音棚里。一次他一边工作一边哼着自己还未完成的作品，吴宗宪听到后惊讶地问："这是谁的歌？"周杰伦回答："我的！"自此，伯乐千里马一拍即合。在第一张专辑《Jay》中，周杰伦就以另辟蹊径的曲风，天马行空的想象力，对说唱、摇滚两大流行元素的成功驾驭一炮而红。而第一次出手他就参与作词、编曲与和声的编写，充分显示了他在音乐方面不容小觑的天赋。所以，既然选择了这份职业，既然对这份职业怀有热爱，那就要勇敢克服职业道路上的种种不如意，除非你不想成功。

成功之路没有捷径，唯有不断的努力与付出，用自己的才华去赢得大众的尊重与支持,用实力与担当树立自己良好的个人品牌形象。

相信那句老话:是金子总会发光!

○对艺术热情的降低

罗曼·罗兰说:艺术的伟大意义在于它能显示人的真正感情、内心生活的奥秘和热情的世界。

艺术是一种情怀和情感的使然,如果没有情怀就没有长久,如果没有情感就失去了创作的活力。对艺术创造而言,热情和渴望对于一个艺术行业的从业者来说非常重要,它是激发创作的催化剂,有了它就会激发无限的创意。

一个优秀的艺人需要对艺术、对未来有强烈的欲望,这种欲望是他在今后演艺事业发展的动力支撑。很多艺人在体验过成功的光环之后丧失了向前的欲望,从而陷入了创作的瓶颈,渐渐丧失了一个艺人应有的吸引力。并不是他们没有了上进心,是因为他们已经到达了心中的那个顶峰,再没有更高的目标和愿景,甚至不再对这个行业持有新鲜感,开始陷入了自己的套路中无法自拔,再无法去吸引大众的注意。

例如,作为华谊兄弟票房保证的导演冯小刚,他的作品被看作是草根类型的电影,他的电影并没有那么文艺或者高深,而是通过接地气的话语系统和叙事方式直击大众的兴奋点,给大众送去欢乐。而有些时候,"草根"也成了冯小刚的心结。由于不是科班出身,冯小刚总是觉得会在那些"正牌"导演面前抬不起头来,急于想在大众面前证明自己,于是想要从平民路线转型院线大片。但事实证明,他花大制作拍摄的《夜宴》虽然让他跻身于中国大导演之列,却与好的商业电影票房市场还是相差太远,也失去了他电影中最具特色的东西。这样的转型似乎并不利于冯小刚电影品牌的积累。

愿景和梦想的力量会让一个艺术家焕发光芒,即使是思想还不够成熟,技术上还有瑕疵,但大众却能被感动、被吸引。相反,当你的技术和思想已经成熟，而不再有继续前进的动力时很有可能丧失创作的冲动和欲望，甚至成为一种拖累。

电影、电视等艺术产品也是心理、情感的产品，要与时代对接，走进观众的心窝子，挖掘他们的苦辣酸甜，而不是自娱自乐。为何有些明星艺人的经典作品能够保持经久不衰的吸引力？是因为真正吸引我们，让我们为之着迷的背后不光有让人心悦诚服的创意，更有着艺人们的投入与付出，以及他们发自内心的热爱。

◎艺人个人品牌的保鲜

○让你的个人品牌充满个性

一个品牌包括认知度、美誉度和忠诚度三重内涵。艺人作为社会公众人物拥有一定的社会知名度和社会影响力，如何让自己的品牌给人留下深刻的印象，提高自己的美誉度，建立口碑，赢得公众的好感度和好评度是他们建立个人品牌的关键。

在娱乐文化迅速发展的今天，娱乐明星越来越多，有些明星如昙花一现，有些则在"星途"中游刃有余，大红大紫。而对此起到决定性作用的就是对个人品牌的营销策略。艺人个人品牌决定着他的星路长短，也会在一定程度上影响大众娱乐文化的发展。

每个艺人都在想方设法制造话题，通过话题营销的方式获取更多的社会关注度，从而提高自己的粉丝量和知名度。个人品牌营销其实和做人一样，在互联网环境下，明星艺人说的每一句话、做的每一件事都是自我营销的体现，都会为你的个人品牌带来不同程度的影响。所以你要清楚哪些话不能说，哪些事不能做，不然将会瞬间掉粉一片。例如，负能量的内容坚决不能发,只能传播正能量,而且不能在评论里公开与他人争吵,这是特别容易为你的品牌"招黑"的。

每个成功的艺人都有自己的特定的品牌标签,比如高圆圆的"清纯美丽",徐静蕾的"才华横溢",李冰冰的"高端大气"……这些有意或无意打造的个人品牌"标签"是明星艺人对外宣传的出发点。因此在品牌营销方面(包括话题宣传、通稿发布、互动宣传等),任何营销方式和营销角度的选择都是为了艺人的个人形象及个人品牌的塑造。艺人要时刻记得自己的品牌定位,这是标准、是准绳、是目标。

○让真实为你的品牌加分

大众的口味并不是一成不变的,尤其是在互联网时代,人们每天都会接收到大量的信息,收看大量的文化娱乐节目,欣赏水平也随之逐渐提升,但人们的注意力却变得越来越分散。为了吸引大众的注意力,有越来越多的新艺人出现在荧屏和网络里,却不是所有的艺人都能有持久的艺术创作力,今天还是荧屏上的当家花旦,明天就有可能被新进的"小鲜肉"所代替。

那么,如何保持持久的艺术生命力?恐怕"真实"就是最好的答案。艺术理论家麦克思堤·比尔认为:"艺术是能够让思绪看得见的介质。"即思绪本身无法直接通过感官表达出来,除非通过艺术这个介质。因此,我认为,艺术可以通过某种方式把思绪转化成可以直接感知的事物。艺人的作品首先要真实,在作品中投入真实的情感,并让这种情感透过作品迸发出来,用真实的情感去感染观众,吸引观众,引发大众的共鸣。没有真情实感投入的艺人,没有扎实艺术功底的积淀,或许一开始能凭借观众一时的兴奋点赢得大众的追捧,但是,当大众短暂的兴奋点过后,这种艺人的艺术生涯也随之结束。真正能够被大众认知的都是能够全身心投入到艺术中去,并迸发出真实的感染力的艺人,如此才会有长青的艺术生命。

娱乐圈这样形容黄渤:"上帝除了没给他一张好看的脸,其余的都给他了。"为什么黄渤一个貌不惊人的演员却在这样一个看颜值的演艺圈混得风生水起?甚至连林志玲这样的大美女都对他交口称赞。其实黄渤的成功靠的不是哗众取宠,也不是颜值,而是真正的实力,极高的情商,以及他独有的艺术个性魅力。这些因素综合起来,就是他不同于众的、带有强烈自我个性的个人品牌,正是他的个人品牌让他在帅哥云集的娱乐圈显得那么与众不同。当然,作为一名演员,个人品牌的塑造离不开实力的支撑。黄渤塑造的每一个角色都深入人心,从《上车,走吧》里的农民工,到《斗牛》里的牛二,再到《亲爱的》里老实巴交的普通人,每一个角色都有鲜活的个性,真实而感人,这些鲜活的形象也为他树立了独特的个人品牌。

○好奇心让艺人品牌常新

艺人的独特个性来源于对生活的细致观察和独特判断,这需要艺人永远保持一颗好奇心去探索生活中的细节,发现生活中不易被察觉的美。

中国著名舞蹈艺术家杨丽萍对艺术有过这样的阐释:"艺术不是技巧的东西,而是生命的往来。要向生命学习,向自然学习,要学会欣赏自然界的点点滴滴。你说谁是大自然的设计师啊?有一些动物美得都让人难以想象,比如说孔雀,色彩搭配得多完美,谁设计的啊?你看闪电,它那个形状,那么漂亮!雪花也是,它还有造型呢。就连那么难看的毛毛虫到最后都会变成漂亮的蝴蝶,这是为什么?因为自然和生命本身就是一个大课堂。"

对大自然的好奇、对大自然的不断探索成就了杨丽萍今日的艺术成就。如今杨丽萍已不再年轻,却仍旧对一切事物保持一颗好奇的心,她将对生命的领悟对自然的热爱全部融入到舞蹈中,她的艺术生命得以无限延长。

永葆一颗好奇的心,只有这样创意和灵感才会像泉水一样涌出,新的艺术创作激情也会不断被点燃。好奇推动人们去不断地颠覆自己,寻找新的突破;好奇让你像第一次见到这个世界一样,对一切都充满新鲜感。无论是刚踏入演艺圈的新人,还是在圈内摸爬滚打很久的知名艺人,都要学会翻新自己,保持旺盛的创作活力,才会有持久的艺术生命力。因为持久的艺术力是艺人艺术创作的重要源泉。

○沉淀使艺人个人品牌更扎实

艺人在打造个人品牌的过程中,想要得到大众的支持,必须得有扎实的基本功和过硬的本领,而不仅仅是靠华而不实的包装。

在互联网刺激下,艺人们为了出名而不惜一切代价炒作、博出位,想走捷径,渴望一夜成名。但很多时候不但没有达到真正理想的效果,反而还会对自己的个人品牌有所损伤。

国学大师马一浮曾忠告艺术家"请勿轻出"。学艺术是一辈子的事,历代书画家经过长期摸索,总结出一套艺术成功经验,那就是四十年一小成,六十年一大成。只有才气加努力,才能到达艺术巅峰。这是对每一个想要在艺术这条道路上有所成就的人的提醒。"静能生慧,连和尚都懂得找个安静的地方修行,艺术创作更需要平静。"这种平静是能量的积累,只有在平静中积蓄足够的能量,才会有台上强大的爆发力,"台上一分钟,台下十年功"说的就是积累和沉淀。

很多年轻的演员为了出名去接拍一些不适合自己的片子,结果演技没有磨炼出来,反而失去了自己的支持者。与其那样,倒不如先磨炼自己的演技,先修炼好内功,会自然而然地得到大众的认可。虽然这是一个浮躁的年代,有人可以一夜成名,有人可以一夜暴富,但真正可以走得长远的仍然是那些有底气、有实力的人。

造星时代,虽然每天都有大大小小的"星星"闪烁,但那些为名利闪烁的"星星"只会是众多流星中的一颗。唯有保持对艺术的热情,肯静下来沉淀自己,投入真情实感去感染观众,这样的艺人才是天上那颗美丽的恒星。

◎作为艺人的禁忌

○着装的尺度

　　良好的个人品牌形象是艺人成功的关键。艺人作为公众人物,一言一行都会受到大众瞩目。因此,作为艺人一定要注意保持良好的公众形象,有些禁忌一旦触碰对你个人品牌的影响和损害是极大的。

　　然而,很多艺人都是在不经意间触碰了公众的禁忌。比如,一些女明星、女艺人们为了故意用着装搏出位无不绞尽脑汁地与布料做斗争:裙子越穿越短,衣服越来越薄,故意炒作制造话题来获取大众的关注。假若被狗仔队或是别有用心的摄影记者抓拍到不雅照的话,对她们的个人品牌塑造是非常不利的。

　　电影发布会上,蔡卓妍弯腰曲背手捂胸前,排骨身材还生怕走光,这是大明星的做法;而同门师妹郑希怡玩儿空中飞人的时候外裤滑脱,迅速成为当日 YouTube 的全球点击冠军,这是小明星的生存之道。一些二流的小演员偏偏喜欢以走光这样低级的行为吸引大众的注意,以为这样上头条就能有关注度,有关注度就能有更多的机会。但其实这样做只是哗众取宠,或许能够获得一时的关注,长此以往只会让大众觉得趣味低级,到最后还是要靠实力说话。因此,还是奉劝女星们不要触碰这个禁忌。

　　娱乐圈是个百花争艳的地方,还有一大禁忌就是撞衫。明星作为公众人物会经常抛头露面参加各种社交活动,穿着也就成了头等大事,一旦穿不好就会成为大众的笑柄,撞衫那就更可怕了。所以想要每时每刻都保持明星的气质,艺人们还得修炼独特的穿搭风格,让自己看起来更有辨识度,就算惨遭撞衫也能传达出不一样的感觉。

作为艺人一定要维护好个人品牌形象，外在的形象是艺人塑造个人品牌最直观的表达。所以，尽量要在公众面前保持健康、向上的良好形象，这样才会有利于个人品牌的塑造和今后演艺事业的发展。

○整容的陷阱

在这个"颜值即资本"的时代，社会对美的要求愈加严苛，虽说长相不能决定一切，但也在很多时候决定了某些事情的门槛。

演艺圈绝对是个"看脸"的地方，只要有好的容貌或身材，演艺事业也会相对发展比较顺利。所以明星们对于"颜值"是有着极致追求的。

可是长相是天生的，谁也不是天生就长着精致的五官，就算有那也是极少数人。明星们想要上镜更好，让自己拥有更完美的荧幕形象便走上了整容的道路。因此，"整容"就成了娱乐圈中又一个不得不提及的话题。

"要想红，先整容"成了演艺公司包装艺人的金科玉律。韩国的情况尤甚，甚至出现了河莉秀这样从头整到脚、连性别也顺便整了整的奇人。

但是演艺圈有个奇怪的现象：虽然整容已经成为不公开的秘密，但是只要让别人觉得你是整出来的，不是自然美，大众就会觉得你是在欺骗他们，你在粉丝心中的完美形象社会就此幻灭，甚至会因此转而去喜欢别人。于是，整容又成了演艺圈一个不成文的禁忌，整容不是你的错，但你要是让大众知道就是你的错。因此整过的艺人在不断掩饰整过的痕迹，没整过的艺人则到处炫耀自己是"原装"的。这种现象成为演艺圈奇怪的存在。

没有人喜欢丑，也没有人会讨厌美。对于明星来说，在公众面前保持光鲜美丽的外表是他们工作中的一部分。追求美没有错，但相比于整容，明星艺人内在的涵养、气质所散发出的魅力，以及作品的质量更能吸引观众的注意，也更加迷人。

○毒瘾的诱惑

演艺圈工作压力大，也需要获取更多灵感。因此很多艺人以寻找灵感为借口而染上了毒瘾。毒瘾就像是一双无情的手，艺人只要一沾上便会被无情地拉向深渊。于是，多年奋斗打拼的事业、辛辛苦苦树立的个人品牌都会因为这个巨大的污点而被断送，基本上就没有再被大众认可的可能了。

而演艺圈里也总是流传着这个明星涉毒、那个明星涉毒的消息，每个被怀疑的对象都因此遭受了不同程度的鄙视，个人品牌遭到损害。因此，大家都很提心吊胆，生怕自己沾上边，从此星途殒落。可就算是这样，还是有人在毒海里"前赴后继、死而后已"。

艺人社交面较为广泛，面对的诱惑也相对较多，所以近些年来，越来越多的艺人因为禁不住诱惑而染上毒瘾，比如尹相杰、房祖名、张默等等都因一时不慎而沾染上毒瘾，演艺事业一落千丈，几乎没有回旋的可能，因为人们绝不会接受　个与毒品有染的人成为心中的榜样。因此作为一个有理性、能够分辨是非的人，尤其是具有社会影响力的明星艺人，一定要时刻谨记：珍爱生命，远离毒品。

○政治上的禁忌

作为艺人需要有一定的政治头脑，一定不要触碰政治上的禁忌。

艺人首先要明确自己的政治立场，热爱国家，传递正能量，发表公众言论时不要涉及敏感的政治问题。毕福剑的惨痛经历告诉我们：政治意识不强是艺人的死穴。艺人一定要有清醒的政治头脑，不要被一些别有用心的人利用，稍不留神就成为被人利用的工具。一旦触碰到一些负面的或政治敏感性的内容，将会受到大众的指责，从而走向万劫不复的深渊。到那时，不要说继续从事演艺事业，就是连得到普通的工作机会，也会因为之前的污点而变得异常困难。

演艺圈是个复杂的地方，每一条禁忌都有可能成为一个雷区。既然选择进入演艺圈发展，就要以公众人物的要求去约束自己，尽量带给受众一些正面的东西。因为艺人的一言一行已经不仅代表个人品牌形象，还代表了自己所属的公司。想要演艺事业长青，就要注意这些禁忌，时刻注意自己品牌形象的塑造和保持。

◎艺人的低谷期

○正视艺术低谷期

《爱拼才会赢》里曾唱道：人生就像海上的波浪，有时起，有时落……确实，无论是普通人，还是娱乐圈的明星或艺人，都曾有过事业低谷期，一个明星或艺人的艺术生命并不可能总保持在一个恒定的状态，有高潮就会有低谷。

比如香港四大天王之一刘德华，如今的事业已是如日中天，是演艺圈中元老级的人物了，但是早期的刘德华唱歌时也被人讥讽过，演戏也被人封杀过。1984年，刘德华还因为不愿续五年的合约遭长达400天的雪藏。其间，他除了骑马、健身、游泳外，拼命练习歌技，待到解封后，华语乐坛便多了一位长青不衰的天王。

低谷期的梁家辉曾有过摆地摊儿的经历。当年，梁家辉和刘德华一起从无线训练班毕业，刘德华被捧为无线五虎将，而梁家辉却遭解雇。没戏可拍的日子，梁家辉摆地摊儿卖一些用皮条和铜线做成的小手镯勉强度日。

享誉世界影坛的导演李安从美国纽约大学毕业后甚至找不到一份导演工作，进入了人生的低谷期，不得不在家里做起了家庭"煮男"，只能靠妻子林慧佳微薄的收入贴补家用,但李安在这段低谷期并没有意志消沉,而是在妻子的鼓励下继续追逐电影事业。六年里,他每天坚持大量地阅读、观看国内外著名影片,而且还坚持写剧本,丰富的积累让他得以厚积薄发,终于一举成名。他的个人品牌也在渐渐越来越强大,得到了大众的认可。

可见,低谷期对于每个人来说都是最正常不过的事情。人生起起伏伏,经历低谷期并不可怕,可怕的是对自己失去信心,从此一蹶不振。

作为艺人,既要能享受聚光灯下的灿烂与辉煌,也要能经受辉煌背后的冷落与孤独。艺人在建设及经营个人品牌时,难免会遇到一些意想不到的困难。但只要坚定信心,用积极的心态面对并坦然接受上天赐予你的考验,在这段低谷期给自己一个自省和独处的时间,相信一定会为你今后的个人品牌建设增添厚度和重量。到那时,回首这段难熬的低谷,已经成为你个人品牌中一道抹不掉的荣光。

○瓶颈期如何突破

作为公众人物,每个明星或艺人的发展难免会遇到事业瓶颈期。为了突破瓶颈,寻找新的事业方向,于是开始考虑转型。

一些影视明星也许在年轻时会因"高颜值"而有许多机会接演一些角色。但青春毕竟是有限的,随着年龄的增长,再加上更多年轻貌美的演员踏进这个圈子,一些角色并不再适合。所以,常常会因为年纪的问题而失去了机会,导致自己处于一种非常尴尬的境地。这时候,一些还想继续从事演艺工作的艺人们开始纷纷考虑角色的转型,让自己向更沉稳的实力派方向发展。当然,还有些艺人直接转行从事其他领域的工作。

艺人每一次角色的选择和转换都是对个人品牌的再塑造。赵薇算得上演艺圈转型较为成功的艺人之一。从《还珠格格》里古灵精怪的小燕子,到《亲爱的》里悲痛朴实的农村妈妈,从偶像到实力的跨越,从演员到歌手再到导演直至敲钟上市的女企业家……她走的每一步都是在寻求突破自我,使个人品牌更加丰满、立体。

但转型也并不是一件很容易的事情,稍有不慎就会影响到艺人的发展前途和个人品牌形象。比如,范晓萱出道时的个人品牌形象定位为"小魔女",这个可爱甜美的形象赢得了很多粉丝的喜爱,红遍大江南北。但后来她的经济公司认为,二十岁后的女艺人应该走稍成熟的路线。因此开始为范晓萱做形象转型——一个成熟另类的范晓萱出现在大众视野中,但大众似乎并不买账,导致范晓萱的演艺事业渐渐走向低谷,失去了以前的品牌知名度。

所以,艺人的转型要以当初的个人品牌定位为前提,不要轻易转变品牌形象,否则会造成个人品牌的混乱,使自己的品牌认知度大大降低。在转型前一定要做好充足的准备,首先要清楚自己真正想要的是什么,是想要继续在演艺圈磨炼,还是想要挑战自己去做别的事情,还是要回到个人品牌的原点。要知道你自己的核心竞争力在哪里,你以什么样的优势继续立足于演艺圈,或是有什么样的资源和优势去开辟新的事业。其次,转型也不意味着要全部推翻原有的一切,因为一个人的发展是有延续性和互补性的,若将之前和以后要从事的工作完全割裂开来看待一个人的发展是不可能的。因此,要在原有的基础上找到在这个阶段中最适合自己的发展方向。

个人品牌不是一天形成的,是一个慢慢积累的过程。想要转型的艺人要尽量保持个人品牌的延续性,让大众感受到他们是在伴随你一路成长,看到你个人品牌的逐步完善到完美,这样他们才会更加愿意时刻关注你。但这并不是说你的品牌形象必须保持一成不变,这也是不科学的,在不同的阶段就应该做出不同程度的改变,但这种改变是要围绕着你的"主定位"而进行。所以转型也不能急,要充分考虑后再做出相应的品牌策划,这样会更容易获得成功的转型。

○瓶颈期心态调整

作为明星或艺人，有光鲜靓丽的一面，但人不可能总是一帆风顺，当遭遇瓶颈期或低谷期时，除了考虑如何转型以外，首先最重要的是调整好心态，保持稳定积极的心理状态，然后再寻找突破瓶颈的方法，不要因为想要急于突破而进行没有档次的炒作。因为这种无聊的炒作信息也许会在短时间内博取大众对艺人的关注度，但这并不是长久之计，况且，一些恶俗的炒作对艺人的整体品牌形象的塑造伤害极大。

演艺圈是一个复杂的环境，很多艺人因为没有调整好瓶颈期的心态而患上抑郁症，甚至为了缓解压力而染上了毒瘾，这都是因为没有及时调整好自己的心态而埋下的隐患。艺人的生活确实辛苦，需要付出超常的努力，还不一定会有相应的回报。所以不要把荣誉看得过重，把心态放平和一些，多和朋友沟通和倾诉，并用正确的方法去舒缓压力，避免走极端。

我们经常会听到人们在私下里谈论"某人不适合做艺人"，做艺人需要有强大的心理承受能力，能吃苦、肯付出才能在演艺圈生存。其实对于艺人来说，很大一部分压力来自对自己实力的认识不足，或者是没有调整好心态。演艺也是一个需要极高心理素质的职业，因为他们生活在大众的视野范围内，不论是他们的作品还是私生活都会受到大众的关注。除此之外，他们还要处理各种人际关系，时时刻刻在公众面前保持良好的个人形象。

纵观娱乐圈一些发展较好的明星，面对舆论压力他们大多数能很好地调整自己的心态，甚至用自嘲的方式与网友互动。比如杨幂的自黑，林志玲的机智，贾玲的幽默等，都体现出了她们极高的心理素质和情商。所以，面对个人品牌塑造中的困难和挫折，要学会不断地调整自己的心态，平稳、坦然地去应对事业发展的高峰和低谷。

其实，在事业发展缓慢的阶段，正好也是给自己充电的好时机。任何人在瓶颈面前都能在最短的时间内自我调节，并且通过各种方式使自己变得更加充实。在很多时候，读书是一种缓解压力的方式，也是完善自己知识结构和认知结构的过程，通过读书，帮助你找到新的视角看待世界和问题，让自己的心情变得开朗。

艺人打造个人品牌是一个长期并艰苦的过程，做艺人必须学会调整心态，从容面对个人品牌建设和发展中的种种困难。

○当艺人遇上互联网

当艺人遇上互联网，这似乎是一个充满想象空间的话题。

互联网是一个开放的平台，无论是明星大咖还是政界精英，只要你有个性，在这里总能找到适合你施展才华的地方。

互联网的一大特点就是"即时性"，明星们可以随时随地将自己的近况和目前正在从事的活动信息及时推送给公众。对于受众而言，不必天天盯着电视屏幕，而是刷刷手机、浏览网页就可以看到"明星脸"，获取他们的信息，这种效果可不是一天两天，而是很长时间。也许短期可能没有什么感觉的公众，时间久了就会情不自禁地开始搜索相关明星，这对明星们个人品牌的打造是非常重要的。

艺人遇到互联网，或许是一场变革，社交网络改变了传统媒体的命运。明星们不仅在娱乐圈疯狂吸金，而且也在进行互联网相关代言，深入互联网投资。一些聪明的艺人早已发现了互联网巨大商机，陆续成为互联网公司的"霸道总裁"。比如2015年年底，何炅加入阿里音乐掀起一波声浪，随后腾讯音乐的"Music+"计划也吸引了王力宏、加油男孩以及李宇春等明星的入驻，再之后，乐坛老人郑钧加入太合音乐。不久前，乐视音乐宣布著名词人姚谦成为乐视音乐合伙人。

2012年7月以前，鸟叔仅仅是一个韩国饶舌艺人，其影响力甚至都覆盖不了韩国的演艺界。但是互联网却彻底改变了他的命运,通过社交网络他红遍了整个世界,据统计在 Youtube 上他的官方版视频在 3 个月内获得了 4 亿的播放量,给他的赞超过了 390 万次,鸟叔个人的脸书、推特上的粉丝也因此暴增至 150 万和 60 万。后来,鸟叔等通过 Youtube 爆红,再通过推特和脸书聚焦用户,最后通过其他方式(如演唱会、代言等)实现了变现。

互联网创造了一个奇迹,让普通大众有了更多的话语权,甚至可以拥有一夜爆红的机会。从中国第一代"网红"芙蓉姐姐,到凤姐,再到如今爆红的姜逸磊,普通人通过网络的运作也能打造属于自己的品牌,成为大众瞩目的焦点。只要你有足够吸人眼球的技能或才华,就会被大众所认知,甚至追捧。这就是互联网的魅力。

与传统媒体相比,网络传播具有不可比拟的优势,例如:网络资源丰富,获取信息便捷,沟通交流方便,有利于文化融合。然而,网络是一把双刃剑,它既可以让一个艺人一夜爆红,也可以让一个艺人一夜之间名誉扫地。掌控好传播信息的尺度,不要让负面的信息影响了个人品牌形象。一些网络上传播的艺人的不雅照,不仅是对大众的一种误导,更会对艺人的个人品牌形象造成不良影响,甚至会毁掉一个艺人的艺术生命。并且,互联网也是明星八卦的重灾区,为了满足人们的猎奇心理,网络营销参与炒作、抹黑事件,在娱乐圈并不少见,总会用一些不实的新闻,甚至是绯闻的炒作来博得大众的注意,这些不实的信息不仅扰乱了大众的视听,更是让互联网环境变得低俗。

○艺人与互联网企业

艺人要学会利用互联思维树立自己的个人品牌,而不为互联网所累。比如,周迅在被问及大数据营销的时候就曾说过:"担任品牌代言人是一种责任,一方面要对产品负责,另一方面也要对消费者负责,安全、健康、环保,这些关键词是我和团队的原则。因此，大数据的支持非常重要。"可见大数据在帮助品牌代言人与品牌之间找到多维度的匹配关系上起到了决定性的作用。只要正确地利用好互联网，互联网也并不是洪水猛兽。

明星与互联网公司的联姻其目的还是为自己获得更大的利益，并通过新媒体的影响力扩大自己的品牌知名度。当然明星们选择传播平台也是会有他们自己的考虑，影响力、粉丝数量是明星们能变现多少的标尺，渠道的影响力则是明星考虑合作的重要衡量指标。找到强势渠道，将自己的影响力进行最大限度的变现是明星的诉求。

传统的电视传媒具有较强的内容生产能力、强大的公信力，但是它们也必须要面对网络渠道的挑战。虽然与视频网站合作，但还是要面对网络渠道崛起的挑战。因此，明星无论是与视频网站合作，还是自建在线平台都是无法忽视的，这是未来互联网的必然趋势。因此，当互联网吸引了越来越多年轻人的目光时，自然成了一个有价值的渠道。于是就出现《康熙来了》《超级访问》停播后，这些一手打造了经典节目的"电视人"又开始转向新的职业方向——互联网：蔡康永加入《奇葩说》，徐熙娣也在与视频网站频频接触；戴军和李静的身影开始在互联网类活动中出现。

互联网公司为明星带来的不只是人气，笼络住越来越多用户的同时，互联网公司还善于利用各种资本、运营手段将价值最大化。就拿蔡康永加入《奇葩说》来说，它之所以可以吸引到蔡康永的加入就是因为他已经开始厌倦传统的谈话节目，想要寻找新的突破，而选择了形式更为新颖的《奇葩说》。事实证明，由于蔡康永的影响力和专业度，这个节目很快就有了相应的回报：《奇葩说》第三季招商金额是第一季的六倍。可见，这一切对于当红的明星和互联网公司来说都是一个双赢的结果，互联网公司通过网罗明星而补齐自身的短板，而明星们也通过这样的合作带来更多的人气和高额的收益。相信这样的合作还将继续下去。

互联网给人们思维带来了巨大的挑战，也让人们的思想变得越来越浮躁，人们面对海量的信息、众多的娱乐节目和文化艺术表演已经开始不愿意深入去探索更深层次的内涵。演艺圈更是这样，互联网时代很多艺人的眼光更多地放在利润上，而放弃了对作品的磨炼，因而涌现出大量经不起时间推敲的作品。这确实是一个值得演艺界深思的问题。

360 度打造艺人个人品牌

◎艺人的个人品牌包装

○艺人个人品牌定位

一个明星或艺人的走红不是偶然的，但经过团队精心策划和包装是必然的。

娱乐圈里并不是每个艺人都是天生的明星范儿、偶像范儿，他们之所以能够在明星众多的娱乐圈里脱颖而出，赢得大众的接受和喜爱，与他们背后的策划团队是分不开的。许多明星或艺人在初道之时，就会经过专业的策划团队精心打造以及长期的训练和培养，经过策划、包装、营销等一系列手段将他们身上具有的"潜质"不断挖掘、放大，塑造出鲜明、独特的个人品牌。

时代在不断变化，当资源从稀缺走向繁多的时候，人们越来越注重品牌个性，并将品牌个性打造融入到个人品牌塑造中。人作为全新的商品也开始了品牌化的道路，个人品牌塑造根本宗旨就是要找到你的特点和定位。

可以先来看一看谢娜的例子。2006 年年初，谢娜还是一个不温不火的综艺节目主持人，仅仅用了半年的时间她就成了红透全国的娱乐节目主持人。

她究竟有什么样的能量可以用这么短的时间完成个人品牌形象的跨越式转变呢？在后来的一次采访中她坦言："有一个中国最出色的品牌顾问集团在全力为我整合营销！"原来，谢娜成功的背后有一个专业的策划团队在为她的个人品牌做整合营销推广，才使得谢娜在主持界中找到了自己的品牌个性，树立了个人品牌风格。

在娱乐市场的竞争中，从演员到主持人的转变没能让谢娜有所突破，而综观国内娱乐界主持市场，有机敏型的李湘、睿智型的李霞、可爱型的胡可、稳重型的索妮，几位的主持风格雷同，表演特征也比较类似。

随着大众对娱乐需求的越来越旺盛，同质化的主持风格难免让大众产生审美疲劳，这时急需要有风格迥异的主持人出现。于是，策划团队将谢娜定位为"快乐精灵"，与同时期许多女主持人加以区别。谢娜的搞笑天赋在多年的娱乐节目主持中得到了很好的积淀，比如她做了很多女主持人都不愿去做的事情：只要节目需要，她就在舞台上耍宝搞笑，为了搞笑不惜损害形象，为了带动娱乐气氛，更不怕被取笑。她活泼可爱，轻松戏谑，总能迅速带动和感染周围的人，常常逗得观众捧腹大笑，将快乐发挥到极致，在欢笑间带给观众真正的轻松和娱乐。

正是她这种大大咧咧、不拘小节、不做作、不矜持的风格，让她"快乐"的主持风格得以延伸。假如当时的策划团队将谢娜按照普通的"美女主持"的标准去打造的话，以她当时的资历肯定不会在主持界走得那么远。而现在的谢娜不光在中国主持界具有一定影响力，还曾出演了电影、综艺等节目，她以自己独特的风格和品牌个性活跃在娱乐圈。

这就是谢娜个人品牌的与众不同之处，使得谢娜在众多美女主持当中形成了鲜明的个人品牌，搞笑、搞怪、制造快乐成了谢娜的独特风格。所以，塑造品牌艺人首先要有准确的、差异化的定位，才能赢得市场的竞争机会。

○艺人个人品牌与娱乐营销

在日益注重精神消费的今天，娱乐营销正以锐不可挡之势深入我们的日常生活，娱乐营销已成为许多行业吸引消费者眼球、促进消费的一大营销武器。

谢娜个人品牌塑造与推广中，娱乐营销占据了很重要的位置。娱乐营销简单地说，是在整个营销从内容到输出的设计上增加娱乐元素或借助娱乐形式，从情感上打动消费者，让受众萌生喜爱，助推品牌传播。娱乐营销的最大特点就是转变以往传统营销中严肃、呆板、凝重、单方面运作、信息交流渠道不畅等品牌建设不利的一面，而变成一种具有亲和力和互动性的沟通或营销方式。

快乐是人的本能需要，90年代港式无厘头的大肆盛行到如今的草根文化、网红经济的崛起现象，都是娱乐营销的具体表现方式，表现出大众对娱乐的强大需求，从而使得快乐、搞笑逐渐成为娱乐市场关键的内容。

不仅娱乐市场掀起快乐需求高潮，各大企业也以制造快乐为理念，在自己的品牌推广过程中加入了"快乐"的因素。比如，迪斯尼的国内风行，麦当劳的欢乐主张，康师傅绿茶的"好心情"诉求等，带动着整个中国社会需要快乐。所以，在这个"全民需要快乐"的背景下，谢娜的主持风格无疑得到观众的喜爱，这一定位对她今后的品牌塑造是非常有利的。

优秀的品牌概念必须以高品质的产品为基础，而符合品牌建设的完美包装是品牌形象建设和品牌营销的一项工程，在很大程度上为品牌加分。明确了品牌定位后，策划人开始对谢娜进行品牌形象塑造，紧密围绕"快乐精灵"的品牌定位展开：知名的造型师、化妆师把搞笑快乐的元素注入到谢娜的全身，而这种元素一触即发，透着精气、带着灵性，把艺人的品牌主张在形象包装上诠释得淋漓尽致。

品牌形象完成之后，就需要考虑个人品牌的价值问题。尽管谢娜独有的品牌特质在一定程度上满足了国内娱乐市场的需求，但策划人必须考虑谢娜个人品牌的价值。对于艺人价值的认定，准确找到艺人价值的平衡点就成为一个关键的问题，价值过高会让艺人有种拒人于千里之外的距离感，从而影响艺人的长远发展；而价值过低又会影响艺人的品牌价值，达不到想要的效果。于是，在谢娜个人品牌策划中就找到了品牌价值平衡点，即在短短半年时间里谢娜已成功代言多家企业的多种产品：从娃哈哈思慕C到雅客V糖，从成都国际桃花节代言人到杭州国际啤酒节形象大使等，足见谢娜个人的品牌效应越来越强，实现了空前的突破。

○艺人如何将品牌延伸

移动互联网带来的便捷使体验经济正在被放大到极致，体验经济越来越注重消费者的感受，这体现在消费者与品牌接触的过程中，一些企业通过增加与消费者的互动，让消费者体验到真实的产品性能以及产品服务，来增加产品的曝光度，实现消费者与产品随时随地的接触。

同样，对艺人品牌的塑造也要在个人品牌定位清晰的基础上寻求最符合艺人品牌特质的方式进行营销，增加与粉丝、受众互动的机会。增加媒体曝光率是艺人品牌营销推广最重要、最直接的方式。通过让他们高频度地曝光在媒体面前，获得更多的与粉丝接触的机会，制造更多的社会舆论。这是针对艺人进行推广和营销的关键。

谢娜的品牌塑造与推广一直以来依托具有一定品牌影响力的湖南卫视来实现。湖南卫视作为中国最具影响力的娱乐频道，主张"娱乐中国，快乐中国"，而湖南卫视的老牌黄金招牌栏目——《快乐大本营》更是以独有的搞笑、诙谐、活泼的风格具有很高的收视率。谢娜的品牌定位与湖南卫视打造的娱乐媒体主张和风格极为吻合，正是这样一个完美契合的平台，让谢娜与

《快乐大本营》走过了多年的合作之路。当谢娜的品牌形象树立起来以后,针对谢娜自身的特点,又让她参加了《舞林大会》,让她的性格特点更加淋漓尽致地展现出来,做进一步的品牌形象延伸。

随着娱乐市场的不断发展,娱乐公司对艺人的包装往往是以利益最大化为标准的,把金钱利益放在品牌利益之前,也就是说为了赚钱并不会考虑到艺人的长远发展。其实,对艺人个人品牌的打造不仅要关注眼前的利益,还要考虑到艺人今后的品牌延伸,以此赢得更大的品牌知名度,提高他们的品牌影响力。

谢娜个人品牌的标签虽然是"快乐精灵",但当她的个人品牌在公众心中达到一定的认知度以后,谢娜大胆跳出主持界,出书、出唱片、演电影、演话剧。2012年再次与导演赖声川合作,参演话剧《十三角关系》;2013年出演电影《快乐到家》,上映首日票房突破千万。除了在影视、歌舞、主持领域崭露头角外,谢娜也出过书、作过词,这些都为谢娜建立了丰富、多元化的品牌形象,并为谢娜今后品牌价值的延续及提升打下了坚实的基础。

○从谢娜身上看个人品牌方法

从谢娜的例子我们可以看出,艺人的个人品牌策划与营销,首先要找准艺人的特点,给他(她)一个准确的定位,了解他(她)身上有什么个性特点,从性格来看,是温文尔雅型还是活泼开朗,或者是智慧沉稳型,再有就是他(她)有什么特别的才华,是能歌善舞,口才极佳,或者其他特殊的才能,深入了解了艺人的性格特征、文化背景、未来发展方向等,然后有针对性地思考并寻找该艺人的品牌差异化定位。因为差异化是艺人能赢得市场认可,并被大众接受的关键。寻找并建立艺人的品牌差异是区别于他(她)与其他人的主要竞争力,只有差异化做好了,才能找到真正属于自己的受众群体,增加与粉丝及受众群体的黏性,他们就会主动帮你宣传、推荐,形成口碑营销和粉丝群体。

其次，整合艺人身边的资源，增加艺人在媒体的曝光度，将艺人更多有利于个人品牌塑造的层面呈现在大众面前。比如参加综艺节目的录制，甚至是参加与自己专业反差较大的活动(必须是正面的、积极的)，这样艺人的品牌个性会更加丰富，更加饱满，有利于大众去识别、记忆。

最后，对艺人的个人品牌定位一定要有连贯性，不能今天走"气质才女"路线，明天又变成了"性感女郎"型，这样不清晰的定位会对大众造成认知的混乱，失去了记忆点。有了准确的定位，之后的品牌形象的包装、艺人代言的广告、出席的活动等都要围绕定位而展开。

◎艺人个人品牌包装的作用

○包装的重要意义

品牌包装是什么？

"包装"主要包括"产品包装"和"品牌包装"两种形式。"产品包装"主要是针对产品所做的由内至外的包装形式；而"品牌包装"是一个较为宽泛的包装概念，它指的是针对品牌概念所做出的整体的包装，从品牌策划、视觉形象系统、品牌传播、品牌营销、商业环境设计等一系列行为，从而构成一个对品牌完整的塑造体系。所以，"包装"不仅是给产品披上好看的"外衣"，而且能在与消费者接触的各种场合，把产品的特点及个性的光彩以不同形式的载体塑造并推广出去。

品牌包装究竟有多么重要？我们可以举一个很常见的例子：三块美味的巧克力被不同的包装纸包着，第一块用报纸包着，第二块被水果糖纸包裹，第三块被真正的巧克力糖纸包裹着。结果会是什么样呢？第一块巧克力不管有多么美味都不会有人问津，因为没有人相信用报纸包裹的是美味的巧克力，第二个被水果糖纸包裹着的虽然能吸引到人的注意力，但是被吸引来的大多会是喜欢吃水果糖的人，而当他们打开糖纸之后发现里面是巧克力，难免会有一些失落。只有第三块巧克力才能达到皆大欢喜的局面，因为它给了目标受众想要的东西。

这就是品牌包装的作用，正确的品牌包装是可以让目标受众一眼就可以在众多同类产品中发现他们想要的东西，而不是传达错误的信息。

对艺人的包装也是一个由内而外的诠释过程。从艺人的发型、服装、肢体语言等，再到艺人的谈吐、所创造的艺术作品、所代言的广告等，每一个细节都是围绕着艺人的个人品牌建设理念展开的，都应该经过前期精准的策划，进而塑造出一个整体的个人品牌形象。

艺人的包装是为艺人个人品牌建设服务的，也是个人品牌塑造中的重要环节。艺人的外形可以百变，但总是要有一条主线贯穿其中。在宣传推广的过程中，以"刻意重复"的方式不断向大众传递人物的品牌形象，加强人们对他(她)的记忆，直至大众熟悉并接受艺人的品牌形象。

比如对《中国好声音》歌手吴莫愁的包装，我们给她的定位是：国际范儿、百变、后现代、后时尚。那个留着厚厚刘海、古灵精怪的形象给人们留下了深刻的印象：个性十足的刘海，透着灵气的眼神，还有夸张的手势，有特点的嗓音等，都在不断强化着她的品牌定位。无论她的穿着如何改变，选的歌曲如何变化，她的标志性刘海没有变，手势没有变，整体气质没有变，都是按照国际范儿、百变、后现代、后时尚的路线去打造。

不同的艺人有不同的性格特点和个人气质，比如杨钰莹的"甜"，王菲的"傲"，张惠妹的"酷"，孟庭苇的"纯"，齐秦的"凉"，这些都是对艺人气质的理性梳理。但如何让大众切实地感受到艺人的这些气质呢？是通过艺人与大众做情感上的交流，比如通过歌友会、影迷见面会或是微博、微信的互动，当然最重要的还是需要靠作品,用作品与大众交流传达个人品牌的特征。

○新人如何进行个人品牌包装

在现实中,很多艺人的成功是偶然性与必然性的结合,但成功的艺人总是有着自己独到的一面,这种独特性让艺人在社会中有更好的辨识度,同时要加强艺人心态与专业、语表表达能力的训练,更要注重艺人(作品)的推广逻辑、节奏和营销内容以及赢利拓展方面的选择与延伸,并对时代的变化做出最快的反应,这样才能成功地推出新艺人。

新艺人的成败法则并非完全取决于理性和自主,这和自然生物一样,其实也有很大一部分取决于机遇和环境的选择。经纪公司与艺人必须步调一致,才会有和谐的包装和整体形象的打造,这方面至关重要。

对于刚出道的新人更需要品牌策划和包装。新人包装则主要通过以下几个方面去形成自己的品牌个性,提升自己的个人艺术素养:

1. 通过参加剧场、影视剧拍摄的机会,接触一些明星,提高演艺素养,积累演艺经验,借用网络宣传艺人的才华。

2. 利用各种比赛、演出、晚会及电视栏目的机会,使艺人积累舞台经验,同时安排新人参与各类演出,邀请各类媒体为新人做宣传。

3. 为艺人专门打造歌曲,拍摄个性影照,进行全方位的推广宣传和营销。

4. 组织艺人参与社会及各唱片、影视活动,备份人际关系和资源。

5. 通过培训使艺人达到一定专业水准,打造成熟的作品(负责作品的发行和播出),由此真正跻于专业行列,承接商演和商业代言。

6. 参加公益活动,树立良好的形象等。

通过新人期的培训,逐渐找到属于自己的整体风格,开始形成一定的市场号召力。这个时候就可以为艺人选择合适的品牌去做代言,这样既可以让艺人的个人品牌形象更多地在媒体曝光, 又可以让艺人的品牌价值在代言中得到更大的提升。

长期以来，我们对新艺人推广的思考大至都以出名、效益和成长为前提，却很少考虑艺人为什么要"出生"，更少考虑艺人为什么不会成功。于是，很多艺人只能在默默无闻中浪费宝贵的艺术生命，经纪公司也浪费了宝贵的资金。

对于台前的艺人明星来讲，不经过品牌策划包装和品牌发展路线规划以及新运营模式的构建是很难成功的。在许多艺人经纪公司或策划推手的理论中，都深信自己完全有能力自主选择策略，以及有最佳的营销条件来取得成效。只是，他们高估了自己的能力，而忘记了市场才是检验艺人的战场。艺人(作品)主题标签、艺术形式、艺人的形象定位的唯一性以及艺人品牌价值管理才是走向成功的保证；同时艺术作品的唯美性、当代性、交响性、意义性是受众对艺术接受的条件。

○艺人个人品牌包装的层次

品牌包装包括三个层次：首先，每一个品牌都有自己的品牌名称、术语、标志、符号设计等，这属于品牌包装的表层。美国的老牌香烟万宝路，红色的倒"V"字与"Marlboro"字体结合在一起的品牌标志非常醒目，极具视觉冲击力。而一提及万宝路这个品牌，大家都会联想到狂野的西部牛仔，以及男人的那种精明强干、饱经风霜、野性与冒险的气质。这就是由品牌形象而引发的联想，有利于品牌进行深层次的开发。

艺人的品牌形象的塑造也是需要从表层开始，然后逐渐深入挖掘。大众在接触一个艺人时，首先接触到的就是他(她)的外表，比如发型、身高、着装等。比如孟非的光头、吴莫愁的标志性刘海、葛优的小眼睛，这些都是艺人外貌上的特点，也是大众最容易接触到的艺人的特征。因此，我们在对艺人包装时首先要研究艺人的外貌特征，并针对艺人的外貌特征进行放大。

比如，吴莫愁鬼马精灵的形象可以体现在她的妆容上，唱法上也配合整体形象渐渐形成了吴莫愁式的独特唱法，这一切都给大众留下了深刻的印象。无论你是赞赏她个性、前卫也好，批判她标新立异、无法接受也好，吴莫愁的形象就这样深深印刻在大众的脑海里。

再比如凤凰传奇，他们的定位是男女组合，不是对唱情歌，不是偶像艺人。他们这个组合形式新颖，曲目的选择与也都以歌词、旋律朗朗上口为准，并带有很强的民族特色。尤其是玲花的嗓音辨识度高，加入说唱，使这个组合具有极高的辨识度。正因为他们的歌朗朗上口，很适合制作成手机短信彩铃、铃音包以及手机内置客户端广泛传播。所以，凤凰传奇的传播策略就是：耐心地通过新闻、社交网络、音乐网站和视频网站让更多的人听到，慢慢等待歌曲发酵，然后在合适的时机策划事件去引爆。这种传播策略的选择是根据他们的品牌形象及风格制订的。

品牌包装的第二个层次是上升为对产品或服务的担保。一个值得消费者信任的品牌在于拥有消费者信得过的产品或服务，为消费者提供信得过的产品或服务，体现出的是对消费者负责的态度。为什么奢侈品那么昂贵还是有那么多人追捧，因为他们购买的不仅是产品，更是一种品质的承诺。如果第一个层次还是停留在产品表面，那么第二个层次就是要扎扎实实地去为消费者做品质上的服务。

对于艺人来讲，最重要的客户就是你的观众和你的粉丝。很多艺人在有了知名度以后，就会有一种居高临下的感觉，不再愿意和粉丝保持亲密的关系，甚至与粉丝发生口角。这些看似小事却会影响艺人个人事业的长远发展，对他们的个人品牌形象损伤也是极大的。真正的艺术家是很尊重观众和粉丝的，他们从来不会有大明星的架子。因为他们知道自己能有今天的成绩都是大家支持的结果，只有善待观众，并继续提供更好的艺术作品，才能让事业有更长远的发展。所以他们尊重、善待每一个观众，从来不会拒绝任何一个观众和粉丝的签名、合影。艺人这种良好的"售后服务"会让他们赢得更多的支持，也会使自己的个人品牌加分。

品牌包装的第三个层次是超越产品本身物质需求的精神价值。一个让消费者向往和信仰的品牌在于它不仅是产品，不仅有良好的品牌形象，能创造良好的品牌价值，更在于它能上升为一种精神、一种境界、一种生活态度或生活方式。

比如，耐克如今不仅仅是运动品牌，已经上升为体育精神，甚至是一种价值观，成为消费者眼中高端、时尚、创新的代表。耐克广告的一贯风格是：淡化产品，强调品牌文化，注重品牌理念的传达，突出"洒脱""自由""不断追求"的精神境界。这种风格的延续让消费者逐渐把耐克从一种商品升华为一种精神。而艺人给大众的最直接的产品就是他的艺术作品，优秀的艺术作品是可以影响一代人，甚至几代人的，透过艺术作品大众可以感受到其中蕴含的精神力量。那些被传颂的经典之所以经久不衰，就是因为透过作品所传达出的价值理念和所表现出的美感是永恒的，是可以直抵人灵魂深处的，而这应该是一个艺人追求的最高境界，也是个人品牌塑造中最高的要求。

◎炒作的妙用

○炒作与营销

一直以来，人们对"炒作"一词充满反感，把它当作一个贬义词来看待。其实，炒作是一种符合法律法规的正常的营销手段，是有意通过透露某种似是而非的绯闻或异常现象来吸引媒体报道，目的是在短时间内获得最大的传播效应和宣传力度。所以，在某种程度上，炒作是一种"没事找事"的营销。

在品牌建设中,"炒作营销"是一种宣传手段,更是一种常见的营销模式,"炒作营销"是指通过对某些有卖点的人物或事件经过精心的策划包装,吸引公众聚焦,结合网络进行病毒式传播推广,达到营销的目的,将公众注意力转化为销售额,提升品牌资产的营销方式。

在这个信息和知识爆炸的时代,"炒作营销"的存在是有必要的。因为现在的信息更新快,且内容繁杂,使得受众很难找到适合自己的信息,也很难做到去伪存真。其次,一些好的文化产品秉承着"酒香不怕巷子深"的理念,由于自恃清高而不愿意自降身价进行炒作营销,因而很少被大众所关注,甚至失了市场。我们确实需要有一个声音告诉我们哪些东西是好的,哪些好的文化产品需要我们去关注、深入了解。而"炒作营销"就提供了这样一种能够短时间内迅速聚焦大众的机会,在第一时间内找到相匹配的受众,完成和真实市场的对接。

炒作营销一定要找准角度,快、准、狠地直击目标群体的内心,找准炒作卖点,卖点找对了就会收到事半功倍的效果。那么,如何去寻找卖点呢?首先还是要从你的目标消费群体出发,先去研究你的目标消费群体,他们关注什么,他们喜欢通过什么样的渠道获取信息,把这些搞清楚了,后续的方案才会有针对性。你的目标受众就是你的老师,去倾听他们的谈话,去研究他们的所思、所想,从中会受到更多的启发。

无论是对产品的品牌,还是对艺人个人品牌进行炒作营销,都需要先把要炒作的目标对象的特点研究清楚。比如,对某个艺人进行炒作,首先要了解这个艺人究竟有什么样的个性特质?是属于个性张扬的类型,还是沉稳内敛型,艺人的整体包装形象是什么?是活泼搞笑的谐星形象,还是沉稳的演技派。这一切都要在炒作之前有清晰的思路,否则即便制订出了营销策略,也会让人觉得不伦不类,影响艺人的整体品牌塑造。

炒作是把双刃剑,运用得当能起到很好的宣传作用,提高品牌的知名度,运用不当就会让受众反感,不利于品牌的长远发展。我们的生活处处充满炒作的痕迹,某些为了达到宣传目的和金钱效益而进行的炒作充满恶俗、低级趣味,向受众传达错误的价值观,对社会造成了不良影响。但在某种意义上,如果社会离开了炒作,是不是还会像现在一样丰富多彩呢?从娱乐宣传到政治、经济等其他各个领域,无不充斥着炒作营销,没有炒作也就没有如此高的传播效率。

所以,我们应该不是排斥炒作营销,而是应该在合乎法律法规及道德准则的条件下,将好的作品、好的产品传播出去,从而获得一定的经济效益和品牌知名度。这才是对待炒作营销应该有的态度。

○炒作营销的原则及方法

对于炒作营销我们须遵从以下几个原则,并按照有关方法而进行。

第一,炒作营销要有境界和底线。高明的炒作营销是不会陷入低俗、媚俗的泥潭当中,拿没有底线低俗的绯闻、不雅的图片或视频等等进行没有水准的炒作。因为这不仅会对艺人本身的品牌形象造成伤害,更会造成不良的社会影响。比如,干露露母女在做节目时低俗的谩骂,不仅导致整个节目被停播,更导致干露露的事业受阻,要想有出头之日恐怕是不太可能了。而与之不同的是,加多宝通过对灾区及贫困地区的捐款捐赠事件完成了品牌的成功炒作,借助人们的爱国情结,从而建立起良好的品牌形象,提升了加多宝在消费者心目中的好感度。因此,加多宝的销量和品牌知名度也得以迅速提升。

第二,炒作营销要有声音。炒作营销一定要掷地有声,充分利用媒体资源和网络资源,营销炒作最好具有很强的新闻性,能够引起媒体的注意,并主动对事件进行报道以达到炒作营销效果的最大化。其次,炒作的事件要有社会影响力,能引发大众的注意,炒作目的就是为了让某件事或某个人在短时间内受到最大限度的关注。炒作事件必须是能引发大众兴奋点,引发他们对事件热议,甚至参与到整个事件中去成为事件的传播者的,只有这样才能达到炒作的真正目的。如果策划的事件本身并无吸引力,无疑是一次失败的炒作营销。

第三,炒作营销要有奇智,只有出奇制胜才有良好的炒作效果。如今,通过炒作而进行的营销手段越来越多,如,绯闻、选角、丑闻、借人上位、隐退复出、苦情、自夸、慈善、情变、官司、骂战、拒演、辞演、学历、背景等,只有想不到的,没有做不到的。大众早已对各种炒作手段产生了一定的戒备心理,甚至早已能分辨出哪些是娱乐圈的炒作行为,并产生本能的抗拒。因此要想成功地炒作营销就必须有新的创意或点子,让大众在不经意之间被吸引过来。

第四,从旧的事件中找新的营销点。艺人的个人品牌形象是有延续性的,所以有的时候除了寻找新的创意点,还可以从以前的事件中再挖掘出可以利用的点。比如对一个事件的炒作,当一开始的热度已经有一些退温,那么就可以根据该事件而开展延续性话题,报道事件的后续发展,甚至事件发生新的变化,以形成新的热点。

第五,从组合中找炒作点。一个事件能通过炒作而得以成功,一定需要各种因素的互相配合才能达到。有的时候排列组合稍微改变一下就会有不同的效果。所以在炒作时,要充分考虑自己所拥有的资源,思考新的创意,开发新的亮点,这样或许会有更吸引人的创意。

○炒作营销的类型

炒作营销有多种方式,每一种都有它的独到之处。

1. 悬念式炒作。悬念是很多艺术作品中常用的表现手法,是能引发人们关注的最有效的手法,也是炒作中最常用的手法。利用悬念式的炒作手法必须注意两个前提:一是提炼一到两个所谓核心、神秘的卖点,这两个点要足够吸引人的眼球,引发大众进一步深入了解的兴趣;二是根据进度慢慢抖包袱,不要将所有的信息一次和盘托出,说一半留一半,运用在炒作方面也是行之有效的手法。

另外,在运用悬念式炒作时,一定不要为了炒作而故意制造噱头,哗众取宠,这样不仅会引发大众的反感,还有可能会迁怒于艺人。既然制造出了悬念,就一定要好好把后续的内容做扎实,让大众的心理预期获得满足,不然大众会因为内容的落差而产生逆反心理,反而不会起到炒作的作用。

2. 落差式炒作。当有些事情已经深入人心,在人们的心里已经形成了思维定式,如果一旦打破这种定式,就会给人造成一种"失重"的感觉,使人产生强烈的心理落差。落差式炒作,就是利用人们的这种心理落差来引发大众的关注,激发他们的关注热情,甚至旧的元素经过重新组合与改装也会显示出不一样的光彩。比如,郑钧与刘芸现身三里屯与街头艺人一起唱歌就立即引发了大众的关注,小小的摇滚摊位瞬间被挤得水泄不通。因为在人们的印象中,这种很有名气的歌手是不会站在这样一个条件简陋的地方唱歌的,而郑钧的这一举动颠覆了他以往的形象。不管他这一行为是发自内心的真性情,还是在为新作品《摇滚藏獒》进行的炒作,都成功吸引了人们的关注。

3. 傍名人式炒作。作为公众人物本来就具有一定的知名度。因此,借助比自己名气更大的名人品牌效应来炒作会对自己的品牌宣传更加有利。名人效应的关键,是如何借好名人的知名度,而且让大众不反感,这样才能收到良好的炒作效果。有时候,很多景区为了扩大知名度,会挖掘一些曾经在这里住过或生活过的名人,并对他们的故事进行深度挖掘,从而借助名人效应炒作景区,吸引游客来游玩。

借助名人的知名度可以很容易获得大众的关注,但也未必有利于你的个人品牌。克林顿的绯闻女友莱温斯基虽借助与克林顿的暧昧关系博得了大众的广泛关注,名气一夜暴增。但这种不光彩的借力炒作出来的"名气"毕竟是短暂、经不起考验的，一阵热度过后还有谁会在意莱温斯基是谁，只不过是过眼云烟罢了。

4. 揭秘式炒作。有些人为了制造话题和炒作营销的机会，不惜揭露行业黑洞，或利用他人的缺点来突出自身的品牌优势。比如宋祖德就是靠揭露娱乐圈的种种黑幕和对明星、艺人的种种评论把自己炒作成名人的。

当然，除了以上提到的炒作营销，还有其他更多的炒作营销方式，比如双簧式炒作、争议式炒作、借势式炒作等。对炒作方式的选择，需要娱乐策划人根据自己的项目特点和项目规划进行合理的运用，只有好的炒作，才能为收到更好的效果。

◎媒体选择策略

○新媒体与主流媒体下的"媒体曝光率"

"媒体曝光率"是指个人、企业和机构等在各类媒体上出现的频率。一方面，通过在媒体上频频亮相，个人、团体或企业等能获得较高的社会知名度；而另一方面，"媒体曝光率"是一种珍贵的稀缺资源，因为媒体所能涵盖的报道范围常常受报纸版面容量和电视播出时间等某些因素的制约，只有少部分的人或事才有机会成为媒体报道的对象。

如今，以互联网为代表的新媒体已经成为一种不可忽视的力量，它的出现为艺人与粉丝进行互动提供了良好的平台。互联网的最大优势就是传播速度快，成本较低，且具有很强的互动性等。虽然新兴的网络媒体开始逐渐威胁到主流媒体的地位，但是目前来看，艺人的新闻能登上主流媒体仍旧是经济公司打造艺人的首选，主流媒体的公信力和权威性仍然是不可撼动的。主流媒体为了应对新媒体的挑战，也开始逐步调整自己的脚步，采用策划性采访报道手段,以提高自己的传播速度。

在互联网时代,艺人拥有比以前更多的平台发布自己的信息,也拥有了更多的曝光率,实现了与大众和粉丝的沟通。网络传播成为一个普遍的传播手段,尤其是如果艺人的新闻上了搜索榜的头条,就会有更多的网站转发艺人的新闻,影响力可想而知。但有时,由于媒体过多,信息过剩,反而会使受众忽略很多信息。如果艺人的独家报道上了主流媒体,将会极大地提升艺人个人品牌的传播效果,尤其对一个新的艺人来说这是绝好的机会,有了第一次的采访和报道,就意味着艺人已经开始引起主流媒体的关注,就会有更多被采访机会,主流媒体的公信力会让大众相信这个艺人是有实力的,值得被追捧的,进而会对这个艺人的个人品牌产生好感,并会继续跟踪这个艺人的信息,进而成为他(她)的忠实粉丝。

当然除了主流媒体的曝光度,策划人还会让艺人参加综艺节目。因为综艺节目不仅能增加艺人的媒体曝光率,而且在节目中还有机会充分展示自己的个性和才艺,因此更丰富、更有层次感。所以,新晋艺人应该多争取上综艺节目,让个人品牌形象更多地被大众所接受,这样更有利于未来的星路发展。

所以,艺人在打造个人品牌影响力的时候,需要学会善用新媒体与传统媒体两种传播媒体组合传播,除了要保持在传统媒体的曝光度,也不要忽视主流媒体对艺人品牌传播的重要性。以前,一般情况下营销公司会帮助艺人打理宣传方面的事宜,帮助艺人撰写宣传稿并发放给宣传媒体。而如今,新媒体的诞生让营销公司不仅需要打理与传统媒体的关系,还需要处理与新媒体之间的关系。所以,现在大部分的公司开始选择专业的宣传公司,帮助艺人的个人品牌得到更好的宣传。

○自媒体与艺人个人品牌

现在很多人在谈"自媒体",什么是"自媒体"？有人说自媒体就是微信,有人说自媒体就是微博,有人说自媒体就是微信公众号,还有人说自媒体就是手机媒体。其实,自媒体就是一个传播渠道。当个人建立了一个传播信息的渠道,那就拥有了自媒体。

选择不同的媒体,就会有不同的宣传策略,宣传策略的选择要围绕艺人的个人品牌定位展开。对艺人的媒体宣传策略也要考虑到新媒体的影响,有的营销公司会帮助艺人打理微博、微信账号,也有艺人选择通过自媒体来宣传自己,通过微博、微信等社交网络与大众和粉丝分享他们工作或生活的点滴,实现与粉丝的互动。

我们可以从陈坤和黄晓明这一对同班同学的微博中看艺人是如何运用自媒体实现个人品牌传播和荧幕之外品牌形象塑造的。

2013 年是中国音乐选秀节目火爆荧屏的一年,也带动了导师、评委们的人气。而黄晓明和陈坤两人分别在《中国梦之声》和《快乐男生》两档选秀节目中亮相,不仅抬高了选秀节目的人气与关注度,也通过选秀节目重新将个人品牌形象塑造了一番。黄晓明在《中国梦之声》中大秀明星风范,发表"二二更健康"宣言,成功地将曾经的负面标签转化为正能量。而陈坤则在《快乐男声》中不断宣讲"行走的力量",以及他的人生信条"听自己的声音看自己的内心",试图在甩掉偶像包袱的路上走得更远。

可以说,这两位明星的转型都是较为成功的,不同的个性和兴趣爱好让两个人在微博中的内容也呈现了不一样的特色。除却演员、歌手、摄影、艺术等这些相同的标签,陈坤的标签还有编剧、出版、佛教、阅读、自由,黄晓明则集中为段子、冷笑话、幽默、八卦、90 后和宅。而在内容上,陈坤与黄晓明所关注的点也不同,陈坤因为加入了行走的力量公益项目,在微博中多是有关行走以及心灵成长、宗教信仰方面的分享。反观黄晓明的微博，除了工作人员、电影、导演、抢镜、微访谈、狗仔等与演艺生活相关的关键词，更多地出现了父母、朋友、老师以及快乐、支持、感谢、帮助等词汇。可见，艺人的个人品牌是有延续性的，即便是在社交网络里两个人的个性特征也是相当明显的。

再来看看两个人的粉丝影响力，陈坤和黄晓明两人的活跃粉丝群中，性别和年龄的分布极为接近：女性约占四分之三，普通用户占到八成，这样的比例明显高于微博上用户性别分布和用户类型分布的统计平均值，说明女性普通用户对二人都有较强的关注倾向。在粉丝年龄分布上，90后粉丝数量最多，约占七成，且粉丝偏好度远高于微博用户年龄分布的统计平均值；80后则远低于平均值，70后更低。而陈坤的粉丝整体平均年龄比黄晓明的粉丝平均年龄略高。从最受粉丝们关注的媒体账号排行看，陈坤的活跃粉丝看起来更关注时事政治，他们关注了《南方周末》《美国国家地理》《三联生活周刊》等相对严肃的媒体账号；黄晓明的粉丝则似乎更青睐轻松娱乐的信息，更多地选择关注了各种微吧以及湖南台的综艺节目，如《百变大咖秀》等。

所以，可以看出他们各自的影响力，陈坤如果参与西藏或是佛教类相关的节目会有不错的影响力；而黄晓明则适合受众年龄稍微年轻一点的时尚、综艺类的节目。这就是数据分析带给我们的结果。

社交媒体是一个放大镜，艺人在社交媒体上所展示的内容与艺人的个人品牌形象及塑造息息相关。社交媒体上的普通用户可以从其言语洞悉其性格进行大数据分析。分析明星账号，我们可以得到一些经验的总结：艺人的账户只有不断地、持之以恒地去打理才会有成效。因为粉丝和影响力的形成并不是一朝一夕的，需要不断地进行积累、不断地与粉丝互动才会有所收获。其次，艺人在社交网络上的个人品牌形象越鲜明就越有利于获得稳定的粉丝和稳定的口碑。大多数艺人都会通过参与公益活动来展现作为公众人物的社会担当，陈坤就是通过参加行走的力量这样的公益活动来提升自己的社会影响力的。

○运用娱乐营销扩大传播效果

在日益注重精神消费的今天，娱乐营销已成为许多行业吸引消费者眼球、促进销售的一大营销武器。传统的营销过程是：先有商品，然后将商品的所具有的特点归纳成传播点，再通过大众媒介传播给受众。而娱乐营销则是先让受众知道产品的名字，再看到产品，造成一种"未见其人，先闻其声"的效果。比如，一些电影上映前，总会组织策划各种各样影迷见面会或是新闻发布会，这些预热活动不仅吊起了大众的胃口，更提高了大众对娱乐产品的心理期待。因此会产生意想不到的效果。

而想要达到被大众广泛传播的效果，最好的形式是让大众口口传播，也就是口碑营销的传播模式。传统营销模式是通过媒体的投放来提升艺人的知名度，而这种模式费用高，影响周期短，因此并不是最好的方式。娱乐营销中，艺人主动对社交媒体进行打理，很多艺人都已经开始利用新媒体制造话题而大获关注度。娱乐营销传播不需要太高的成本，需要的是制造话题，而不是去向目标受众重复产品的特征。相比于传统的营销方式，娱乐营销通过轻松娱乐的方式力求达到一种成本低、影响力大，传播周期较长的传播效果，这是因为人际传播与自媒体传播的主体是人，只要有好的内容传播出去是不需要花费一分钱的，而大众传播媒体载体是媒介，媒介的投入是需要大量传播费用的，而且还不一定能达到预期的效果。

娱乐营销传播之所以能产生如此好的效果，是因为在精神层面上使目标受众受到了影响。如果一个话题是有趣的而且是积极的，人们就会很乐意去分享这样的信息，而被分享者也很乐意倾听，并将信息继续分享下去。这样的传播过程我们称之为"主动关注"或是"主动传播"。一旦周围的人都在不断传播话题，这些人就成为某件事情的"人肉媒体"，进而会形成"围观效应"。

因此,在制订艺人的媒体选择策略时,除了要针对主流媒体制订投放策略,还需要考虑如何去制造话题,让粉丝或大众有进一步传播的欲望。这样的传播效果甚至要好于在传统媒体上的投放。

◎掌握处理品牌危机妙招

○当危机到来时

正所谓"好事不出门,坏事传千里",艺人作为公众人物,难免会有负面新闻和报道,而一旦负面消息传出,就有可能危及艺人的个人品牌形象。因此,这就需要面对危机进行快速反应,掌握一定的个人品牌危机处理方法,尽可能将艺人个人品牌的影响降到最低。

很多明星出现负面事件后,经纪人、助理或亲朋好友都会选择用沉默的方式面对,对媒体的采访置之不理。当张默吸毒事件曝光后,张默的个人品牌受到了严重的威胁,作为父亲的张国立在第一时间通过媒体发表声明,承认错误。尽管有打亲情牌的嫌疑,甚至有的人说张默已经是一个成年人,躲在父亲的羽翼下就更显得失败,但是不得不说张国立的处理是得当的,张国立不但没有选择沉默,反而在儿子吸毒的丑闻还没有被扩散的情况下就发表诚恳的道歉。这种负责任的做法无疑会获得大众的赞同和理解。

相反,假如面对负面新闻对自己的行为遮遮掩掩,反而会引发大众的不满,甚至会对个人品牌形象造成难以挽回的影响。比如 2008 年,周杰在开车回家的路上撞上一辆出租车,撞伤三人,事发后周杰弃车而逃,直到 12 小时之后才露面接受处理。周杰称当时是因为出事后感到身体不适,前往医院检查治疗才离开现场的。弃车而逃的行为加上此前负面消息的累积,以及周杰叫嚣"本来是起普通事故,骂我逃逸,没良心!没人性!我也同样是受害者"的诳语,让他良好的公众形象瞬间崩塌。假如周杰可以在事发之后及时出来向公众道歉,承担起自己应负的责任,探望伤者,主动配合警方的调查,就不会导致个人形象一落千丈,失去了往日的影响力了。

可见,面对个人品牌危机的时候,快速做出反应是最有效的办法,争取在第一时间将整个事件的来龙去脉公之于众,给大众一个明确的答复,这样既能消除大众的疑惑又防止了事态的扩大,也会对艺人个人品牌形象的挽回和保护起到一定的作用。相反,若面对危机躲躲闪闪,只会引发大众无限的猜想,将话题越炒越热,甚至使危机朝着更加恶化的方向发展,达到不可收场的地步。这样的做法对艺人的个人品牌塑造是极其不利的。

处理危机一定要把握好最佳时机,一旦错过处理危机的最佳时机,事后再去挽回不仅要耗费大量的金钱和精力,关键是有些形象一旦形成就是不可逆转的,花多少钱去做宣传,向大众道歉都于事无补了。比如上面提到的周杰事件,他不但没有把握住危机公关的最佳时机,反而在公众面前表现得傲慢无礼,对自己的个人品牌形象造成了不可逆转的影响,不得不说这是一个深刻的教训。

当年张柏芝遇到艳照门的危机时应对得相当得体。首先是在访谈节目《志云饭局》中提及艳照门事件时,袒露心声诚恳地表达了自己有愧于观众和粉丝,并表示一年来都在惩罚自己。当一个人诚心地表达歉意并表示愿意改正时,大众是很容易接受她的道歉的。通过这几年个人形象的重新塑造,张柏芝已经从之前的小太妹形象成功转型为一个坚强、独立的单亲妈妈形象,完成了个人形象的转变,个人品牌影响也在逐渐回升。

○坦诚面对危机

面对负面新闻的产生,很多人想到的就是利用技术手段将这些负面消息遮盖或者删除。这样的行为一旦被媒体曝光，就会有欲盖弥彰的嫌疑，反而更不利于消除大众的疑惑，解除负面消息带来的影响。所以并不是一种聪明的做法。

艺人面对品牌危机时，除了要抓住危机公关的最佳时机，还必须做到与公众坦诚相对。因为坦诚至少说明你并不是在愚弄大众，而是以正确的心态去面对危机、解决危机，尽量获得大众的理解和支持。在面对大众的质疑和猜测时，唯有坦诚的心态才能让人信服，谣言和传闻也将随之退去。

当年，张曼玉与梁朝伟拍完《花样年华》之后，频频与梁朝伟传出绯闻，甚至被别人指责为小三，但张曼玉并没有公开反驳。在一次金马奖的颁奖典礼时，她把事情抬到了桌面上："我一个人颁奖太冷清，希望有人和我一起来颁奖。"当主持人陶子问起人选时，张曼玉称："要我选，当然是梁朝伟和刘嘉玲，金马奖这么高的收视率，我一定要在这台上讲得清清楚楚。"如此坦然直接地面对"绯闻""小三"的传闻也就不攻自破。

应对谣言最有效的办法就是将事实摆在大众面前，让谎言和猜忌不攻自破。坦诚是应对谣言的最佳良药，有些事情你越是掖着藏着就越是会引发各种传言，倒不如坦诚相见，把一切抛给大众，这样谣言自然没有存在的机会，你的坦诚也会赢得大众更多的支持和理解。

作为公众人物，首先一定要摆正自己的心态，不断地提升个人素质，并且以一种平常的心态去看待成名，看待大众给你的荣誉和信任，危机出现之前把危机扼杀在摇篮里，尽量避免危机的出现。比如上文提到的，周杰在遭受大众的质疑后竟然吐出这样的苦水："没有人帮我危机公关"。周杰的遭遇看似有些冤，因为明星也是人，也会有犯错的时候，虽然明星有经纪人，可以有专业的团队为他们做危机公关，但是危机公关并不能解决所有的事情，有些危机突然降临，把所有的事情都交给公关公司去处理显然不是明智的选择。

所以，艺人在公众面前应注意自己的行为，遵纪守法，做好表率，才能维持好自己的个人品牌形象。要知道，负面新闻为艺人的个人品牌带来的危机是巨大的，一旦处理不当，就会让大众对你丧失永久的信心，你的品牌公信力也会大打折扣，甚至会瞬间崩塌。与其事后声泪俱下地控诉和道歉，不如做好自己，将危机扼杀在摇篮里。

○互联网时代如何处理个人品牌危机

如今，新媒体已经成为一种重要的传播手段，有关艺人的负面消息很可能通过网络途径传播出去。因此，我们还必须掌握新媒体环境下如何处理艺人个人品牌危机的方法。

互联网最大的特点就是传播速度快，一旦艺人的负面新闻在网络上传播开来，将对艺人的个人品牌产生极为恶劣的影响。所以，在新媒体环境下处理危机速度就是一切，快速掌握话语权就显得十分重要。艺人面对品牌危机必须快速做出反应，要在第一时间内通过各种权威平台将自己的声音发布出去，借助网络上的"意见领袖"，通过他们主动引入网络权威。意见领袖是传播中的重要角色，他们拥有大量的粉丝群，在网络舆论场一呼百应，话语权更大，是人群中首先或较多接触大众传媒信息，并将经过自己再加工的信息传播给其他人的人。他们具有影响他人态度的能力，他们介入大众传播，加快传播速度并扩大了影响。危机来临时，与网络上的意见领袖及时沟通，用他们的权威和影响力声援艺人、支持艺人，争取获得大众对艺人的理解、支持也不失为一种方法。

其次，建立全面危机预警机制，强化网络媒体监控，实施预警机制，一旦发现不实的新闻或谣言要及时进行疏导或澄清，并对谣言的制造者以严厉的惩罚。只有把谣言和不实的传闻遏制住才能不让事态扩大，防止事态的发展对艺人的个人品牌形象产生不可逆转的影响。

什么是最好的公关？当危机发生后，媒体是愿意给艺人说话的空间的，主要就是看这之后艺人说什么，第一是要真诚，首先要有正确的态度，让媒体和大众感受到你的诚意，如果你自己都还没有摆正态度去向大众解释，那么后面做的一切都是徒劳。第二是要真实，让媒体和大众知道事情的真相，至少是让大众觉得你所说的是真实的，并没有隐瞒的意思。

没有谁天生能做到完美，艺人也是一样。虽然他们在公众面前总是保持最佳形象，但是他们也会有缺点和不足。一个想要拥有良好个人品牌的艺人应和背后团队一起成长，团队应该站在更高的角度上全面考虑艺人的个人品牌成长和发展的空间，时刻提醒艺人去改正自己的缺点，不断把自己的个人品牌形象调整到最好，时刻保持艺人的个人品牌危机防范意识。这样才能保证艺人的个人品牌形象更加长久发展，即便出现了个人品牌危机，也能够及时想办法应对、化解。

○《中国好声音》学员个人品牌形象包装

《中国好声音》独辟蹊径，开创了中国选秀节目的新模式：节目中的评委变得不像以往节目中高高在上点评或说教，而是会放下身段不顾一切去抢人，让观众看到一个真实、可爱的评委形象。同时，因为是全民参与的选秀类节目，也为许多草根想蜕变成全民偶像的人提供了舞台和机会，这一切都在颠覆观众的眼球和想象。另外，这档节目的成功之处还在于，每一个学员都有个性鲜明的定位策略，具有极强的辨识度。

《中国好声音》里每一个导师其实就是一个集团公司的品牌经理或产品经理，每一个学员都是他们待包装的品牌或产品，当然他们在选择"产品"的时候，喜欢那些更有塑造潜力的。简而言之，学员们的定位已经决定了自身的发展方向。下面就来分析一下节目中学员的定位策略，希望能带给大家一些启示。

1. 定位的差别化

娱乐节目想要拥有自己独特的品牌,就不能像工业化生产流水线一样生产一大批同质化的产品。正如国内优秀的歌唱者数不胜数,但一些风格同质化的现象严重,导致很多歌手在短暂的时间内出名,转眼就淡出了大众视野。只有那些有独特个性,声音有辨识度的歌手才有更长远的职业发展。

《中国好声音》中因为是盲选,所以必须要有特别的声音,有足够优秀的作品才能吸引到导师的转身。就像是等待包装的产品,如果质量无法保证,那么即使是再好的产品也无法扭转产品的缺陷。当然,作为一档音乐节目最重要的就是声音的辨识度,声音的质量再好如果没有辨识度也不会有导师为之转身。比如杨添茸、塔斯肯这两位学员首战没有获得导师转身的原因就是声音没有辨识度。相反,像蘑菇兄弟、吉克隽逸、吴莫愁、刘彩星、崔天琪、吴木蓝、林育群等把差别化策略做得非常到位的歌者都赢得了导师的青睐和大众的追捧。正是差异化让这些学员脱颖而出,完成了自我品牌形象的初步定位。

2. 定位的文化内涵

一档节目一开始的新鲜感可以让它备受瞩目,但是长久下来还是需要有文化的内涵,才能让它充满持久的生命力。媒体文化研究者和批评家尼尔·波兹曼曾预言:"一切公众话语都日渐以娱乐的方式出现,并成为一种文化精神。"这是社会安定物质日益丰富后出现的产物,也是电视娱乐节目的首要条件。当前的中国正处在这一阶段,电视娱乐节目空前繁荣。但是人们不可能一味沉浸在娱乐的狂欢之中,只有那些能深入人心的东西才可以流传下来。

"好声音"火爆的另一个原因就是学员们的奋斗史,从第一届《中国好声音》学员们催人泪下的故事就广受观众诟病,对其争议也从未停止过。但从营销学来讲,这的确是定位工作不可或缺的一部分,正是这些背景故事、歌手经历、梦想等构成了定位的文化内涵,让定位做得更加饱满。

同样是一首《那些年》,饱经沧桑的中年男人阚立文唱出了不同的味道;同样是一首《橄榄树》,流浪单身女歌手刘彩星唱得让人潸然泪下,无不伤感;出身普通的小人物蘑菇兄弟把《睫毛弯弯》唱得欢快动人,更是分别把导师的几首歌曲改编成欢快的乡村音乐,让人在浮躁功利的大环境下眼前一亮;塔斯肯以少数民族的语言动情怀乡,最终诠释"民族的才是世界的"的艺术经典……这些都是文化带来的差异。

一个歌手的声音会受到先天因素的制约,而呈现出不同的艺术表现手法,而文化内涵则为歌手的演唱注入了灵魂,让每一个音符都有了震撼人心的力量。所以,在个人品牌包装时除了对一个人的外表进行包装外,还要深挖其精神的内涵,这样的品牌形象才会更加丰满。

3. 定位的延续性

对于学员的包装不能只有一时的价值,只有拥有了个人品牌定位的延续性,他们的艺术生命力才会更加持久。

所谓定位的延续性指的是歌手在《中国好声音》之后的发展前景是否广阔,因为一旦脱离《中国好声音》的舞台,面临的则是更多的竞争对手,这个时候就要考虑之前的定位是否具有延续性和生命力。

第一届《中国好声音》之后的一年,我们可以看到在媒体、广告露脸最多的、具备长久生命力的歌手也不外乎吴莫愁、吉克隽逸等少数几位歌手。所以,通过一档节目的"露脸"并不会使一个歌手的个人品牌形象深入人心,必须考虑到今后长久的品牌发展和频繁的高曝光率,才会在受众心里形成稳定的个人品牌形象。

吴莫愁"国际范"的定位以"打破传统"的方式在观众面前亮相,经庾澄庆再包装后更加向自己的个人品牌定位靠近。"好声音"之后,吴莫愁就已获得苏宁、百事等广告大单。事实证明，她的个人品牌定位的选择是正确的。吉克隽逸以"皮肤黝黑、身材苗条"的少数民族歌手形象亮相，却频频演唱高难度英文歌曲，奠定了其未来国际化的路线，目前也已代言哈根达斯等世界品牌。

有辨识度的学员都是通过个人品牌定位的延续渐渐让个人品牌形象在节目之外变得更加稳定，而且形成了个人风格。反观那些没有做好品牌定位延续性的学员很快就湮没在了众多选手学员当中，并没获得更好的发展机会。

4. 不断强化个人品牌定位

个人品牌的定位一旦形成就需要通过不同形式不断地强化，才能在受众的心目中形成固定的品牌形象。面对众多的信息，受众的记忆和注意力毕竟是有限的，只有让品牌形象根深蒂固地植根于目标受众心里，才会让他们在选择娱乐产品时，第一时间就联想到这个艺人。这就是个人品牌的作用。

获得良好的关注度和知名度，是艺人强化个人品牌定位及后续品牌推广工作的基础。艺人个人品牌的不断强化不仅表现在自我和团队的包装、推广、歌唱选曲等上，在对外商演、广告代言等活动的选择上也要与艺人自身的品牌形象相吻合。

试想让吴莫愁代言婴儿奶粉是一件多么可怕的事情，让吉克隽逸代言一款美白面膜也是不可思议的事情。

品牌强化的过程也是艺人个人品牌个性不断明确的过程。

网红个人品牌开发

给互联网思维一个定义

◎互联网思维的定义

○互联网思维的特点

人类进化分为体外进化和体内进化两部分，而每种新媒介出现所引起的人类感觉器官、思维方式、主体意识的变化都是人类体外进化的过程。所谓"媒介是人的延伸"其实就是人的体外进化式延伸过程。麦克卢汉在《理解媒介》一书中认为，在过去数千年的机械技术时代，人类实现了身体在空间中的延伸，在一个多世纪的电子技术时代，人类已经在全球范围延伸了自己的中枢神经系统，并进一步在全球范围扩展。自互联网出现以后，各种新的媒介表现形式层出不穷，脸书解决了"我是谁"的问题，通过文字、图片、视频等多种方式全方位延伸人类机能，构建了网络虚拟交友方式，开创了新的社会生活；推特解决了"我在干什么"的问题，通过及时更新的信息，随时转发、分享、评论，将人与人之间的互动行为变得更加直接、迅速和高效。

互联网思维是什么？在《叠加体验》这本书中对"互联网思维"做出了这

样的解释："互联网思维,就是利用互联网提高生产效率、交易效率,机制化满足用户诉求的。"我们不难看出,互联网下的商业思维模式有以下几个特点:

第一,它是一种以客户诉求为出发点的"C2B"模式,不过这种模式并不是我们通常所讲的以客户的利益为首要标准,一切并不都是通过商家猜测出来的客户需求,而是通过用户的参与和大数据的分析得出的结论,因而更加精准,更有针对性。

第二,互联网思维更加强调资源的配置,用网络上的用户数据需求来调配资源,用社会化协作的模式来打造出符合用户诉求的极致体验。用户的需要越是个性、需求量越大,就越是需要通过互联网来分配资源。

第三,互联网思维是以免费或者是低价的终端来吸引用户,搭建平台,引发互动,并获得数据,通过深度发掘客户的个性需求而获得丰厚利润的。它与以往的那种"现货交易"思维完全不同,而是用一个个看似无效的交易串联起来的,从而吸引有效的消费。

与传统的商业思维相比,互联网思维是开放性的思维。互联网思维能更加精准地直达消费者的内心,知道目标群体的真正需要,并且让资源得到合理的分配。

○互联网思维下的粉丝经济

如今,互联网已经彻底颠覆了人际交往和生活模式,网络正在满足人们越来越个性化的需求。星巴克推出的《自然醒》闹钟优惠活动进行了一对一的微信式互动,增强了微信的精准度和私密性。当你加了星巴克为好友之后,用微信发送表情表达心情,星巴克就会根据用户的心情,用《自然醒》专辑的音乐回复用户。这种模式不仅宣传了专辑,又增加了与用户之间的互动,满足了互联网受众个性化订制的需要。

生活中，我们可以随时通过互联网实现购物、交友等等，可以随时在微博、微信上发表自己的所见所闻，也可以通过网络点餐之后对饭店进行点评。

互联网的出现不仅方便了我们的生活，更是成为艺人个人品牌塑造和输出的主要渠道。很多艺人也认识到了在网络上与粉丝互动的重要性，开始积极利用网络社交工具与粉丝互动，粉丝经济的现象越来越明显。

粉丝经济源自于文化本身，依托明星、借助明星的号召力能够产生一定的经济行为，并从中产生利润，粉丝自身的情感驱动力是助推粉丝经济持续产生内生动力的关键。作为一种亚文化的形态，事实上"粉丝经济"的发展速度与大众文化的商业化速度是一致的。中国"粉丝文化"和"粉丝经济"发展始于 20 世纪 90 年代后期，当时的"追星族"有较强的自发性，但是缺乏计划性和组织性。而如今的"粉丝"则呈现出职业化趋向。当人们对某些人物或是作品，或者仅仅是一件产品产生崇拜的现象，并且表现为痴迷、狂热、非理性的情感模式，当这种狂热转化为现实的经济效益的时候就形成了粉丝经济。

互联网下的粉丝经济是基于粉丝参与的品牌社群，基于信任关系之上的社会资本平台和商业经营行为。移动互联网下，粉丝经济日渐蓬勃，只要有足够的粉丝和个人品牌影响力，即便你卖的是一件普通的产品也一样可以不愁销路，因为你的粉丝会非常积极、乐意地为你的产品买单。

粉丝不仅是一个庞大的消费群，同时也是一支具有经济潜力的生力军，其最大的特点就是能将注意力变现。比如，演员陈坤在微信平台上推出收费会员项目，开启了"每月只要 18 元，陈坤亲自说晚安"的活动。有消息称，收费会员推出仅一天进账就超 700 万元。这种基于艺人个人品牌而产生的粉丝经济成为明星与粉丝在微信上互动的又一大热门模式，艺人不仅获得良好的收入，而且是与粉丝互动的绝好方式。

可以说,粉丝是粉丝经济的核心,没有粉丝们的狂热就没有经济效益的带动。所以,有了足够的粉丝还不能说已经万事大吉,还需要引发他们的行为,让他们有参与感,体验到参与其中的快乐与满足,不断思考如何牢牢抓住粉丝的心,引发他们的热情和激情去参与、分享,吸引粉丝的注意,是粉丝经济长远生命力的关键所在,让粉丝心甘情愿为自己的热情买单。

"粉丝"们的大多数行为不是私下孤立进行的,往往是集体性的,这表现为建立歌友会等,这种可通称为"粉丝社群"。粉丝经济的基础是建立在一个个品牌社区之上的。在学术领域,一般把社区定义为一个拥有某种共同价值、规模和目标的实体,其中每个成员都把共同的目标当作自己的目标。品牌社区就是把粉丝汇集到一起,形成一个有一定数量、文化特征、一定类型的组织。粉丝的热情需要有一个宣泄的渠道,也需要一个相互交流的渠道,更需要一个与自己心目中的偶像或是心仪的品牌更近距离接触的平台。这就是品牌社区的作用。

在网络中要组建一个在线的社区平台需要有三个要素:首先,要有一个社交网络,可以让社区里的成员发表言论、积极互动。其次,这个社区里的人要有一个共同的兴趣、爱好,比如他们可能共同追捧一件商品或是共同喜欢一个艺人、一个演唱组合等等,共同的目标将这些人聚集在一起。当然互动与参与也是极为重要的,因为一个社区如果没有成员之间的互动、交流,那么这个社区将成为僵尸社区,也就失去了存在的必要。最后一点是信任,艺人或网红与粉丝互动目的和基础都是信任,无论是产品还是艺人,与粉丝的互动都是为了加深彼此之间的了解和信任。信任会涉及与粉丝的关系强度,以及在互动中粉丝的许可和粉丝自组织的协作。

〇利用互联网思维打造的网红

互联网时代下,自媒体、网红、短视频等新事物不断涌现,并开始深刻地影响着我们的生活，我们每一个人都有机会成为一个可以向四周发散的自媒体，而那些能够引起足够多粉丝注意的自媒体便成为我们口中所说的"网红"。

如今的"网红"和以前的网络红人差别很大，后者的成名有很大的偶然性，他们中有的是因为新闻事件引发关注，或者作为公共意见领袖而成名。即便像芙蓉姐姐、凤姐这类不走寻常路的网络红人，她们的成名之路颇为传统，也都凭借着自己鲜明的个性，辨识起来非常容易而获得了大量的关注。而如今的"网红"从开始出现那一刻起就有着明显的目的性，她们以近乎流水线的方式批量生产，通过互动平台或者网店的方式，利用粉丝谋取利益。

粉丝经济催生出了网红，网红的成功其实也就是粉丝经济的成功。相对于一些大明星，网红更容易让粉丝买账。因为随着自媒体的发展，大部分的网红来自草根，会让很多粉丝在网红的生活里找到自己向往的影子，他们觉得这比明星更真实。那么，网红是如何"修炼"成功的呢？如何能在信息如此之多的互联网下获得大众的持续关注呢？首先，因为网红大部分有姣好的容貌、完美的身材和足够的魅力。其次，在打造网红之前，一些经济公司都会事先将要打造的"网红"照片发送到社交网络上去，比如说微博、博客或是人人网等等，看看这个人是否能够引发大众的关注，经过一段时间的观察或数据分析，发觉这个人有可塑造的潜质，才会继续进行包装和合作。

而网红变现的最直接的方式就是销售产品。比如，很多网红在网上开淘宝店，并自己当模特。因为在网络上有一定的影响力，且有大批粉丝的跟随，所以很容易为自己的店铺带来巨大的经济效益。作为模特出道、淘宝素颜大赛第一名得主的张大奕除了《瑞丽》之外，还时常出现在《米娜》《昕薇》等时尚杂志的内页服装搭配中。她的私服搭配在社交平台上深受粉丝喜爱，其电商店铺上线新品 2 秒钟即被顾客"秒光"，月销售额达百万级，她的收入堪比很多一线明星。也就是说，三天时间内，这个漂亮女孩可以完成普通线下实体店一年的销售量，创造了互联网电商的销售神话。

网红的粉丝营销要具备三个要素：首先是娱乐的要素。社群营销需要娱乐化，因为娱乐是最能激发人们参与其中，并引发兴趣的一种形式。想一想一个"糗事百科"就拥有超过千万的粉丝，而我们在娱乐节目中也经常看到艺人们总是会抛出各种各样的段子，就是为了博大众一乐。邓超的一个表情就能圈粉无数，可见娱乐的魅力是无法阻挡的。于是放下架子来，用亲和的方式与大众互动就成了粉丝营销中很重要的要素。

其次，打造网红需要一个关注点。虽然网红各有所长，但一些必备要素依然要掌握。比如，除了外貌，还必须熟悉网络社交工具的使用，同时穿衣打扮、口才表达也都是必备的技能。除了美貌，你的气质和产品必须有独特的记忆点，才能牢牢地把粉丝吸引住。有的网红会唱歌，有的网红会讲段子，更有些网红是针对用户的需要而量身打造的特殊"技艺"，比如针对粉丝的需要开发出美妆、服装、旅游、母婴等系列，这种"网红+产品"的组合会使网红营销更有优势。

最后，虽然网红现在看起来很火，但是如果缺乏专业的幕后策划团队，这些看似很火的网红迟早也会成为过眼云烟。因为自然产生的网红偶然因素过大而使得个人品牌定位不清晰，缺乏明确的发展方向和运营团队，一般在一两周内就会失去关注度。而那些成功的网红，都是有幕后的团队精心打造和运营，并形成具有标志的个人品牌，这样的网红生命力才会持久。

◎极致的用户体验

○用体验突破产品同质化重围

互联网时代，各种商品充斥着人们的眼球，人们对漫天的广告信息开始变得不厌其烦,越来越有警觉性。对于互联网产品来说,同类产品众多,功能雷同,免费使用,使得用户背叛成本变得很低。当产品的有用性相同或接近的时候,竞争重点就转移到产品的易用性上。这就是互联网产品如此重视用户体验的原因。

用户体验是一种纯主观的在用户使用产品过程中建立起来的感受。但是对于一个界定明确的用户群体来讲,其用户体验的共性是能够经由良好设计实验来认识到的。新竞争力在网络营销基础与实践中,计算机技术和互联网的发展使技术创新形态正在发生改变,以用户为中心、以人为本越来越得到重视,用户体验也因此被称作创新 2.0 模式的精髓。

我们都有过这样的体验,去逛超市时总会有一些促销员拿着自家的产品给过往的消费者品尝,让消费者尝到一些"甜头",假如你觉得还不错就会到货架上去购买产品。或者你在某网站上免费注册成为一个会员,一段时间后被告知免费期已经结束,想要继续享受各种服务就请缴费。当你已经形成了固定的使用习惯,不继续用下去的话,简直太不方便了,而看了看会员费,好像还在可以接受的范围内,于是为了继续得到网站提供的服务,就会选择继续缴纳会员费。

用户体验直接体现在对消费者提供的服务上,这就是女人为什么会对奢侈品如此着迷的原因。因为除了奢侈品品牌本身带来的情感满足和价值体现外,还有很重要的一点就是购物时的体验。当服务员有礼貌地为你挑选产品,并举止妥当地为你试穿、试戴时,你的感受是在路边摊或是小店里所体验不到的。

用户体验能为产品带来丰厚的回报。众人追捧的苹果手机除了做原创技术的研究,还把用户体验做到了极致。几十年来,苹果所做的工作就是把世界上所有好东西进行最完美的组合,它组合的驱动力不是为了做原创性技术而做技术,而是从消费者、从市场来获取原动力,看消费者需要什么,消费者在用这些产品的时候有什么问题。因此，他们为了解决消费者的问题，从用户的消费心理，甚至从精神深处挖掘进行创新，目的也是为了能为用户提供更好的产品体验。

○体验的特点

"体验"是互联网思维关键的一点，因为产品体验越丰富、越稀缺，用户付费的可能性就越大。谁能率先用体验打动用户，让他们掏腰包，谁就能获得之前制造的体验收益。

互联网时代的用户体验应该把速度放在首位，极致的用户体验更应该注意用户的感受。所以速度是能吸引用户的很重要一点。现代人生活速度都很快，无论是做什么都需要高效和便捷。因此在设计产品和进行互动环节时，一定要考虑到设计是否足够简洁、易行、有趣，不要让大众去猜如何参与和使用，要让参与者直截了当地知道如何参与其中，并能在第一时间就吸引到消费者的眼球。

第二点是品质。用户凭什么为产品付费，跟产品的品质是分不开的。无论是图像、视频还是文字都要尽量做到完美，才能提升用户体验的质量。试想一下，一个没有统一的企业识别系统，没有统一色彩管理的小店和产品精良，有统一视觉识别的连锁店，消费者肯定会选择后者。苹果手机之所以受到大众的追捧，就是因为乔布斯把用户体验做到了极致，手机里的每一个应用、每一款软件都竭尽最大的可能考虑用户的使用体验。

打造个人品牌同样需要注意个人品牌的质量，要不断地提升自己的身价，懂得为个人品牌增值。这一切来源于对知识的掌握、个人素质的养成以及工作技能的提升等。同时，用新鲜、有趣的方式与大众互动，多倾听别人的反馈，尤其是你周围人，他们总会对你的工作、生活、行为有所反馈，他们在与你交流和工作的过程就是一个"用户"反馈体验结果的过程。所以，关注自己的个人品牌成长,不断调整自己与大众的关系,在互动中得到大众对自己个人品牌的反馈,并根据反馈不断进行调整,让自己的个人品牌形象得到不断的提升与完善。

第三点是自由。互联网为用户提供了一个自由体验的空间,人们可以自己选择喜欢的节目,关注自己感兴趣的新闻,发布自己的言论,参与志趣相投的社区互动,一切都是自由的。人们早已习惯了自由地选择接收信息,所以客户的体验也是自由的,他们更感兴趣的是个性化的服务,能够随心所欲地自由搭配、自由组合。因此,在品牌营销过程中,一定要给用户一个自由的空间,甚至可以让用户参与产品的设计,将消费者的体验反馈到新一轮的产品设计中,会有利于产品的开发。自由还体现在个性化上,比如前面提到的陈坤关于个人公众号的打理,用个性的订制服务去吸引粉丝的眼球,最终取得了很好的效果。所以,想要让目标受众对你的个人品牌或是产品有良好的体验,就要给他们较高的自由度,不仅有自由的体验,还要有自由发挥的空间,并且让粉丝积极参与进来。

良好的参与感有利于增加品牌与粉丝之间的黏性。互联网思维核心是口碑为王,口碑的本质是用户思维,就是让用户有参与感。参与感能扩散的背后是"信任背书",使弱用户关系向更好信任度的强用户关系进化。粉丝文化首先让员工成为产品品牌的粉丝。其次要让用户获得功能、信息共享的初步利益激励所以我们常说"吐槽也是一种参与"。最后是荣誉和利益,只有对企业和用户双方获益的参与感才可持续。

第四点是简单。你个人品牌或是你的产品设计越是简单,越能让人接受并能打动目标受众。简单不是设计粗糙,禁不住推敲,而是要时刻考虑到目标受众的感受,每一个细节都考虑到用户的体验,并针对用户体验的反馈去做相应的调整。苹果产品不仅优于品质和细节,而且有一种打动人心的美,这种"美"就来自于简洁的设计之美。苹果的设计团队和市场营销团队非常注重简约的美感,每个细节都考虑到用户的使用体验。这样消费者对你的产品才会产生情感的依赖,而且是忠诚的,口碑传播效果也一定是最好的。

想要你的个人品牌吸引人,需要将个人品牌设计得简洁、鲜明,容易让人识别。比如,一张设计简洁而又花心思的名片,一份花心思制作的简历等,这些都能让你的个人品牌形象更简洁、明了地呈现在受众面前。不要让想要了解你的人去猜你所从事的职业是什么,你的专长是什么,而是要在进行个人品牌宣传时,就让别人很容易地获取到你的信息和你所想要传递的品牌标签。

第五点是分享。互联网的特质决定着它没有时空、地域的限制,这种开放性正在逐渐影响着人们的思维。不同行业、不同生活经历、不同地域的人可以就某一话题进行交流和探讨,甚至在这种探讨中激发出新的灵感火花,这就是分享的魅力。如今的互联网时代是网络社交的时代,社交网络最重要的特点就是分享。在塑造个人品牌过程中,要通过不同的方式和途径对你的个人品牌进行宣传和营销,尽可能让更多用户分享你的个人品牌信息。假如你的品牌信息能像病毒一样被分享、被传播,那对于你的品牌来说将是一件值得骄傲的事情。

总之,如今的用户越来越不会为平常的体验付费。不管是产品还是个人品牌的打造,要为受众提供更加丰富的用户体验。用户体验最直接的就是找痛点。所以,找准痛点、抓住痛点才能创造出优秀的需求体验。

◎大数据的魅力

○大数据的概念

社会信息化和网络化的发展导致数据爆炸式增长,大数据时代已经到来。据统计,全球数据量大约每两年翻一番,这意味着人类在最近两年产生的数据量相当于之前产生的全部数据量。大数据渗透到各个行业领域,逐渐成为一种生产要素发挥着重要作用,成为未来竞争的制高点。

大数据是继互联网、云计算技术后世界又一热议的信息技术,近几年来发展十分迅速。究竟什么是大数据?对于大数据的定义,麦肯锡全球研究所给出的定义是:一种规模大到在获取、存储、管理、分析方面大大超出了传统数据库软件工具能力范围的数据集合,具有海量的数据规模、快速的数据流转、多样的数据类型和价值密度低四大特征。

大数据是互联网智慧和意识产生的基础。互联网时代,大家对大数据的概念并不陌生,大数据已经渗透到我们的生活中,大数据技术的出现,给人们的生活带来了极大的便利。当我们将生活中的东西数据化之后,就可以采用数据的格式对其进行存储、分析,从而获得更大的价值。比如:歌厅的点歌机知道我们最爱唱哪几首歌;公交车站准确地显示下一班公交车还有多长时间到站;手机应用可以预知前方哪些路段正在拥堵;超市打折,掏出手机"扫一扫"就知道商品是不是比网上更便宜;网上购物,数小时后就能送货上门;交通出行,输入出发点和目的地,手机应用自动帮你计算哪种出行方式最快捷、路径最短;点外卖时候,可以选择最受欢迎的、好评最多的商家和食物;"扫一扫"可以验证商品的真伪,还可以知道商品在不同商店的销售价格,甚至可以追踪包裹的运送进程……我们不禁感叹,互联网大数据使我们的生活变得越来越智能化。

大数据的意义就是通过数据互联产生的价值,也许在很多人眼中这就是一些枯燥、无味的数字,但是这些枯燥的数字却是可以转化成为巨大的经济效益的。我们来看一个例子:沃尔玛这家销售业的寡头,为自己的网站"Walmart.com"自行设计了最新的搜索引擎 Polaris,这个引擎可以利用语义对数据进行文本分析、机械学习和同义词的发掘等等。根据沃尔玛的说法,他们运用这个搜索引擎以及语义搜索技术，使得在线购物的完成率提升了5%~10%，这意味着什么呢？意味着数十亿美元的金额。

亚马逊的期望是："最成功的书籍推荐应该只有一本书，就是用户要买的下一本书。"可见大数据并不仅仅是一堆枯燥无味的数据，通过数据的分析我们可以更加准确地了解到顾客的购买偏好是什么，他们近期内可能会购买什么样的产品，并对目标群体做有针对性的推荐，成功率势必要比盲目的宣传更加有杀伤力。

在市场营销中，我们更是离不开对大数据的分析：通过大数据的分析可以得出企业基本的发展规律，并对企业现阶段的发展提出有针对性的指导和建议。通过营销数据的分析，可以为用户提供更加个性化、更有针对性的营销方案，找到最能打动人心的广告形式和创意方法。

未来大数据的身影更是会无处不在，就算无法准确预测大数据会将人类社会带往到哪种最终形态，但只要这个时代还未停止发展的脚步，大数据产生的变革浪潮将很快湮没地球的每一个角落。

○大数据的特点

信息化时代背景下，人们接触到成千上万的信息，网络空间数据增长迅猛，可以说，大数据的发展已经深深影响到我们的日常生活和各行各业的发展。那么，大数据有哪些独特的特点呢？

大数据第一个特点就是，它是来自机器的结果，人工是无法干涉到新数据产生过程的。以往对传统的数据分析难免会有人工分析的痕迹，比如银行、零售业交易等等都会有人参与到数据形成的过程当中。但是大数据就像是内置引擎的传感器，是电脑分析得出的结果，在产生的过程中是不会与人发生互动的，也不会受外界人为条件的干扰。

大数据第二个特别是，大数据是一种新型的数据源，不同于以往仅仅数据的收集和扩散。以往的数据来源于顾客与银行、零售商之间在线交易等，其实这样的交易与以往面对面的传统交易没有什么太大的区别，不过是换了个渠道，信息收集的方法改变了而已。而如今，这些数据是通过用户在网络的浏览行为得来的，所以这样获取的数据将会有很大的不同，应该用更深层次的分析方式。

大数据的第三个特点，是大数据获取的数据并非所有都是有用的，也有很多无用的数据。一般大数据和现代电子技术发展有着直接的联系，现在存储空间已经不再是问题了，于是如今我们所看到的是大量没有被处理的数据，使有用数据的价值被束缚，这就为有用数据的提炼造成了一定的困难。因为要在浩如烟海的数据中提取有用的、有价值的信息，剔除没用的信息并不是一件容易的事。

大数据的第四个特点是，网络大数据对各行业领域发展都有着积极作用与挑战。互联网数据库建设以及企业与个人品牌营销等方面有着推动作用，且被广泛开发和应用。但有时候，大数据也有其不可避免的缺陷：大数据的海量规模以及复杂性等自身特征，使得信息品质参差不齐，直接给大数据的开发和应用带来一定阻碍。因此相对过去数据更加杂乱。这就是舍恩伯格教授所说的"更多"和"更乱"。因此，加强对网络大数据的研究和开发，形成相对统一的标准进行大数据研究至关重要。

大数据技术为企业进行品牌营销提供了新的有效方式，但同时也对企业和个人品牌的自身本领提出了新的要求。在互联网上，透明的环境对企业与消费者双方而言是公平的。因此，虚假粉饰逃不过顾客的眼睛，要树立自己真正的品牌，必须要内外兼修，真正全面了解顾客或粉丝，满足其需求。

○洞察大数据的价值

数据也是有灵魂的，我们在分析数据时也应该抓住一根主线，切中大数据的要害。其实分析数据并没有那么复杂，关键是要有洞察力，从细微处发现，洞见别人所不能发现的事情，你就能收获意想不到的结果。

风靡北美乃至全球的《纸牌屋》就是大数据分析技术运用的结果。美国Netflix 公司是一家在线影片租赁提供商，该公司的网站收集了大量用户行为偏好数据，经分析后发现，喜欢观看 BBC 老版《纸牌屋》的用户大多喜欢大卫·芬奇导演或凯文·史派西主演的电视剧。于是 Netflix 投资一亿美元拍摄了新版《纸牌屋》，请大卫·芬奇执导和凯文·史派西做主演。事实证明，大数据技术让 Netflix 赚得盆满钵满。

他们是如何进行数据分析的呢？首先，对投资方 Netflix 来说，他们有近3000 万订阅用户，这些用户在网站上收看视频的大部分行为都被记录下来，用户在 Netflix 上产生 3000 多万个行为，包括暂停、回放、添加书签以及每天300 万次搜索、400 万个评分，这些数据会和第三方数据（如尼尔森的收视调查）一起进入 Netflix 的数据库。就是通过这些行为对大数据进行的分析得出了凯文·史派西、大卫·芬奇的粉丝与政治题材的电视剧存在显著的相关性后，才做出了重拍《纸牌屋》的决策。

比如，法国的一家航空公司为了方便旅客跟踪自己的行李，推出了免费的手机应用，让旅客在移动设备上跟踪自己的行李。在这项服务中他们发现，一部分商务旅客在途中某一个城市会进行短暂的商业会晤，并不需要入住酒店，这样行李便成了累赘。于是，航空公司推出了专人看管、全程可追踪的增值服务。这项服务一经推出，便为该法国航空公司创造了每周 100 万美元的收入。

我们必须训练一双善于发现的眼睛，在细微之处发现商机的所在，不要让商机白白从身边溜走却还不自知，这才是对资源的极大的浪费。互联网时代我们要学会利用大数据，为用户提供更好的服务、更超值的体验，才是让品牌价值升值的最佳做法。

○如何玩转大数据

不要认为大数据仅仅是一堆毫无生机的冰冷数字。其实,透过数据的分析,我们可以看到一个人的情感需求,甚至可以大致分析出一个人的个性特点;可以知道一个人最近正在关注什么方面的信息,他(她)会对什么样的产品更感兴趣,最近可能购买什么产品;可以根据用户的观看行为,为他们提供符合个人兴趣的影片或是娱乐节目等。

那么,互联网时代下如何玩转大数据呢?

首先,要通过数据分析出潜在用户是谁,谁是决策者,谁是使用者,谁对购买行为有重大的影响,谁又是实际的购买者等,这是我们首先应该梳理出来的问题。

第二,研究产品。市场上究竟有多少类似的品牌,不同的品牌的市场占有率是多少,具体的型号以及销售的情况如何,这些都是可以通过大数据分析出来的,也是对未来产品的发展有决定性的指导作用的。

第三,了解在具体的季节、时间甚至是时间点所发生的购买行为。比如节假日的促销,或是在某一件产品用完过后等等都会产生新的购买行为,因此我们需要及时地了解、分析这些情况。

第四,销售渠道的问题。通过数据的分析进一步了解适当的销售渠道、地点,还可以进一步了解消费者在什么样的地理环境、气候条件,甚至什么地点、场合会使用到产品。

第五,了解消费者的消费方式。掌握消费者倾向于怎么样购买,喜欢什么样的促销方式,是倾向于线上购买,还是喜欢线下的实体店购买,或是先通过网络了解用户对产品的反馈,再产生购买行为。这些都是可以通过大数据分析了解到的。

第六,探索消费者的行为和动机。比如,目标群体喜欢什么样特别的款式,而拒绝使用别的品牌,不同特征的消费者会产生不同的心理过程,通过决策的过程导致一定的购买决定,并最终形成了消费者对产品、品牌、经销商、购买实际、购买数量的选择。

如今,大数据在社会生活和各行各业中发挥着重要的作用,它既可以是基础性的资源,也可以作为工具加以利用,在不知不觉中,它已经改变了人们的生活、工作以及思考的方式。我们已经无法离开大数据了。

◎跨界思维养成

○跨界是什么

跨界(Crossover)是当下很热门的一个词汇,随着市场竞争的日益加剧,行业之间的渗透与融合越来越多,而不同领域的边界越来越不明显,出现了一种"去边界化"的现象,我们已经很难清楚界定一个企业或一个品牌的"属性"。

如今,"跨界"也已成为娱乐圈日渐流行的热门玩儿法。演艺工作多元的现今,跨界已经成为一种潮流,一种新锐的生活态度和审美方式的融合。明星如果不跨界似乎都跟不上潮流了,他们不再满足单一的演员、导演、歌手、主持等角色,而是跃跃欲试地展示自己与众不同的另一面,通过跨界来把自己的身份复杂化,不断叠加自己的头衔或标签。

其实,当下明星艺人的跨界,不仅是演艺界明星急于拓展事业版图的需求,也是塑造个人品牌的重要途径。明星们跨界,玩儿的是针对粉丝的营销游戏,他们通过在不同娱乐领域的表现吸引更广泛的注意力,从而提高自己的人气,使得自己的个人品牌更具立体化。

除了演艺界,互联网更让跨界成为创意的温床。互联网思维的核心就是打破行业的界限,用其具有开放、合作、互动、颠覆的特点去构建全新的平台模式,建立商业生态圈,更为跨界和创新提供了开放性的思维和平台。

跨界合作对于品牌的最大益处是让原本毫不相干的元素相互渗透相互融合,从而给品牌一种立体感和纵深感。互联网界跨界合作的例子数不胜数,早在 2014 年 1 月 30 日,联想集团与谷歌宣布达成协议,联想将收购摩托罗拉移动智能手机业务,此项交易在同年 11 月 3 日最终完成。这项交易的完成,让联想一步进入了欧美主流市场,也在专利方面有了一定的本钱,使自己的研发能力上了一个台阶。联想继收购 IBM 低端服务器之后,再一次动用资本力量弥补短板,同时搭建了与谷歌进行深入合作的桥梁,更加适应了市场的需要,而且更能吸引年轻人的目光。

跨界的主要目的是为了"借智",就是互相借彼此的资源,也是借彼此的智慧让品牌变得更加富有活力。所以,不同领域之间的跨界,最难跨越的不是技能之界,而是观念之界。

○思维的转变

"跨界"首先要解决的是思维模式的转变。"跨界"意味着要投入到一个更加陌生的领域,其中一定会有一个磨合和适应的过程,在这个过程中难免会遇到各种阻力,甚至犯下错误。所以,"跨界"之前,要首先转变原来在某一专业领域的固有思维,思维跨越没有界限,创新才永无止境。

对于做品牌来说,首先是要从经营产品的观念转向经营人群。因为如今的市场早已不是"什么好卖就去生产什么""什么赚钱就去卖什么"的状态。垄断市场、占领渠道、强势灌输企业品牌等传统经营模式的做法越来越不可能将企业品牌提升到一个新的高度。所以,想要打造品牌必须转变观念,从品牌最初的"我要服务谁""我能服务谁""谁需要我"几个方面着手。

同样,打造个人品牌也是如此,在跨界与创新的过程中做到"有所为,有所不为"。首先要了解自己的实力,知道自己能做什么,与其他人有什么区别,自己的优势在哪里,找到你的个人品牌区别于其他人的根本所在,真正了解自己适合什么领域,需要与什么样的合作伙伴合作才能取长补短,实现共赢。有了明确的方向再去跨界,才能更好地实现个人形象的转型,塑造更多面的品牌形象。

转变思维模式才能让自己的路在互联网跨界时代越走越宽。无论企业也好,艺人也好,在跨界的时候都离不开粉丝和数据。企业需要粉丝去为品牌做"人肉"宣传,艺人更离不开粉丝的支持和拥护。所以,都需要找准方向并学会经营自己的人气,聚拢更多的粉丝。

互联网时代,我们第一次进入到了一个企业与品牌零距离、零损耗、低成本的连接里,并且随着社交网络的爆发,消费者也是第一次真正的有了自己的话语权。品牌可以通过微博、微信与消费者进行近距离的互动,消费者当然也可以通过这些社交平台来表达对品牌的喜爱、情感和意见。这在以前的商业模式中是从来没有过的。因此,在做跨界与创新的时候一定要考虑到用户的感受,给他们一个平台可以近距离的沟通和互动,并为他们提供更好的用户体验,无论如何跨界都要优先考虑到目标受众的感受:他们能否从中体验到乐趣,能否有良好的使用体验,这是互联网跨界中我们要重点考虑的。

"跨界"其实还包括了互联网时代从专业思维到跨界思维的转变趋势,与之相对应的是价值发现思维。在传统工业时代,企业价值的实现是通过一系列的产品制造流程实现的:从产品的设计、原材料的采购、加工生产、包装储运、市场销售、客户购买,这样的线性的模式来实现的。在这样的线性模式中,企业与消费者之间是商品的提供者与消费者这样简单的市场关系。而在互联网思维下,市场变得复杂,有更多的层面。比如,我们天天都会用到的谷歌、百度这样的查询服务网页,以及微信、新浪微博这些社交产品,它们虽然没有向用户收费，但是巨大的流量和其中所蕴含的广告及潜在的商业价值远远超过了传统商业中的单一产品的价值。

现在常说："羊毛出在牛身上，却由猪买单"。这是什么意思呢？就是从一个利益点，寻找发散到其他利益上的价值点。比如说上面提到的谷歌、百度以及微信、微博等。这就是价值发现思维的最佳诠释。

跨界思维的核心就是价值发现思维，为新的利益相关方提供了价值，颠覆原有的模式就显得顺理成章了。

○如何寻找跨界思维

跨界思维既然如此重要，那作为一个企业的领导者，或者是作为一个普通人应该如何利用好时间来开拓自己的视野，在互联网时代培养出跨界思维呢？

首先，要了解新闻动态，每天花一些时间去浏览新闻，利用零碎的时间去了解这个世界发生了什么。了解世界是打开思维很好的方式，不了解这个世界，跟不上发展的脚步就意味着被时代淘汰，被市场所淘汰。因此掌握时代的脉搏，了解行业内的动态会让视野更加开阔，思路更加宽广。互联网时代我们每天都会面对浩如烟海的信息和新闻，要学会从中辨别哪些消息对我们是有用的，哪些只是供我们娱乐、消遣的。

在无聊的时间很多人都喜欢泡社区，假如你也喜欢，可以去关注一些高品质的文化社区。因为一些高品质的文化社区不仅可以提供增长见识、有营养的内容，而且通过浏览这些信息会发现一些新鲜、有趣的思想，在思想的碰撞中产生有价值的创新。

好奇心是激发跨界和创新的源泉，利用空闲时间去看一些可以激发好奇心的东西，会让你感觉每一天都充满了新鲜、有趣。比如，有时间可以看一些与艺术、设计相关的消息，与艺术大师们共同探索艺术的魅力；或是了解网络"牛人"们又有哪些新的探索、新的尝试。

保持一颗不断探索的好奇心,你的思维才不会被僵化住,才会更开放地去接受新鲜的事物。也许你未必和他们一样做出什么惊人的"壮举",但是通过对不同领域或专业的人的了解和探索,可以激发你对这个世界的好奇心,去探索未知的世界,有勇气跨界尝试新的领域。

○如何打破跨界的壁垒

想要跨界,难的并不是缺乏勇气,而是如何攻破行业壁垒,快速进入这个原本对你来说相对陌生的领域。

想要突破这个壁垒,在进行跨界之前必须要对要跨界的领域有一定的了解,不一定要成为这个领域的专家,但至少要对这个行业的运作模式有最基本的掌握和大致的认识。

那么,如何快速了解一个行业?

首先,要从源头去了解这个行业。每个行业既然是存在了很长时间,那一定有它存在的道理,也就是这个行业的存在为社会提供了价值。所以了解一个行业的首要问题,就是要去了解这个行业的价值所在。

第二,要了解这个行业的运作流程。知道从源头到终点都有哪些环节?这些环节是传统的制造流程还是与互联网相关的新兴行业?通过互联网或者是行业报告都可以很容易获得这方面的信息。

第三,了解这个行业终端产品的售价由谁分享,是由厂家直接获得,还是有各级代理商等等。这些可以触发对行业更深更长远的想法有利于我们去把握产品的整体走向以及销售的情况,从中找到创新之处,并发现可以跨界和融合的点。

第四,要知道产品生产的每个环节的关键因素,这些关键因素创造了什么价值,它们又是如何获得利益的。了解这些,你就能得知你将要进入的行业的盈利模式,预测这个行业未来的发展方向,并可以深入去思考如何利用现有的优势去创造更大的价值。

第五,要知道目前谁在掌握产业链的定价权。作为行业的领导者,他是如何做到可以掌控这个行业的产业链?有什么样的优势?假如你进入到这个行业,将会对整个产业有什么样的影响?这些问题都可以在进入这个新的领域之前做事先必要的了解。

互联网时代,我们都要保持一种开放的心态去迎接跨界和创新的挑战。跨界已经成为国际潮流的词语,从而引导跨界合作的不断扩大和深入。从传统到现代、从东方到西方,从硬件到软件,从有形到无形,跨界博采众长,凝聚成自身独特优势,其杀伤力已然所向披靡。因此,其趋势如浩荡潮流,我们必须适应潮流,勇敢做出自己的选择。

◎玩转平台思维

○企业平台化

互联网的平台思维就是开放、共享、共赢。

全球最大的 100 家企业里,有 60 家企业的主要收入来自平台商业模式,其中包括苹果、谷歌等。平台商业模式的精髓,就是它拥有独树一帜的精密规范和机制系统,能有效激励多方群体之间互动,在于打造一个完善的、成长潜能强大的"生态圈"。未来的平台之争一定是生态圈之间的竞争。如今百度、阿里、腾讯这三大平台围绕搜索、电商、社交各自构筑了一个强大的产业生态,这使得后来的竞争者很难撼动它们的主导地位。

想要在互联网时代立于不败之地,首先要把企业当成一个平台,一个让员工可以施展才华实现个人价值的平台。这个平台是开放的,共享的,是本着合作共赢的方针去的。因此，它让每个人都成为积极的参与者，并为此贡献自己的智慧。互联网巨头的组织变革都是围绕着如何打造内部"平台型组织"的：阿里巴巴25个事业部的分拆、腾讯6大事业群的调整，都旨在发挥内部组织的平台化作用；海尔也曾将8万多人分为2000个自主经营体，让员工成为真正的"创业者"，让每个人成为自己的CEO。可以说，这是一种更能调动人的积极性的模式，它改变了以往员工只能被动接受公司的安排的惯例，而是让员工成为自己的主人，利用现有的资源为自己的理想而打拼。

马云说："假设我是90后重新创业，前面有个阿里巴巴，有个腾讯，我不会跟它挑战，心不能太大。"我们都希望能够搭建一个全新的、有力量的平台，但是很可能并没有实力去构建一个全新的平台。所以，当你并不具备建立一个全新平台的实力的时候，不如去审视自己现有的平台，看能否利用现有的资源去完善、重组这个平台，让它焕发出新的生机和活力，或许经过重新改造你的平台会有更强的竞争力。

一个企业想要实施平台战略要注意两点：首先是"缝点"。要先去了解传统的价值链生态圈，看哪个点是可以突破的。淘宝就是看到人们需要更加便捷的购买模式，商家也需要一个全新的、便捷的销售模式，传统的销售模式，已经不能适应互联网时代发展的要求，恰巧互联网正是可以连接这两个痛点的载体，马云看到了这个可以连接的缝点并迅速抓住时机，搭建起了一个了不起的电商平台。

再比如花椒直播，看到了追求个性、时尚的年轻人有展现自己的欲望，传统的媒体平台门槛高、消耗大量的时间和精力，他们需要一个更加新鲜有趣并且操作并不十分困难的平台来展示自己的个性和魅力。于是花椒直播就捉住这个缝点，打造了这样的直播社交平台。在这个平台上，只要你有才艺、有想法、有技能都可以尽情展示，而且它的操作并不困难，只需要注册成为会员,并有摄像头就可以与陌生人进行交流与互动。这也为网红的出现提供了绝好的机会。

其次是"切入点",一定要找准切入点,切入点找对了,再进行细分市场,找准消费者的痛点,并利用你的优势把痛点引爆,激发消费者的热情,这样你的平台才会越来越大,变成一个众人皆知、全民参与的平台。

不要以为平台开始做出来就是很大的,大多数都是从雏形一点点成长起来的。腾讯QQ的发展之快,不仅好多资深网民没有预见,甚至连马化腾本人都没想到:短短4年,马化腾的QQ世界里竟有了令人咋舌的1亿用户。这对全世界的任何一个网络服务商来说都有些不可思议。

○判断一个好的平台

什么样的平台才是一个好的平台呢?

首先,一个优秀的平台要有巨大的流量,流量意味着人气,一个再完善的平台如果没有人气就产生不了价值,也就失去了存在的意义。百度、腾讯、淘宝等这些平台之所以是成功的平台,就是因为它们拥有巨大的浏览量。所以可以说,巨大的客户流量来自于平台对客户的号召力,这种号召力可能是基于位置,也可能是基于品牌,或者核心技术。

其次,成功的平台要有广泛的承载力,这种承载力可能表现在对多种业务的支撑上。如,沃尔玛超市几乎涵盖了所有的日常用品;淘宝网承载了小到日常生活用品,大到汽车等等各类产品,还有完善的物流体系。这些资源的高效整合使得整个产业链变得高效、便捷,也是它一直能在购物网站中占有强势地位的主要原因。

最后,一个成功的平台要有较强的定价能力,这种定价能力可能来自独特的低成本优势,比如沃尔玛和戴尔,即使是比竞争对手的价格更低,也还能保持丰厚的利润。有些是品牌效应带来的差异化的价值而获得的溢价。例如,即使是中国工厂为路易·威登生产的衣服,最后贴上路易·威登的牌子,其价格就会比普通的服装高出好几倍。

互联网时代,网红也充分利用起了各种平台来施展自己的十八般武艺。拿姜逸磊(网名 papi 酱)来举个例子:以短视频爆红网络的她首次直播就赢得了广泛的关注,她利用一直播、美拍、斗鱼直播、花椒直播、熊猫直播、百度视频、优酷直播、今日头条八大直播平台首秀,到结束时,数据显示在线突破了 2000 万观众及粉丝,这不仅为各平台增加了流量,还为姜逸磊聚集了大量的人气和粉丝。可见网红与直播平台的结合是一个双赢的结果。

○网红如何利用平台

在强大的金钱和名人的光环诱惑下,越来越多的人加入到了直播的行列中,那么这些网红是如何利用好平台为自己吸金无数的呢?最直接的就是利用直播平台。

其实,通过视频直播的方式引流很早就存在,只是我们很少去关注而已。在直播前,大多数"网红"都会研究平台的机制,以及大众都喜欢什么。不要看一些"网红"只是在视频里撒撒娇、卖卖萌或是唱唱歌,就可以赚得盆满钵满,他们每天都会坚持直播,只要有粉丝存在,他们的收入将是可观的,甚至比普通的小微商还要赚钱。

每一个成功的"网红"的背后都一条完整的利益链条,这些"网红"都是通过各种熟人渠道找来的,公司看重的是巨大的粉丝数量和变现能力。在包装一个"网红"之前,公司会做充分的准备工作,进行详细的考察,比如他(她)的粉丝是什么样的人群,她有没有持续吸粉的潜质,他(她)还有没有什么其他的潜力可供发掘等等,只有公司觉得这个人是有潜力的才会继续打造下去。

当然,大部分"网红"除了在视频直播平台上直播之外,还会利用自己网上的知名度去开淘宝店,这也是网红们利用网络平台的一个最主要的方式,她们一般都是大学校花、海归白富美和模特,这几类人基本涵盖了淘宝女性消费群体的模仿定位,卖得最好的淘宝女装都是这三类人在当模特,没有第四类。

因此,"网红"想要利用网络平台走红,首先一点是要找准自己的定位:无论是走搞笑路线,还是心灵鸡汤路线,或者是做游戏主播,甚至是淘宝店主,你都要先给自己一个较为明确的定位,而这个定位的基础就是你对自己的了解。这也是包装一个网红的起点。有的人适合轻松、搞笑,有的人适合专业知识的分享(罗振宇就是一个典型的例子),有的人很有可能更适合直播网络游戏。这些都是先从一个人的形象、气质、爱好特长来确定的。如果经过尝试发现这个人的气质、特长并不符合做网红的条件,就有可能果断放弃。

其次,要有巧妙的炒作手法,比如奶茶妹妹就是被炒作出来的,有一个叫华汉的人站出来承认自己就是笔袋男,以炒作为目的捧红了"奶茶妹妹"。虽然奶茶妹妹的事随后变得有些罗生门,但可以确认,一些"网红"背后确实是有炒作推手的。但炒作也是要讲究方式方法的,那些低俗的炒作虽然能在短期内有效博得人们的关注,但这样的关注并不会持久,并不利于个人和事业长久的发展。因此,还是要利用"网红"的自身特点进行有效的炒作。比如有的"网红"适合"美女+学霸"式的路线,如果一个女孩能有颜、有才、有身材,再加上适当的营销炒作,真是想不红也难。再比如,当人们都认为"网红"一定是有颜值、有身材的时候,犀利哥的出现彻底颠覆了人们对"网红"的认知。这就是反差对比的效果。还有的适合做段子手,这个时代不会讲几个段子的也是火不起来的。讲段子不仅能娱乐大众,还能拉近与粉丝之间的关系。因此很多网红走的都是轻松、搞笑的段子手路线。

所以,在进行炒作的时候一定要根据他们不同的气质来进行包装,才能更有效地直击目标受众的痛点,再结合平台的优势力量,一定能够更好地实现"网红"个人品牌效果。

新的文化浪潮催生了新的消费趋势:我们现在虽然看到的只是"网红""直播""粉丝经济",其实它们的背后是社会商品经济运转逻辑的重大变革,必然会深刻改变供应链逻辑和营销路径。未来,个人品牌和人格化销售一定会改变流量的传播、品牌传播和支付的方式,会诞生出全新的商品形态。那些欧式双眼皮、大眼睛、锥子脸、高山根、丰唇、大胸、蜂腰、细腿儿,还都腿长一米八的颜值类"网红"的生命周期比较短,而靠输出核心价值观和生活方式的网红才会具有较长的生命周期。

草根的狂欢

◎草根营销的时代

○草根的定义

如果一个人拥有了褚时建、柳传志、潘石屹的人气,固然可以用个性相匹配的产品转移,形成自己的个人品牌。但事实是,并不是每个人都拥有像他们一样的人气,大多时候我们都只是芸芸众生中的一员。所以,我们从陈欧的成功和马佳佳,以及火得不能再火的黄太吉都了解到一种新的思路——草根营销。

一般我们会把没有背景、没有财力的人称"草根","草根"直译自英文为Grass Roots。有人认为它有两层含义:一是指同政府或决策者相对的势力,这层含义和意识形态联系紧密一些。人们平常说到的一些民间组织、非政府组织等等一般都可以看作是"草根阶层"。有的学者就把非政府组织(也称为非官方组织,即 NGO)称作草根性人民组织;另一种含义是指同主流、精英文化或精英阶层相对应的弱势阶层。比如一些不太受到重视的民间、小市民的文化、习俗或活动等等。

芙蓉姐姐、郭德纲、胡戈们的草根传播几乎是从一夜之间突然出现在人们的面前。这种高效率、低成本的传播方式已经成为互联网时代一种炙手可热的营销武器。它其实就是利用了互联网的低成本、高回报率。

首先在传播渠道上,草根营销并不依赖传统的大众传播媒体,而是选择更为草根化的传播模式,比如小广告、口碑相传、互动活动等等,互联网兴起后又延伸到了天涯论坛和博客,到现在的微博、微信等等。

在传播的内容上,"草根"的主角不是知名的成功人士,而是将主角平民化。关注老百姓身边的事情,这就让传播的内容有了更高的可传度,毕竟八卦、绯闻什么的才是人们更乐于口头传播的。而在传播的语态上,也不是以前传统媒体那种高高在上的一副教育人的口吻,而是变成了一种更亲和的对等的口吻:你的烦恼我全都理解。

我们再来看看黄太吉的例子,看他是如何利用草根营销的手段建立起自己的品牌的。2012 年 7 月 28 日,"黄太吉"正式开张,第一家店只有 20 平方米,13 个座位。在不到一年的时间里,却拥有了近 500 万的年销售额,风投给出了 4000 万的估值。

在互联网时代无论什么营销方式,能够吸引人的注意力才是最有效的营销方式。草根营销的最大优势就在于,它不会受到传统观念的束缚,可以制造各种各样亲民、有趣的营销手段,从而更能受到普通大众的追捧。那么,黄太吉是如何做到的呢?为什么大家愿意来黄太吉买煎饼呢?

最初黄太吉的创始者赫畅是开着自己的车去送煎饼,结果发现大家对开着大奔送外卖很感兴趣,纷纷在微博上晒图。于是设计将来黄太吉第二家、第三家店用赛格威、奔驰 Smart 来送外卖。

店内免费的无线网络,墙上贴着微博、微信、陌陌等账号,"在这里,吃煎饼喝豆腐脑,思考人生。"等颇有文艺气息的海报也非常显眼。这里的煎饼是用心做的,并渐渐让人感受到这种用心是产品和服务的一部分。当然,产品的质量仅仅是它成功的一个条件,重点在于这里的服务。为了吸引大众的眼球,并形成一种口口传播的效果,黄太吉经常会有一些很好玩儿的活动,很多顾客都是冲着黄太吉的这些新鲜、有趣的活动而来的,并也乐意为超出自己预期的体验买单。

这就是"草根营销"的魅力,也是互联网思维运用成功的案例。赫畅自己在文章里说到了四点:心法、道法、章法、玩法。他能够有这些开放式的奇思妙想和他总爱研究一些新鲜、有趣的东西是分不开的。比如他对史前文明、宗教神话、易经五行、量子力学都有所涉猎,甚至对外星人也有关注和自己的见解。这一切都为他能有如此奇思妙想打下了基础。当然他之前在百度、谷歌等互联网公司从事设计、用户体验的相关工作经验也使得他习惯了用互联网思维去思考问题,把用户体验在做煎饼上发挥到了极致。

"草根营销"最主要的一个特点便是尽量多些"平实""可触摸性"的消费接触点,那时候将会有越来越多的草根阶层加入到广大的消费群体中。这样的营销才是真正的营销。真正营销的内涵至少应该永远存在一个元素——"人性平等",口碑传播具有巨大威力,带有歧视性的营销永远成不了大气候的。如果像皇帝一样高高在上,永远也得不到"忠臣"一样的顾客。

○弱连接的意义

从黄太吉的例子中不难发现,"弱连接"是"草根营销"的基础。

弱连接(Weak Ties)理论由美国社会学家马克·格兰诺维特(Mark Granovetter)于 1974 年提出。格兰诺维特指出:在传统社会,每个人接触最频繁的是自己的亲人、同学、朋友、同事,这是一种十分稳定但传播范围有限的社会认知,这是一种"强连接"(Strong Ties)现象;同时,还存在另外一类相对于前一种社会关系更为广泛的却肤浅的社会认知。例如,一个无意间被人提到或者打开收音机偶然听到的一个人等。格兰诺维特把后者称为"弱连接"(Weak Ties)。研究发现:其实与一个人的工作和事业关系最密切的社会关系并不是"强连接",而常常是"弱连接"。"弱连接"虽然不如"强连接"那样坚固,但却有着极快的低成本和高效能的传播效率。

黄太吉逻辑思维、互联网思维创业的成功,就是因为他有效利用了人们弱连接的关系,让品牌在非特意的状态下进入了人们的视野,并通过这种快速、高效的传播完成了品牌知名度的传播与提升。

举一个简单的例子,当你想要换手机时,总是会在各种款式和型号的手机中摇摆不定。这时候,有个朋友向你介绍一款特别牛的国产手机——小米。于是这个品牌就会在不知不觉中引起了你注意,你就会上网了解相关的产品信息,发现小米手机的配置并不比苹果手机差,但价格却要便宜很多,而且发现这款手机还很畅销,甚至很不好买到(这又是饥饿营销的手段)。于是你费尽千辛万苦终于得到了这款手机,觉得这是一件特别牛的事情,所以,又把它介绍给了其他的朋友。

在这样不知不觉的过程中,朋友的推荐会让品牌更有信任度和好感度。但是假如仅仅是通过"草根营销"获得巨大的社会关注,而不能将这股关注的洪流引导到企业和品牌上,那么这样的"草根营销"无疑是失败的。而这一点是至关重要的,想要利用人们的情绪去获得大众的普遍关注并不困难,因为在媒体的鼓吹下草根很容易陷入群体低智商,但是我们要思考这些传播出去的信息是否真的有利于产品的营销、品牌的建立。

假如你的传播只是起到很好的效果,但人们记住的仅仅是话题或者是活动本身,并没有接触到你要宣传的品牌,或是品牌的知名度并没有因此得到提升,这样的传播无疑是失败的。因为做营销的目的不是为了让人传播某个话题、参与某个活动,而是通过话题的制造和参与活动将品牌传播出去,这才是最根本的目的。我们的重点是如何将关注度转化为品牌销售量的增加及知名度和美誉度的提升。

虽然草根营销可以拉近品牌与消费者之间的距离,但是大家必须清醒地意识到,并不是任何品牌都适合做草根营销。对于一些并不很亲民的奢侈品品牌,还是让它们保持"傲娇"的姿态,才是最好的状态。比如你的品牌定位是奢侈品,需要保持一种与消费者的距离感,有一种神秘感和身份感,这往往是要和消费者拉开一段距离的。比如说你看到满大街女人都背路易·威登的包,大街上到处开的都是奔驰,这些产品给你带来的身份感和价值感体现在什么地方呢?这对一些奢侈品的品牌并不是一件好事。满大街的"卡宴"已经大大缩短了保时捷该有的品牌距离,这将威胁到保时捷的品牌定位,如果任其发展下去,在收获短期市场的同时,将丧失长期的品牌价值。

所以,我们可以看到,虽然拉近品牌距离对当前的诸多品牌来说是营销传播的主流,但是还必须要看到并不是所有的品牌都适合这种"近距离"的营销,在使用这种营销手段的时候,一定要不断审视自己的品牌定位,才能更好地为品牌寻找到一条较为合适的发展道路。

○草根营销的智慧

有的企业很可能会觉得近距离的"草根营销"是一种时尚,大家都这么做一定是有效果的。虽然这种营销手段看似有效,但是在零距离品牌的这个领域一定会存在更多的竞争对手,竞争将会是更加惨烈的。所以,还是要根据自己的品牌特点来制订相应的策略,不要盲目跟风。

黄太吉等众多"草根"企业这样的玩儿法也是有智慧的。首先是用户的代入感。当下中国两级分化的阶层结构压抑了众多的希望,因此人们更渴望听到一些不同的声音,这种声音不是来自精英阶层,而是来自底层,大众渴望听到"屌丝逆袭"或者是"二货乐活"的故事。那种高大上的精英故事现在已经很难引发大众的情感共鸣了。

其次,这是一个信息爆炸的时代,信息化时代的发展,每个人周围都充斥着各种各样的信息。在这些拥挤的信息中,人们很难有时间仔细听你慢慢地讲述,只能选择一种夸张的、更能有辨识度的手段来让大众产生更深刻的印象。因此可以看到,赫畅、陈欧等等都是将自己的个性夸张化才赢得了现在的吸引力。

最后,如今已经不是被权威主导的时代,而是进入了一种市场细分的时代。因此我们更需要去培养和锁定死忠粉丝,因为他们最具有消费能力和消费意愿,同时这些死忠的粉丝像一颗颗种子可以影响更多的同类用户。

"草根营销"正是中国特色的营销趋向。"超级女生""绝色宝贝"的成功已经给了我们一个经典的验证,那就是"草根营销"的威力是不可估量的。其实,草根并不单单是草根,他们也能带来丰富的市场资源,也能带来更高的市场占有率和市场份额,也许你正在忽略"草根",但"草根"的威力和魅力却在不断的扩大。

◎利用自媒体传播个人品牌形象

○自媒体是什么

关于"自媒体"的定义有这样的解释:称"公民媒体"或"个人媒体",是指私人化、平民化、普泛化、自主化的传播者,他们多以现代化、电子化的手段向不特定的大多数或者特定的单个人传递规范性及非规范性信息的新媒体总称。自媒体平台包括:博客、微博、微信、百度官方贴吧、论坛等网络社区。

那么，如何利用这些自媒体完成自己的品牌塑造？不妨来看看老牌风衣 Burberry 如何利用社交媒体来与年轻受众沟通的。

虽然已经是老牌风衣，但 Burberry 看起来却没有那么老，始终与年轻的受众群体保持着紧密联系。为了适应网络时代的发展需要，他们把投资的重点转移到了技术部门，找来专门人才开发了"salesforce.com"这样的"聊天"平台。他们还即将合作开发一款新的应用程序，这款程序会将所有的产品、顾客的信息集在销售人员手里。因此，未来只需要查找一名客户的姓名，就可以看到这个顾客的信息，甚至包括他的全球交易史，以及他与 Burberry 相关的社交活动。

和所有的经典老牌所面临的问题一样，如今是 80 后 90 后甚至是 00 后的天下，如何与这些年轻的群体沟通，让整个品牌更加年轻化？为了与他们沟通，Burberry 把一半的媒体公关预算都用在了数字媒体上。比如，在"artofthrtrench.com"平台上人们可以自由地发自己的图片，展示自己穿风衣的照片，甚至可以在网站上增加"原声音乐"的部分，消费者可以点击观看一些尚未成名的英国音乐人的音乐短片，可以在网上看时装秀，然后可以订购他们在时装秀里看到的衣服。总之，Burberry 通过各种年轻人喜闻乐见的形式拉近与他们的距离。

自媒体是一种新媒体的存在方式，因此还需要去了解新媒体的运作模式，不要用传统媒体的观念来运作新媒体。因为新媒体与传统媒体的基因不同，运作模式也不相同，生存法则也不同。因此要转换思维，新媒体更强调自我、个性的释放，有鲜明的观点，而传统媒体更强调媒体的中立性，需要客观的报道，不能有主观的偏向。所以如果还是按照传统媒体的模式去经营新媒体那将是死路一条。

我们越来越不能忽视自媒体的力量，自媒体的传播主体来自各行各业，其首要的特点是多样化。在一定程度上很有可能对某些事情的把握更加的具体、清楚，更加符合实际，当遇到新闻事件的时候每个人都会用不同的视角去解析问题，这样就为事情的分析提供了更加细腻的视角。

自媒体第二个特点是平民化。由于自媒体的传播主体来自社会底层，因此自媒体的传播者也被称为"草根阶层"。在自媒体时代每个人都是新闻和品牌的传播者，他们对新闻和品牌的态度保持中立的立场，很少会有预设的立场和偏见。这就使得在品牌传播时，人们更容易相信身边的人通过自媒体或是一对一传播得出的真实体验。

自媒体第三个特点是普泛化。自媒体最重要的作用是，它将话语权交给草根阶层、普通民众，它张扬自我，助力个性成长，铸就个体价值，体现了民意。这种普泛化的特点使"自我声音"的表达成为一种趋势。伴随着自媒体主体的普泛化程度的提高，这条"尾巴"的力量日益强大。

现在越来越多的企业都想要把目标人群覆盖到年轻人。因为年轻人是消费的主流人群，他们总是走在时代的前端，更容易接受新鲜事物。因此想要赢得他们的心，就需要想尽方法去接触他们接触的传播媒介。这几年，随着手机数量的不断增长，手机已经不再是一个简单的通讯工具，它被应用程序赋予了越来越多的变化，这其中最明显的就是以微博、微信为代表的社交工具。这两种工具体现出来的核心功能就是沟通，而且这种沟通具有及时性、可见性和私密性。除了沟通，还可以通过文本消息、语音、视频等多元化的手段进行协同互动。因此更具有选择性和趣味性。放眼望去，年轻的人群几乎被微博、微信覆盖了，如果你想要笼络年轻的目标受众群体，不使用微博、微信就没有办法与他们交流。

为了吸引年轻消费群体的注意，在使用微博、微信与用户沟通时应该尽量使用个性化的方式，比如使用年轻人都喜欢的表情符号和更加人性化的服务。当用户在网上选购商品时，消费者关闭购物车或者点击按钮跳转其他网站时,商家的微信或是旺旺就会跳出来咨询,而当你选定某个产品时商家也会主动与你核对地址。这也是人性化服务的体现。

○散发自媒体的关注点

但是做自媒体一定要注意以下几点,不然会越走越窄。

首先不要盲目跟风。自媒体不是一朝一夕就能建立起来的,看别人的自媒体做得风生水起,于是自己也照猫画虎去做同类的东西。这种刷存在感跟风做出来的东西一定是没有特点和生命力的。当自媒体成为常态化后,没有炒作价值的时候,你的自媒体也消失了。结果也一定可想而知——早晚会湮没在众多同质化的自媒体中。

其次是要坚持。粉丝的累积并不是一天就能形成的,所以要不断地坚持为用户提供更多、更精彩的内容才能将他们培养成粉丝,甚至渐渐成为铁杆粉丝。那种三天打鱼两天晒网的做法根本无法培养固定的粉丝群体。

还有一点很重要,那就是要有清晰的定位。自媒体表现形式多彩多样,比如有的偏重娱乐八卦,有的偏重心灵鸡汤,有的偏重求职招聘,还有的偏重旅游美食等等。这些五花八门的内容涉及了各种行业:新闻媒体行业、娱乐八卦,甚至是家装、美容等等。但是核心的一点是一定要有自己的独特性和专注性,也就是说一定要有自己的特色,因为互联网时代没有特色就没有未来。就像上面说的那样,今天主题是这样,明天又换了其他的主题,你的品牌定位不清晰,很难让目标受众记住你。想要让大众记住,自媒体必须选择一个具有优势的领域,精耕细做下去,才能不断赢得大众的关注。

传统的营销模式是通过大众媒体持续投放,用大众媒体的影响力来提高品牌的知名度。但在产品同质化严重的互联网时代,这种做法并不那么奏效了。因为你的品牌很快会湮没在浩如烟海的同质化产品中,除非你有足够的资金去支持媒体不断的投放,但也不能保证你的品牌就一定可以脱颖而出。所以，要学会利用自媒体去释放话题，不是去重复教育或是引导消费者了解相关产品的特性，而是要当话题的释放口，当话题释放时，就会伴随"主动传播"。当大众媒体的投放结束后，关于产品的话题还在受众中口口传播。

可以看出，这样的过程中传播的介质已经不再是大众传播媒体，而是"人肉媒体"，当大众对某一个话题感兴趣时，就会主动承担起传播媒介的责任，将这一含有品牌信息的内容传播扩散出去，很有可能因为话题有趣会继续不断地传播下去。这个过程除了口口传播，大部分都是通过自媒体的传播完成的。

这一点我们可以向小米手机学习，小米手机留给市场的从未有过明确的功能定位，尽管它的屏幕、系统、强大的CPU（中央处理器）也是可以值得炫耀的，但这都是建立在2000块钱这样一个还算经济的价值区间上的。

小米的存在方式是建立在不断散发"主动关注点"的基础上的，就像一个明星一样，只要一出现就会有无数的话题。小米的开局不是在于宣传产品性能，而是新闻话题的制造，它是以"智能机市场的搅局者"出现的，而这一新闻并不是通过传统的传播媒介传播出去的，而是通过论坛、微博、微信、QQ等这些自媒体传播出去的，而这一新闻一出便引起了广大网民的兴趣，大家都在兴奋地传播这样的新闻。

其次是饥饿营销的利用，几十万部手机一抢而空，有人说米粉太疯狂。饥饿营销就是要吊足大众的胃口，让人们疯狂起来。无论怎么样小米成功赢得了大众的关注。这又是一条会被动关注和主动传播的新闻。

总而言之，小米手机就是抓住了人们主动关注和传播的这个点，让自己的产品像明星一样被人追捧。既然小米手机已经成了明星，那得到这款手机的人自然觉得这是一件值得炫耀的事，并开始主动传播。

运用自媒体就是要像小米手机一样制造并传播话题，让自己的产品像明星一样被大众追捧，甚至制造"绯闻"让大众去传播。这就叫作品牌的明星化生存,这样品牌才能成为万众瞩目的明星,品牌的生存空间才会无限被放大。

◎品牌信任度的建立

○信任度对个人品牌的意义

如果一个在行业刚刚起步的公司或者个人刚在这个行业中立足,难免缺乏人脉关系以及用户的信任度,因此建立起个人品牌信任度就显得尤为重要。同样一件事情大家都在做,有的人就能得到很多的订单,成交率高,有的人却无人问津,这究竟是为什么呢?除了工作的质量有差别之外,还是一个信任度的问题,而信任则是建立个人品牌中不可或缺的品质。

举一个大家都熟悉的网购的例子,我想大家最常见的网购流程是:首先是看卖家店铺动态评分,然后是看商品的评价、价格,然后才会决定是否购买。其实这其中也蕴含了一个信任度的问题,没有人愿意选择信任度较低的商家。

无论是个人品牌还是产品品牌,有信任度意味着你会有更多的机会,你的上司会给你更多的工作机会,你的客户会给你更多的合作机会,你的产品会有更多的销售机会,因为他们有良好的用户体验,并在此基础上对品牌建立了良好的品牌信任度。因此他们知道选择你的品牌是可信的、有保证的,你的品牌信任度也就逐步建立起来了。

○如何建立品牌信任度

品牌信任度在品牌成长的过程中起着极为重要的作用,要树立消费者对品牌的信心,并达到提高品牌忠诚度的目的,在不断的理解品牌内涵的同时,还要进一步了解影响品牌信任度的因素:

　　首先是产品质量。消费者在接触产品的时候最先要考虑的就是质量因素，消费者大多接触产品时都是从产品的质量开始的。因此，在打造产品品牌和个人的品牌时，首先要注意的就是产品品质，扎扎实实地把产品的品质做好，才能吸引更多人的支持和追捧。对于个人品牌来说，打造好自身的素质，也是赢得老板和客户欣赏和信任的基础，因为你的实力已经赢得了他们的支持和信任。

　　其次是企业的价值观。品牌信任其实是对企业价值观的信任，重要的是让消费者知道，企业的核心价值观是唯利是图还是品质至上、服务至上，这一点对于消费者是很重要的。比如海底捞，在创始人张勇的理念里，海底捞虽然只是一家火锅店，但它的核心业务却不是餐饮而是服务，海底捞的服务几乎到了体贴入微的地步，在等候区有免费的美甲和擦鞋服务，让顾客在等候美食的时候不至于感到无聊，并可以享受到细致入微的贴心服务；如果遇到长头发的女顾客，海底捞还会为其提供扎头绳方便用餐；在用餐过程中还会贴心地提供手机专用保护套，这样在就餐时就不会把手机弄脏……种种看似微小的服务都体现出了海底捞的服务理念。于是，我们看到了海底捞外面总是排满了长长的队伍。这就是企业价值观的作用，它让人看到了一个企业的诚意。

　　品牌要得到消费者的信任，还要考虑品牌能否被消费者从心理上接纳与认可。因此在做品牌规划及品牌的宣传策略时，要考虑到目标客户的文化背景，增加消费者对品牌的认同感，还要考虑消费者对品牌文化的接受程度。比如肯德基在进入中国时就会考虑到中国消费者的感受，让品牌更加贴近中国消费者的心理需求，鸡肉类产品更适合中国消费者的口味。1987年肯德基刚进入中国时只有8种产品，而且大多是从美国引进的传统产品，而如今31年过去后肯德基的常规产品已经超过50种，其中很多产品都是为中国消费者开发的，这充分说明了肯德基想要深耕中国市场的决心。

信任是人与人之间建立各种关系的最根本所在,无论是与你的领导、同事、商业伙伴、伴侣、父母、客户或者朋友。信任不是说通过某种快速的经营技巧就能够建立的。更确切地说,它是由你与别人交往过程中所坚持的那些习惯所培育出来的。

对于个人来说,建立个人品牌信任度也是至关重要的,因为没有人愿意和一个没有信任感可言的人合作,也没有人愿意与一个不讲信誉毫无信任感可言的人交朋友。信任感将是一切开始的基础,打造个人品牌也要从建立信任感开始。

个人品牌的信任度体现在行事透明上,无论是网红、艺人或是普通人,光明磊落才能让人觉得值得信赖,不要试图向别人隐瞒什么,因为有一句话叫做群众的眼睛是雪亮的,你越试图隐藏,就越会发现别人用异样的眼光审视你、怀疑你。因为大多数人都有良好的直觉,他们都能感受得到,所以不要自作聪明,一切都在众人眼中。

赢得别人的信任就要时刻设身处地为别人着想,当与一个陌生人接触时首先要想他需要什么,你能为他做什么,怎样才能赢得他的信任。人都是情感类动物,你给予别人什么样的情感(比如信任、理解、友爱),别人也会给你相应的回报。没有人一开始就会反馈给你善意和理解,除非他们从你的眼神、行动中读到了你值得信任的信号。

作为一个艺人,首先考虑大众需要什么,他们需要什么样的作品,他们渴望什么样的艺术,表达形式是电影、歌曲还是无厘头等,你的粉丝渴望从你这里得到什么,是更好的作品,还是能与自己的偶像建立起更加亲密的关系,或者仅仅只是默默的支持就好了。把这些都回馈给你的观众和支持你的人,他们也会回馈给你更多的理解和支持。

或者你是一个企业的领导者,想要建立起员工对你的信任感,首先也要考虑你能给员工什么,能否给他们稳定的工作、公平的晋升空间、良好的发展平台。慢慢地你能给员工这样信心，他们也会将信任与支持回馈给你，用努力的工作，用业绩回馈企业，以更好的状态为企业服务。

建立信任你还需要去理解别人的难处，当你知道别人的难处，并表示理解和尊重，甚至给予他力所能及的帮助时，那么别人也会对你的理解与帮助表示感谢和感激。这样，在不知不觉间信任也就搭建起来。比如，作为员工主动为企业的发展着想，切实去考虑并解决企业发展过程中的困难，那么企业老板也会因为员工切实解决了企业的问题而感激员工的贡献，因此建立起对这个员工的信任，而这个员工的个人品牌信任度也在日常工作中被一点点建立起来。所以，想要赢得别人的信任还需要设身处地的为别人着想，如果你站在别人的角度去思考一下，就会知道一开始他为什么会拒绝你，你也就会知道他为什么会不信任你。信任是建立在彼此的理解与沟通基础之上的，换位思考会让你更容易赢得别人的理解与认同感。

比如张瑞敏砸冰箱事件，1985年海尔从德国引进了世界一流的冰箱生产线。一年后，有用户反映海尔冰箱存在质量问题。海尔公司在给用户换货后，对全厂冰箱进行了检查，发现库存的76台冰箱虽然不影响冰箱的制冷功能，但外观有划痕，时任厂长的张瑞敏决定将这些冰箱当众砸毁，并提出"有缺陷的产品就是不合格产品"的观点，在社会上引起极大的震动。

张瑞敏洞察到要赢得消费者的信任，产品质量必须要过关，因此他才有如此的魄力去砸这76台冰箱。也正是他的这一有魄力的举动让消费者看到了海尔对品质与服务的严格要求，进而对海尔品牌产生了信任与支持。这正是张瑞敏站在消费者的角度去思考，才赢得了消费者的信任与理解。

无论你是企业的领导，或者是已经成名的艺人，还是想要成为明星的"草根"，或者只是一个普通人，想要赢得别人的信任，获得品牌信度还要注意自己的言行，除了外在形象，你的一言一行也会影响到别人对你的信任。

艺人作为公众人物更应该注意自己的一言一行，而现在很多艺人都因为不堪演艺圈的压力而去吸毒或是忘乎所以地做一些有损公众形象的事情,那么他会渐渐失去大众的信任,使得事业受损,我们在为他们惋惜的同时也只能感叹,假如一个人连自己的行为都无法约束,那么他将如何赢得大众的信任!

◎疯狂地营销自己

○利用新媒体吸引粉丝

这是一个粉丝的世界、粉丝做主的时代,想要从"草根"之中突围出来,就必须学会利用微博、微信营销自己,让粉丝疯狂地爱上你。只有拥有了粉丝的支持并与他们互动起来,你的产品品牌或是个人品牌才更加有价值。

美国新闻学会媒体中心于 2003 年 7 月发布了由谢因波曼与克里斯威理斯两位联合提出的("We Media"自媒体)研究报告,里面对自媒体(We Media)下了一个十分严谨的定义:自媒体(We Media)是普通大众经由数字科技强化与全球知识体系相连之后,一种开始理解普通大众如何提供与分享他们自身新闻的途径。简言之,即公民用以发布自己亲眼所见、亲耳所闻事件的载体,如博客、微博、微信、论坛等网络社区。

由此可见,个性化传播的方式能更加吸引大众的关注,甚至赢得粉丝的欢心。互联网时代,我们遇到的严峻问题是产品同质化现象越来越严重,一个毫无特点的产品或艺人很快就被湮没在一片同质化的海洋之中。好在我们有个性化的自媒体,只要找到自己与众不同的气质,只要方法得当,就连普通的草根都能一夜之间成为红人,甚至有比明星还要强大的号召力。

想要生存,想要赢得大众的关注,进而产生更多的价值就要懂得去营销自己。我们不妨来看看聚美优品的 CEO 陈欧是如何营销自己的。

2011 年 3 月,陈欧加入了职场电视节目《非你莫属》,这是他走出 CEO 自我营销的第一步。陈欧是抱着对企业品牌营销的心态去参加节目的。所以,在节目中他竭尽所能地去推广聚美优品,并不断地制造热点话题。2011 年《非你莫属》只红了不到三个选手,其中有两个被陈欧招走了,这几期节目是《非你莫属》有史以来最成功的,视频点击率达到了几百万,聚美优品的销量也从当时加入《非你莫属》时的日均 50 万提高到了日均 150 万。

而在随后,聚美优品又有了大的举动,一下子签下了人气偶像韩庚,这样陈欧与韩庚一起用"双代言"模式宣传聚美优品。这一广告在地铁里频繁的出现,最经典的是陈欧意气风发、铿锵有力地宣布为自己代言,一下子让陈欧从企业老板成为众人瞩目的明星。2011 年 8 月,陈欧出现在湖南卫视的《快乐女声》节目中,10 月份他又与张朝阳等明星企业家一起参加《天天向上》,在节目里,张朝阳是"可爱潮男",陈欧则被定义为"80 后创业新贵"。

通过媒体和娱乐节目的塑造,陈欧成了勤奋、聪明、白手起家的高富帅,无数的女粉丝开始对陈欧个人迷恋,进而将这份"迷恋"转移到聚美优品上面。可以看出,陈欧的营销方式对年轻的粉丝还是很奏效的。因为除了对陈欧个人的魅力,这些年轻人还没有形成对高端品牌的忠诚度,对聚美优品这样年轻、时尚的品牌具有较高的接受度,而且他们很容易在折扣、广告、口碑的驱动下产生冲动消费,这使得美妆特卖的模式成为可能。

能把自己的个人品牌与所创造的产品品牌联系得如此紧密,不得不说陈欧是一个营销的高手。因为仅仅有一个漂亮的公众形象并不足以支持一个品牌长久地走下去,还必须将一份价值认同感附加在品牌上面,品牌价值的认同可以增强受众对品牌的黏性。陈欧很会塑造个人品牌形象,通过媒体和节目的传播把自己塑造成了一个勤奋、努力、帅气的创业者形象,无疑给大众带来一份品牌信任,大众会将对陈欧个人的品牌信任转移到聚美优品的品牌上。

因此,在成功塑造了一个良好的品牌形象之后,还需要为自己的品牌增值,让目标受众感受到更多的品牌价值,如果只是徒有一个漂亮的外表,对大众的吸引力并不会持久。

比如说2005年红极一时的"芙蓉姐姐",当时网络推手看到了芙蓉姐姐的可塑性,就把她的照片配上一些有趣的文字放在了天涯社区,天涯社区给予了大幅度的曝光,于是传统媒体蜂拥而至,芙蓉姐姐一下子红遍了天下。

但是很快"芙蓉姐姐"就有了竞争者,也就是凤姐。凤姐比芙蓉姐姐更加开放,更会恶搞,于是芙蓉姐姐这片"蓝海"很快就成了"红海",一下子就没了市场,她的个人品牌急需增值。因此"芙蓉姐姐"开始了战略转型,她彻底放弃了恶俗的"S"造型,不再靠讽刺与谩骂赢得知名度,而是努力减肥,摇身一变,拍电影、出单曲、做慈善,一下子成了正牌的明星,变得知性、高贵典雅,而且上了央视的《奋斗》节目,成了"励志女神"。

可见品牌形象并不是一成不变的,想要变得更成功,让品牌对大众来说更有吸引力,更有料,必须不断地提升品牌的延伸价值,让自己的品牌不断增值,这样才有长久的竞争力。反观那些昙花一现的艺人,虽然有姣好的容颜,但是除了脸蛋再没别的,很快就被湮没在一大堆美女、帅哥中。因为没有为自己的品牌增值,很快会被湮没在同质化的海洋里。

○个人品牌营销的技巧

经营个人品牌还需要学会炒作的技巧,这样你的个人品牌才会水涨船高,被越来越多的人认可,那种酒香不怕巷子深的陈旧思想已经不能适应时代发展的需要。现在最常用的手段就是利用网络进行炒作,首先要学会制造话题,什么样的话题最能激发人们的兴趣呢?话题一定要具有争议性,要从网民和大众的欲望、情感和社会心理出发找到大众的兴奋点,大众就会因为有趣去传播或是了解,这样可以将你的品牌传播得更远。

制造话题之前你需要了解大众情感的需要,一般来说,大众的内心都有相对柔软的一面,他们会对弱者或是处于弱势地位的人表示同情,或是对人性中表现出来的闪光点表示支持和肯定。"西单女孩""最美清洁工""旭日阳刚"等等之所以走红,是因为他们都是草根阶层的代表,身上或多或少都有一些励志的因素在里面,更能唤起普通大众的认同感,他们的经历使众多的"草根"相信,只要努力自己也可以像他们一样改变命运,成为可以掌控自己命运的人。在制造话题时抓住大众的情感和情绪,这样,个人品牌的营销便已成功了一半,至少你已经抓住大众情感脉络的走向。

当然,进行个人品牌营销需要找贴近社会的热点话题,有时候,制造话题的交叉点会让人们有可以把话题延伸下去的可能,这样更能引发大众关注的热情。不过,寻找话题也不能无的放矢、毫无根据,需要预先想到营销事件的完整性,整个事件要有前因后果,然后巧妙地把想要炒作的元素融入其中。这才是个人品牌整合营销的最好的方式。

个人品牌营销最难的点就是引导,能够找到炒作营销的话题点和主题方向只能说明你有一双慧眼,知道如何找到新闻点引发大众的关注,而在这其中最难的是引导大众的思维,将你的思维植入到他们的头脑中去,让你的个人品牌内涵深入到他们的心里去,这样当他们需要相关的服务,或有相关的机会时会第一时间想到你。这是每个品牌都想要达到的状态,但却并不是每个品牌都能达到的,因为更多时候你费劲心思去制造一个话题但大众很可能并不领情。而且,当大众发现这样的信息或者话题于他们没有什么实质性关系的时候,你所要传达的信息就很有可能被无情地湮没。

当然,想要把信息传播出去平台也是至关重要的,因为你的信息总要找个合适的媒介传播出去,才能让更多的人知道。平台是公众之间进行交流的工具,媒体就是平台,而媒体也分很多种,具体是要采用平面、网络、视频还是广播,就要看最终的受众需求。一般来说,能够引起足够的互动性交流的平台才是最佳的营销炒作平台。从近两年的炒作案例分析来看,便捷性较高、影响力较广、互动交流比较频繁的最佳平台是网络,通过网络平台你的个人品牌信息可以更快、更准确地到达目标受众,通过网络平台的互动,你想要传达的信息可以通过互动和讨论深入人心,并能得到更广泛的传播。

当然一个话题并不是简单传播出去就够了,还需要大众的参与互动才能达到互动式营销的高潮,如果一个话题散播出去,却冷冷清清没有人响应,那么这样的营销注定是失败的。公众不可能只接受一个观点,所以需要不同的,甚至完全相反的观点来对立传播,观点越对立,用词越尖锐,炒的火苗就越旺,引起的公众话题就越多,公众的参与兴致就越高昂,最终实现的炒作营销目的就越完美。

炒作营销也不是万能的,也要适可而止。营销炒作虽然会在短时期内引发大众的关注和兴趣,但是这只是暂时的。因为毕竟品牌形象的形成还是需要在与品牌的接触中积累,欲速则不达,过多的炒作反而会引起大众的反感。好的营销是既能戳中大众的痛点,又能在不知不觉中引发关注,给人一种想象的空间,不显山不露水,让受众在无意识中关注和接受才是营销最高的境界。相反,漫无边际的营销和炒作只会让人产生抵触的情绪。

◎提升个人品牌价值

○个人品牌价值的增值

马斯洛需求层次理论中指出,人性需求的第三个层次是情感和归属的需要。人是情感动物,再坚强的人内心深处还是会渴望被关怀、被宠爱,也渴望获得真挚的友情、甜蜜的爱情。互联网时代,虽然人与人之间的关系因为电子产品的介入而变得有些陌生,但人们还是渴望放下冰冷的手机进行面对面的更有人情味的沟通。

戴比尔斯的经典广告"钻石恒久远,一颗永流传"就像魔咒一样蛊惑了全世界女人的芳心,并迫使全世界的男人去买钻石献媚邀宠,一颗小小的、冰冷的石头在瞬间就成了闪耀着光芒的爱情象征。产品的同质化时代,必须做一些与众不同的标签,让自己的品牌变得更加与众不同,也就是品牌的附加值。除了增强用户的体验,将情感的因素注入品牌也是很有效的手段,它能在不知不觉中拉近与客户的情感,让品牌变得有温度。

对于个人的品牌也是如此,为什么人们总是津津乐道于"草根"变凤凰的故事,就是因为每个人都有对成功的渴望,但是"草根"变凤凰的机遇并不是每天都有。因此大众会把这种情感寄托在他们喜欢的草根明星身上,因为从他们的身上可以看到自己的影子。虽然在前进的道路上有各种各样的困难,但是他们依旧在不断地努力、不停地奋斗,就是为了能让自己和家人过上更好的生活。于是草根明星就成为他们模仿的对象。

《中国好声音》为什么那么火,除了成功的运作模式和节目定位、节目本身的悬念性以外,学员的草根身份、他们的奋斗经历、背后的情感故事,都让学员与大众之间的距离变得更近,也让大众将个人的情感投入到这些学员的身上,去关注这些学员在节目中的表现。于是在《中国好声音》中每个人都能从中或多或少寻找自己的影子,情感的认同一旦被激活,节目自然会火爆起来。

比如凤姐的例子,凤姐更能把握大众的"审丑"心理,哗众取宠博出位,不仅大秀其丑,还语出惊人,因此获得极高的关注度。相貌平平的凤姐仅凭一己之力舌战网民,由沪上至纽约,红遍中外。而反观某些明星,长得貌美如花,也有着有强大的背景,却由于不愿意放下身价与大众同乐,加之自己的个人品牌也不突出，导致品牌价值一直不温不火，自然并不能博得大众的关注和认同。

那么，如何将情感因素巧妙地融入品牌当中呢？故事是最能够巧妙融合的方式，比如 BLoves 的钻戒私人订制服务，每一枚个性化钻戒的背后都蕴含着一个或暖心、或曲折、或感人的爱情故事。因此一枚小小的钻戒，对于拥有它的人来说就有了与众不同的意义，而对于目标受众来说他们或许也会被其中的爱情故事所感动，当他们选择婚戒时，个性又有"内涵"的 BLoves 很可能就成了首选。

据相关科学资料，人对故事的接受力是最高的，人的记忆细胞对故事也是容易吸收的。所以创建一个品牌必须要学会讲故事，让它渗透到品牌的血液中去，用情感的力量去征服你的目标受众。因此很多品牌都会为自己构建一个美好的故事，而搭建一个好的品牌故事首先要问自己三个问题：

你是在什么样的环境中与别人竞争，如果是产品品牌就需要考虑所处的市场环境；如果是个人品牌就需要考虑身边的人际关系，你所处的职场环境（在职场中你会遇到什么样的挑战，你的竞争对手是谁？）；然后要考虑的是你的目标群体是谁，当然产品的品牌你就要考虑谁会购买你的产品，你的潜在目标受众是谁？如果是个人品牌你就要思考你的上级是谁，你的目标客户群体在哪里，有哪些人可以成为潜在的合作伙伴。最后一个问题是你的组织有什么样的能力，也就是你的企业能够影响多大的市场范围，你的个人品牌的影响力有多大，能够影响到什么样的人。

建立品牌故事的最终目的还是被人记忆，被目标受众群体更广泛的传播。因此品牌故事要尽量地做减法，让大众可以简单、明了地知道你的公司或你个人是干什么的，企业或是个人代表的是什么。这只是品牌故事的一部分，你还要传达给大众你是如何与众不同的，你的价值究竟在哪里，你必须要如实回答这些，因为你的目标受众并不是没有洞察力，欺骗他们只能给你的品牌带来负面影响。当然这个故事的核心很有可能成为一个企业清晰的价值理念，或是激励你个人成长的精神动力。这就是它存在的价值所在。

当然你还需要将品牌文化渗透到用户体验当中，比如你在选用香奈尔的包时，你不仅会被香奈尔包的独特气质折服，还会体验到一种与众不同价值感，这种价值感是多年品牌文化的积累，是香奈尔本身与众不同的优雅、迷人的气质所带来的，是其他品牌身上所不具有的，因而才更加让人着迷。

再比如，浑身散发着草根气质的周星驰，看他的作品你是放松的，一直在保持笑的状态，因为无厘头、搞笑是他的一贯风格，这可以说是一种戏剧风格的情感体验，他让观众们的情感在电影中获得了充分的释放，所以说他是成功的。但是假如他的这种风格只是停留在表面的搞笑上，那么他也就仅仅算作一个搞笑艺人，也不会有这么持久的魅力。

正是因为在搞笑的背后凝聚了小人物的辛酸、无奈、喜、怒、哀、乐，再结合周星驰自身的奋斗经历(这也是他自己的品牌故事)，才使得观众们从中看到了搞笑背后更深层次的含义，而周星驰的个人品牌价值也随之不断的增值，正因为如此他的作品才会被观众所欣赏，他的作品才被认为是经典之作。

○情感沟通让个人品牌有人情味

无论是艺人还是"网红"，他们其实都是在消费大众的娱乐属性，而这种消遣的娱乐行为很多时候是有明确动机的，但却并没有什么目的性的行为，因为在你想要娱乐的时候，也许并不会有太强的目的性。当一个人有娱乐、休闲的动机时，那么他会觉得电影、电视、舞蹈等等都能满足这个动机需求。所以他对娱乐目标的选择很多的时候是带有随意性的，而并没有必需性。

娱乐消遣心态表现为情趣、情调和爱好三个方面统一协调性。所以抓住了娱乐属性的这些特点就可以见缝插针地将个人品牌"植入"进来。比如,人们娱乐的目的性并不强,那么想要进入娱乐圈的话,就将他们需要娱乐的"零碎"时间利用起来,将自己的作品或是个人信息暴露在目标受众面前,这样他们在没有目标的时候很有可能因为你的信息出现而选择你,并很有可能因为这一次的选择而成为你的粉丝。

你还必须要了解潜在目标受众有什么样的兴趣和爱好,并根据他们的兴趣、爱好去开发相应的产品,将情趣、情调、爱好这三个方面统一起来,调动目标受众的热情,并在潜移默化中接受你的品牌故事,对你的品牌产生良好的印象,进而形成一定的品牌忠诚度。

当然在互联网时代最有效的情感沟通方式就是与目标受众近距离的互动。如今很多大牌明星都开启了直播做起了网红,比如刘涛入驻映客直播,开启了"刘涛的娱乐日记"。成了当红艺人直播间的先例。刘涛网络直播创造了同时在线人数 17 万的纪录,开场 5 分钟甚至造成了直播平台的瘫痪,最终首次触电网上直播便创造了总收看人数 71 万的纪录。

这是为什么呢?因为在直播平台,或是微博、微信中的明星、大腕比平时在电视、电影里中那些高高在上的形象更加接地气,他们的喜、怒、哀、乐会更直接、更自然地表达出来,他们的日常生活状态也能更真实地呈现在大众面前,因而情感的流露也更容易被大众接受和认可。

网络的互动会让粉丝渐渐地养成一种关注的习惯,当行为成了一种习惯时,那么就会变成一种消费的习惯。当然对于个人来讲就意味着更多的合作机会,更宽广的职业发展道路,其实这也是一种消费。这种消费习惯渐渐地演化成品牌的黏性,这样当你的目标群体需要相关的产品或是服务的时候,就会不自觉地去选择或想起你来,进而成为一种依赖,甚至成为日常生活中不可缺少的一部分。

情感的加深和行为的养成并不是短期的行为，需要不断地向目标受众灌输你的品牌故事，不断地让你和目标受众之间的"情感"升温，这样你和目标群体的关系才会越来越融洽密不可分，你的品牌形象也会在情感的不断升温中变得更加有温度，更加富有人情味，有与众不同的魅力。

网红的个人品牌塑造

◎网红经济下个人品牌塑造的特点

○"网红经济"的特点及大众心理

近些年来，有一个很热的词叫做"网红经济"，"网红经济"的一个重要特征就是网络红人的出现，也就是我们现在所说的"网红"。

网络红人拥有大量的粉丝，在网络里有着极高的号召力。2014 年 5 月成为淘宝店主的董小飒，在一开始的时候是一个网络直播平台的主播，因为有超强的吸粉能力，他的每一次直播都能获得百万人次的围观。于是他将这种人气转移到淘宝店上，目前他已经成为三个金皇冠的店主，每个月的收入可达 6 位数字以上。还有一个知名的网红张大奕，她在微博上有 193 万的粉丝，这是已经是一个很惊人的数字了，可她并不满足，在 2014 年 5 月开了一个淘宝店——"吾喜欢的衣橱"，上线不到一年就做到了四皇冠，而且每次店铺一刷新她的成交额一定是全淘宝女装类的第一名。

"网红经济"是注意力资源与实体经济相碰撞产生的化学反应，总体来说，它的出现是网络时代的必然，是符合网络时代大众个性化的消费心理的，而且运作起来也更加简单、高效，比起传统经济的模式可以起到立竿见影的作用。

通过一系列的表面现象可以总结出"网红经济"的几大特征。首先,"网红经济"中塑造人是一个重要的特点,塑造人也就是要塑造品牌,塑造个人品牌。网红一般推荐的产品都带有鲜明的个人色彩。所以对于消费者来说他们已经并不在乎产品的价格,而会因为这是他们心目中偶像的推荐而去购买。因此重点在于"网红"的推荐,这就很好地体现了社交及店商的本质。

其次是平民性。"网红"一般都是平民出身,不像明星有一种居高临下的感觉,而是更加亲民,他们了解大众的需求,更容易被大众所模仿,也更容易成为大众追捧的对象,因而能引发大众的共鸣。"网红经济"也为那些想要成名、想要实现自我价值的年轻人提供了一种全新的可能性。因而会有如此旺盛的生命力。

最后一点也是很重要的一点就是互动性。"网红"之所以能吸引如此众多的粉丝围观,很重要的一点就在于他们具有很强的互动性。因为大众以往接触到的明星都是遥不可及的,甚至是"神"一般的存在,他们的光环太过耀眼,以至于与大众产生了一种距离感。而网红则不一样,他们可以通过视频或者微信将自己生活中最真实的一面展示给大众,而作为粉丝可以更近距离地与自己心目中的偶像聊天、互动,这种存在感是真实的,因而也更能吸引粉丝的热情。

"网红经济"对于消费有强有力的拉动作用。社交电商与传统的销售模式不同的是,它是以人际交往为核心的,而不是以产品的买点为核心,因而更具有互联网时代的特征。"网红经济"跟自媒体一样,其实都是个人意识和力量的崛起。在四大天王时代,人们追的是明星,是像刘德华那样众星捧月的偶像。而如今人们追求的对象变成了更加接地气的草根明星。可以说"网红经济"更能代表未来经济发展的趋势。

其实在"网红经济"的背后隐藏着大众不同的心理状态:第一是窥私的

心理。马斯洛认为，人和动物都有积极探索环境的需要，可以说人们对周围的环境都充满了好奇心，对于神秘的、未知的、不可预知的人或事都充满了无限的好奇，都有窥探隐私的心理，尤其是因为网络的发展，而缺乏人与人之间更深层次精神交流的现代人或多或少都有一点儿心理上的不安全感。于是就有人会以窥视别人的隐私来发泄。比如一个身材姣好、年轻性感的女主播在视频直播平台上卖萌、耍宝，甚至将自己的生活直播出来给大家看，并通过直播平台时不时地与大众互动，这既满足了年轻女孩们想要表现自己成为"明星"的心理需求，也满足了大众想要窥探美女日常生活的欲望，双方的心理需求都得到了极大的满足，因而才会吸引如此众多的粉丝。我们也就不会奇怪，一个帅哥在网络上打打游戏就能引发几十万的人关注，因为帅哥天天见，但是能如此近距离地走进一个帅哥的私生活却并不是常有的事。在好奇心驱使下，众多女粉丝就只能乖乖地缴械投降，成了围观者。

第二个是猎奇心理。我们都有过这样的经历，看一个恐怖片时，明明知道电影里面的镜头很可怕，可就是按捺不住好奇心，甚至就是捂着眼睛从指头缝里也要把电影看完。这就是猎奇心理，人们总是会对自己不认知的、没有接触过的事物感到新鲜，并产生极大的兴趣，想要一探究竟，想要去了解他们。网络的出现则正好滋生了各种各样的新鲜事物，并为新事物提供了一个绝好的平台。人们越来越容易通过网络来关注新鲜事物，所以一旦网络上出现了什么新鲜事物，人们总是第一时间过来围观，它的点击率也会一路飙升，被人们关注的人或事也会一夜之间走红。

在大众猎奇心理的推波助澜下，芙蓉姐姐、犀利哥、姜逸磊（网名 papi 酱）等各类网络红人突然一夜爆红，而当大众这种猎奇心理渐渐消失，曾经红极一时的他们也成了过眼云烟。如今，就连芙蓉姐姐和凤姐都开始转型，可见要想长时间获得影响力仅仅依靠大众的猎奇心理依旧是不够的，到最后还是得拼实力。

第三个是从众心理。比如你并不喜欢一款手机,但是当大家都在使用这款手机的时候,你心里就会开始嘀咕:"我是不是也需要同款的手机,如果再不换的话是不是就有些落伍了?"这就是从众心理,它是指个人受到外界人群的行为影响,在自己的知觉、判断认识上表现出符合大众娱乐或是多数人的行为方式,是大部分人都具有的普遍的心理现象。于是无论你是否对凤姐、姜逸磊(网名 papi 酱)、咪蒙这些网络红人感兴趣,至少都会听到周围的人谈论过他们,你就会想如果不去了解他们自己是不是就落伍了,如何与同事、朋友产生共同语言,于是你也会在网上去搜他们的照片,去了解他们因为什么走红,以便在大家谈论起来的时候不至于无话可说。所以你就被动地了解了他们,他们的品牌形象也就在无意识中闯入了你的生活。

第四点,网红体现了大众话语权的释放。因为网络时代,即便你是社会底层的草根,也可以在网上发表言论,你的世界观、人生观都可以通过网络宣泄出来。因为网络是开放的,无论是论坛、博客、微博、微信或视频直播,网民的话语权是逐步被释放的,这种平等交流的方式改变了以往官方话语权垄断的模式,形成了一种更加开放、自由、平等的氛围。这其实是网络社会文明进步的标志。

○"网红经济"的发展及忧思

"网红经济"的兴起吸引了各方资本投资,比如大学生、微商、传统电商、媒体新人、艺人等。这五类人群最有可能成为"网红",并主导未来"网红经济"的发展方向。

"网红"之所以深受年轻人喜欢,虽然高颜值也是"网红"们成功的重要因素之一,但更重要的是"网红经济"是互联网内容的一种输出方式。资本关注网红,说明"网红"聚集的粉丝和用户众多,具有品牌推广价值。

"网红"的出现随之带来了"网红文化"及相关领域的发展,"网红经济"

还是一种眼球经济的体现,同时见证了这个时代追求个性与时尚、突出自我个性的一个另类而有趣的模式。

"网红"也体现出"草根文化"对主流价值观的冲击。随着社会发展,越来越多媒体选择去迎合大众的口味,文化的操控权已经由以前的少数精英阶层转向普通大众,因为"草根"们有绝对的自主权,他们会自己选择自己的偶像。

但是,"网红经济"想要走得更远,还需要解决一大难题,那就是如何建立信誉度。根据《中国青年报》的一项调查,79.9%的受访者认为"网红"就是为了出名、想上位的年轻人;43.8%的受访者印象里网红是通过整容、撒谎包装自己的骗子;40.5%的受访者觉得网红是搞粉丝营销、卖低劣品的淘宝卖家。调查结果或许不乏傲慢与偏见,但"网红"在公众心目中的形象的确不容乐观,不利于网红经济健康、长远的发展。

虽然现在"网红"的吸金能力很强,但现在网红并没有自己的原创设计,因而更谈不上什么品牌沉淀,也就无法形成品牌辨识度,很难让粉丝形成品牌依赖。另一方面网红越来越多,打造网红的花费越来越多,而"网红"大多是快消品,市场空间会越来越小,后来者能否分得一杯羹也是一大难题。因此"网红"必须要树立起品牌信任度,摆脱不可信任的形象,才能慢慢走向更良性的发展道路。

◎不同类型"网红"个人品牌的塑造

○"网红"的发展及个人品牌塑造

"网红"的发展并不是一蹴而就的,是经历了一个漫长的发展过程才有了今天的样子。在不同时期,"网红"发展及个人品牌塑造的手段都有所不同。

首先是文字时代的网络红人,这一类可以归类为网络作家。比如红极一时的痞子蔡,还有从新概念作文走出来的韩寒,以及木子美、安妮宝贝等等都是靠文章出名的,当然那个时候的网络还不像现在一样可以图文并茂,甚至是可以通过视频传达信息,因而他们的成名是以文字取胜的,是要拼实力的。

在个人品牌塑造上,他们也没有刻意的包装,毕竟没有像今天网红那样丰富的塑造手段。在电子产品刚刚兴起的年代,他们个人品牌的传播手段也只是限于门户新闻、论坛、博客等形式,即便传播的手段是比较低级的,但已经给人留下了较为深刻的印象。因为那个时候并没有人敢如此的尝试,所以这对于大众来说就是新鲜的、独特的,就是有记忆点和传播价值的,也是有吸引力的,有存在价值的。比如韩寒,他从未对个人品牌有过什么"规划"或"经营",只是按照自己的想法生活,有时在博客里随意说点什么想说的话,表达自己的观点和态度。但也正是他在不经意间表现出的才华获得了有影响力的个人品牌。

到了图文时代,出现了芙蓉姐姐、凤姐以及后来的天仙妹妹等等。当然天仙妹妹走的就不再是"审丑"路线,而是清丽脱俗的路线,他们的传播方式也更加丰富多彩。这个阶段,炒作手段已经比较丰富了,推手们开始利用平媒网媒的传播力、论坛的互动效应来推动网民进行传播。这其中论坛炒作已经形成体系,网络水军初现端倪。

这个时期的"网红"已经开始有意识地进行个人品牌的塑造,无论是走"审丑"路线,还是"审美"路线,已经在不经意间吸引了大众的眼球,并且他们都对个人品牌形象有着"自恋"情节,虽然这些只是他们有意制造的"美丽"邂逅,但当你情不自禁为之一笑的时候,就已经进入了"网红"的套路中。

到了宽屏时代,各路网红更是层出不穷,从邻家小妹到西单女孩,再到姜逸磊(网名 papi 酱),这个时期的网红各有各的特点,各有各的高招:有人是靠颜值走红,也有人是靠实力打拼,比如异军突起的逻辑思维走的就是实力路线,罗振宇靠的是智慧,而不是颜值。

如今,大多的网络红人都已经开始利用网络直播的方式来赢得广大网友的关注,比如张大奕、姜逸磊(网名 papi 酱)都是通过网络直播的方式以自己的才艺和特长赢得大众关注的。很明显这个时期的网红已经有了很强的个人品牌意识,比如像张大奕这类淘宝店主,他们在拥有超高的人气之外,自己品牌的产品卖得也是异常火爆。

其实无论是靠颜值还是靠实力,想要保持大众持久的关注度,还需要不断地发掘个人品牌的内涵,让大众有持续关注的欲望和不断去探索的好奇心。

○"网红"的个人品牌形象包装

如果一个"草根"想要成为"网红",打造一个过硬的个人品牌,需要经历什么样的过程呢?在《网红经济》这本书里,总结出了网红运营的4P法则,即为谁红,红什么,谁来红,在哪红。

首先是为谁红,也就是用户在哪里。市面上哪些用户是主流的消费人群,他们有哪些需求还没有被充分满足,这些用户最期待的产品是什么,需求是否是通过自己的努力可以实现,选择并了解用户需求是打造网红的原点。

根据市场的需求就可以打造不同类型的网红,比如我们可以把网红分为以下几类:颜值类网红、知识类网红、意见领袖类网红、时尚类网红、文娱型网红。首先要明确想要塑造的是什么类型的网红,这类网红的受众人群是什么。比如颜值类网红有一个普遍的特点,就是锥子脸、大眼睛、尖下巴、声音发嗲等等,她们最能吸引男性群体。

打造这类网红就需要了解目标受众群体的需求,打造这类网红不仅需要高颜值,还得需要高情商,懂得如何与目标受众沟通,靠撒娇卖萌可能一时会有很高的关注度,但是长久下去靠的还是智商和高情商带给目标受众新的刺激。

再来看一下知识型的网红,这类网红靠的不是锥子脸、大眼睛,而是靠智商和才华取胜,这其中的代表是逻辑思维的罗振宇。罗振宇创办的逻辑思维靠的不是颜值,而是知识的分享。他的目标受众就更为广泛,只要是渴望知识,又希望找到一个知识分享的社区的人,都可以成为逻辑思维的忠诚粉丝。这类网红品牌形象的塑造就需要有个人品牌的厚度,要有扎实的内涵来吸引受众关注。

确定方向之后就要着手打造你的产品,首先是围绕用户的需求,要定位自己的价值观,再把价值观内容化、内容产品化。在形式上可以表现为视频、文化、技能、活动等。产品出来后,要快速试错迭代,直到超越用户预期。

内容是决定一个网红个人品牌能否生存下去的关键,那些高颜值但毫无实际内容可言的网红最终只能是昙花一现,不可能有持久的生命力。网红的个人品牌还需要将自己独特的价值观注入进产品中,只有将自己独特的价值观通过所提供内容呈现出来,才会让大众产生探索的欲望,进而成为忠实的粉丝。

最后就是要解决在哪红的问题,也就是团队的打造。虽然现在出现了各种各样的网红,但是他们很多都只是有个人才艺,并没什么商业头脑,所以很多想要成为网红的草根并不能真正被人所熟知,因此想要持久地红下去,就要学会团队作战。有了团队的协作,才能更深入地运营,将自己的优势发挥到最大。

所有成功的网红背后都有一个强大的团队来支持,比如一个网红背后必须要有化妆、拍摄、文案、产品制作等一系列的幕后团队来支持,不然仅凭一个人的力量是无法打造完美形象的。打造一个强大的网红品牌需要团队的默契配合,并可以将资源不断的整合,最终形成一个完美的形象。

当然选择的平台也是至关重要,网络媒体对网红,就好比微信社群对社群,两个概念的蹿红都是依赖当下的互联网环境,尤其是新媒体平台。所以,网红要做好,必须围绕用户需求,构建符合自身定位的矩阵平台。尤其是要重视自媒体、社群和商城的平台互动。网红们应该学会利用这些传播平台把个人品牌传播出去。

○个性才是大众的

人们辨识商品是从它的标签上知道商品属性的,进而对产品产生兴趣,进一步去了解并产生购买行为的。同样,想要有较高的辨识度,网红也需要有自己的独特标签,才能有更好的辨识度。

物以类聚,人以群分。在互联网时代,有个性的人才容易受到大众的关注,也比较受欢迎。因为个性是一个人的特质以及价值观的体现,它能够聚集起价值观相近的人。这就叫作价值观捆绑,有了价值观的捆绑,彼此的关系会异常的牢固。想要成为一名"网红",必须要有自己独特的个性,有不同于其他人的个性特点才能吸引大众的注意。因为当大众愿意主动去关注你的时候,才会有利于你的个人品牌塑造。

标签,是一个人个性的具体表现,商品有自己的标签,才会让消费者产生自然而然的联想。同样,人的个性也需要通过一些标签来体现。互联网时代,一个人有了个性化的标签,就像商品有了品牌和调性,你的个人品牌很快会被识别并记忆,从而产生更大的社交关系的附加值。

无论是想成为什么类型的网红,你都需要有自己独特的个人品牌标签,因为标签是影响力和人格魅力得以迅速建立的催化剂。当然,有的个性很容易看出来,比如安静少言、活泼热闹、善于学习,或者是一些个人的小爱好,比如爱吃爆米花、爱喝汽水等等。所以我们会在直播间看到很多性格迥异的网络红人,有的撒娇卖萌,有幽默有趣,甚至很多人将自己的个人爱好直播出来,比如有人直播狂吃美食,有人在网上直播玩游戏。

这些独特的个性会让你在社交关系链中处于较好的位置,因为它就像棱角一样,帮助你不那么容易湮没在人群中。比如金融八卦女、可乐姐、台球女神、互联网圈最懂金融的、金融圈最懂互联网的等等。这些个性化的标签就像金子表面耀眼的光晕,会让别人迅速地熟悉你、记住你,从而留下深刻的印象。所以网红在塑造自己的独特个性时,需要给自己贴上一个独特的标签,但是不易过多,过多的标签也会让你的辨识度降低。

◎变现模式中发现网红个人品牌塑造的可能性

○广告植入与个人品牌

2016 年是"网红经济"快速发展的一年,当"网红"的后面被冠上了"经济"二字时,其背后的商业价值就会变得比飞涨的粉丝数量更加耀眼。那么,网红又是怎样变现的呢?

"网红"的盈利模式有很多,首先值得关注的就是广告的模式,这是网红们常用的手段。当网红的微博或是微信公众号、粉丝累积到一定的程度就可以吸引相应的广告客户。当商家看到网红的个人品牌形象的价值,会投入资金在他的个人媒体上,而一家企业的广告投入,会让别的企业看到商机,进而广告的投入会越来越多,这是一种连带效应。而网红的个人品牌价值也在广告植入过程中水涨船高,这是一个双赢的结果。

提及广告植入就不得不提段子手薛之谦,一个曾经过气的网络歌手转身变成网络红人,这种转变为他带来了巨大的经济效益。薛之谦凭借在微博上的段子瞬间火了一把,粉丝量不断飙升,吸引来大量的广告品牌植入,在2016年网红价值排行榜上,薛之谦排名第十,而他的过人之处就在于,他能恰到好处地把个人品牌与商家植入结合起来。因此,他的微博受到了各路品牌的追捧。

例如薛之谦某天发的微博:"因为我的素颜……"就吸引来了1.1万人的转载,3.4万人的评论,18.3万人的点赞。如此高的关注度,各大品牌才会纷纷投来橄榄枝,在他的微博上植入广告,天猫嘉莉比奥润肤乳就在这篇博文上植入了广告。

而随后薛之谦另一篇转发大张伟的长微博,转载量达到3.7万,评论1.4万,点赞12万,吸引来了"洋码头"品牌植入。可以说,薛之谦的个人品牌是随着这些广告被无限的传播、放大的,而他的个人品牌价值也在传播中不断提升。

微博粉丝转载、点赞、评论越多,才会有广告商进行植入,但是广告的植入一定要讲究技巧,不要让人感觉到不舒服。好的广告植入并不会伤害到内容,其中穿插了很多新鲜、有趣的东西,可以吸引人的注意力,而不至于让人感到厌倦。但如果一些广告目的太过于明显,又过于生硬,大众就会对你的广告植入表示厌倦,渐渐失去对你的关注,这样对你的个人品牌塑造及传播也会造成一定影响。

所以网红要掌握正确的营销技巧，巧妙地进行广告的植入，让广告品牌的植入与个人品牌保持一致的风格，如果广告的植入对个人品牌形象有负面的影响，那就需要去调整广告植入的策略，找到更适合帮助你个人品牌成长和塑造的方式，以达到理想中的效果。

○会员、粉丝打赏

网红变现还有一种更加直接的形式，就是买会员、VIP及粉丝打赏，这也是网红最常用的吸金手段。

通常网红都会制造许多的热点话题让粉丝参与进来，当一个话题的关注度或是粉丝量足够多时，网红就会采用出售会员资格的方式吸引更多的关注并让粉丝成为会员。一般来说一个网红会员资格会是从几块钱到几十块钱。

网红的一次话题可能会有引发成百或是上千人的关注。因此网红在几十分钟的直播过程中很有可能有一万多的进账。而往往网红都会有自己的个人公众号，突破10万的浏览量是很常见的事情，至少会有几百人进行打赏。所以网红通过打赏轻松收入上万也是很正常的。

但是可以想象一下，人们为什么会给一个素不相识的人打赏，只是因为他们有姣好的容颜、逗乐的表演吗？归根结底还是对他们个人品牌价值的认同以及心理的满足感。根据巴赫金的理论对话，网络直播是提供了一个粉丝与主播真诚对话的平台，评价你的生活，同时收获打趣的回复，这个过程实现了双方的心理满足。在直播的过程中，主播们的个人品牌形象得到了全方位的呈现，只有用更加新鲜、有趣的形式将自己的个人品牌形象打造得有新意、有辨识度才会吸引粉丝们心甘情愿地去打赏。

英国学者史蒂芬森曾经指出过："大众传播最好的一点是允许人们沉浸

于游戏之中,也就是说它让人快乐。"实际上,移动直播就是一场游戏。所以网络直播互动和打几局 LOL、玩儿一会儿手游没有什么本质上的区别。既然可以在电子游戏中花钱买道具通关,为什么不能在社交游戏中花钱和真人互动呢?所以主播们需要满足大众的这种心理,在直播中不断地调整自己的方式,发现个人品牌塑造的更多可能性,吸引粉丝们像打游戏一样有不断通关的快感。这样粉丝们才会不断地投入、不断地沟通,个人品牌价值也会逐渐提升。

○网店模式

电商变现的模式并不像广告变现的模式那么容易。就拿女装来说,网红与电商的结合已经不是一件新鲜事,一般是经纪公司与电商合作,通过电商直播引导销售,实现网红直播营销。

不得不说,网红与电商的结合相比于传统的实体店销售是具有优势的。实体店通常会小批量进行上新,然后就市场销售情况再决定是否继续上货。而网红会直接将自己的衣服拍照发朋友圈或微博,看评论再决定订货量,这种模式使得供应成本大大降低。

网红运营网店的产业链可以分为三个部分:首先是设计环节,越优秀的设计师越能吸引大众的关注。但是有设计能力的网红是少数,大多是在借鉴别人的设计。

第二个销售环节,这个环节是指网红在社交网络中展示并推荐新款,或是发起优惠与抽奖活动,当然在这个环节中,一般网红都会和粉丝进行互动,继而吸引他们产生购买的冲动。

最后一个环节,就是生产的环节。粉丝对反映好的产品下单,然后就可以进行下一个环节——对接服装制造厂商,为消费者提供产品。

可以看出这样的模式并不简单,只要一个环节没有达到预期的目标,都会影响下一个环节的进行,进而影响产品的销量,影响粉丝对产品的反馈。

很多网红的店铺都是先有了个人品牌才去打造自己的店铺,这些网红已经有了足够的粉丝积累,他们的网店销售量都是很可观的。可以看到淘宝中月销售额过百万元的网红店铺超过1000家。而在2015年"双十一"期间,数十家网红店铺实现了2000万到5000万元的销售额。所以,在网店打造的过程中,网红们的个人品牌形象也起到了很大的作用,只要有了个人品牌的知名度,那么后续网店的经营也会轻松很多。

但是这样的模式也是有它的隐患的,首先是品牌基础比较薄弱。因为这样的品牌首先是依赖网红的个人品牌,网红的事业周期决定店铺的生命周期,这就很有可能受网红自身的粉丝数量的影响。同时,网红自身的审美水平也会对店铺的销量产生影响。因为网红的个人审美风格的稳定性会影响到店铺的销量,如果店铺的上新很难满足大众多元化的审美需求,那么很容易让粉丝产生审美疲劳,进而出现粉丝的流失。

还有一点就是大多数的网红店对团队的搭建十分简陋,对产业链的管控能力较弱,这很有可能造成用户体验的差评。比如商品原材料的不足、原材料的涨价以及新产品的质量问题等等,这些都会影响粉丝的购物体验。

网红的这种模式具有很强的复制性,现在越来越多的人发现了网红的商机,并孵化出各种类型的网红,不少明星也开了自己的网店。因此这方面的市场也变得越来越小,市场竞争的压力越来越大,竞争激烈程度可想而知。

○挖掘网红IP衍生价值

挖掘网红IP衍生价值,尝试网红出版、讲座、演艺等变现渠道。当网红具有了一定的知名度和影响力,就会想要转型去做品牌的代言人。因为做品牌代言人不仅能够增加个人品牌的曝光度,让自己的品牌形象逐步被更多的人所熟知,吸引更多的粉丝,还可以通过品牌代言的形式为自己的产品进行代言,让网红与产品更加紧密地联系起来。

然而,网红做形象代言人一定要注意细节,就像了解市场定位一样去了解你的粉丝,他们是什么样的群体,什么样的形式更能接近粉丝的生活,与他们产生共鸣,而网红自身又是什么类型,他能够吸引到什么样的粉丝,只有将个人品牌形象与将要代言的品牌相匹配,才能收到更好的效果。

当网红的个人品牌成熟后,可以通过办网红培训班教授成为网红的思维课程。因为未来两到三年是网红的年代,很多女孩看到了网红的巨大吸金潜力都想要成为网红。这并不是一件容易的事情,不仅要求自身条件,还要有相关的资源。于是网红的成功经验就成了非常宝贵的教材,教新人如何成为一名网红就成了一个很有吸金潜力的市场。那些已经做得很成功的网红用自身的案例去培训新人更容易得到新人的信任,他们的现身说法自然有说服力,而且这样一带一的培训很容易形成一个产业链条,带动整个网红产业链的发展。

但无论怎样,网红的变现模式想要更持久,还是要发掘出自身独有的个性与特点,在直播或是在做自己的公众号中渐渐形成自己独特的品牌个性,打造强大的个人品牌。千万不要盲目跟风,今天看到芙蓉姐姐火了,就去模仿芙蓉姐姐的样子,明天又火了姜逸磊(网名 papi 酱)就开始学起姜逸磊(网名 papi 酱)做直播。结果大众根本记不住你到底是谁,能给他们带来什么。因为他们的记忆是碎片化的,没有形成一个完整的体系,所以是没有记忆点的,甚至模糊不清。网红们只有慢慢形成个人品牌,才不至于昙花一现,让大众失去对他们的记忆点。

突出品牌个性和品牌形象,并针对自己的个性特点及才艺的特长打造适合自己的产品和盈利模式,或许开始的时候变现的速度并没有那么快,甚至是有些困难的,但只要形成了自己的风格,粉丝的数量稳定增长,一切就会慢慢地走上正轨,这样网红的吸金能力就会变得更加持久。

◎网红的未来个人品牌发展趋势

○挖掘"网红"深层潜质

如今,为了迎合大众的口味,网红都是一些平面模特、大学校花、小鲜肉等等,这些网红大多数是靠高颜值来吸引大众注意的。虽然迎合了大众的审美需求,但是很多网红没有真实的技能和才艺,也无法给粉丝提供更深层次的价值,很容易让网红产生结构性的偏差,对个人品牌的塑造就会显得过于表面。

如果仅凭"高颜值"就可以轻松扬名、挣钱,这样的价值观导向过多,就会让青年人在塑造个人品牌形象时产生偏差,甚至会导致有一些人不惜突破底线,炫富、色情等也就难以监管,让网红经济成为昙花一现。

网红的受众范围相对来说还是比较窄的,因此会存在大众审美疲劳和转移的风险,而要维系用户的黏性并引导大众消费,这是需要投资和宣传的,相对来说大众消费的转化率并不像想象中得那么高,需要有一定的时间来转化。所以在网红的个人品牌品塑造上还要不断创新,挖掘更深层次的价值。

比如说,同道大叔2014年起家于微博,2015年切入微信公众号运营,两个平台累计粉丝数量1500万,稳定在自媒体大号第一阵营。很快,他们就开始进行了IP化的尝试,延伸方向包括文化出版、动漫形象IP、星座影视、星座的延伸品、线下的体验馆、游戏和电商平台等等,这一切已经初步构建了一个星座IP的矩阵群。从这个例子我们可以看出,一个平台上网红的延伸性还是可以进一步挖掘的。所以想要跟上时代发展的步伐,网红们需从多方面着手,不断将个人品牌塑造得更为丰满。

○网红个人品牌的专业化模式

随着互联网和信息化时代的发展,网红发展也朝着专业化的方向迈进。未来的网红一定是有鲜明的品牌个性和专业化突出的人, 仅凭外貌而获取大众一时关注是不可能让人牢牢记住的。所以,这就需要未来的网红更加注意个人品牌的塑造,从不同角度打造自己品牌的个性化与专业化。

未来网红的个人品牌不可能只是一个简单的平面化的标签, 因为只有个人品牌变得有温度,才能形成一种价值观,去引领人们的思想,让更多的人成为你忠实的粉丝。靠单纯的颜值、搞怪的网红时代已然成为过去。下一步的趋势,一定是经过创新来满足或引导社会大众需求而升级变化。

对网红来说,美丽不再是突出的武器,从文字、颜值、搞怪网红向美食网红、美妆网红、旅游网红、母婴网红等垂直领域发展;在变现模式方面,超越 4 万亿的网络购物市场规模及持续稳定的增长为网红电商提供广阔空间,虚拟礼物将持续存在并相对稳定, 广告变现模式会引起部分受众反感造成掉粉现象。因此相对具有局限性,未来或将出现其他变现模式。

网红个人品牌的专业化首先体现在网红职业细分的专业化上。其实现在的网红已经开始走向细分化的道路,最常见的为经验供应类型。比如生活思考、时尚穿搭、流行音乐、时事评论、游戏攻略等,娱乐供应类包括趣闻、萌宠、吐槽、星座、漫画等,话题供应类包括名人八卦、雷人语言、高颜值等等。未来网红一定是会朝着更加细分化的道路走下去,往更多垂直领域发展,找到自己不可替代的位置。

目前,网红运营也朝着越来越专业化方向发展。网红与孵化器公司的合作模式主要有三种:首先是由孵化器出资,网红则按销售额的 10%~20% 抽成;其次是由网红出资,孵化器提供产业链和服务,孵化器公司按 10%~30%

抽成；最后是由网红和孵化器共同出资并建立产业链，网红则按底薪+分成的模式抽成。产业链条的形成以及合作模式的固定就意味着整个产业链可以像机器生产线一样提供产品了，而网红孵化器的产品就是大批的网红，他们可以像明星一样被批量"生产"。

网红如何在泛滥中脱颖而出，保证产出质量，拥有持续的竞争优势，则需要通过更为专业化的团队进行内容和形象的综合策划、制作及策略性的输出与传播，从浅层次的网红向个人品牌化运营迈进。于是，网红的个人品牌塑造也会从最初的单打独斗的模式走向个人推手的模式，未来还会走向团队化的运营模式。网红的孵化器也会越来越成熟，使得网红经济发展出完整的"网红产业链"。这就会使得这条产业链上的分工日益明晰，也意味着网红领域"星工场"的出现。

所以，想要保证网红经济不是昙花一现，就需要有更多拥有强大个人品牌的网红出现，并形成成熟的商业模式。当然目前网红经济还并没有形成一个成熟的模式，还需要不断地摸索和尝试，但正是因为大众的需求还在，所以这个行业不会在短时间内消退。然而随着市场淘汰机制的净化，相信这个市场是会慢慢地规范和专业起来的。

◎ 网红要大胆跨界合作

○ 网红的跨界

畅销书《全新思维》中列举了决定未来竞争的六种能力：设计感、故事性、整合能力、同理心、娱乐性、寻求意义。在全球化的背景下对个人品牌而言，如何将自己"说清楚"是一个很重要的问题。因为品牌需要站在社会潮流当中来表明"你是谁"，而跨界使品牌在更广泛的领域内说清楚自己成为一种可能，那种简单的阐明"我是谁"的传统宣传手段就显得不太符合大众的审美需要。作为网红想要在市场竞争中站稳脚跟，打造出与众不同的个人品牌，就要学会跨界、敢于跨界，跨界会让一个网红从众多的竞争对手中突出重围，找到属于自己的生存空间。

从本质来讲，跨界不是发明，不是一个从无到有的过程，而是创新和创意的再现，它强调的是一种思维方法。"跨界"可跨之"界"非常多，包括跨产品的界、渠道的界、服务的界，跨生活方式的界、跨文化的界，等等。所以，网红在打造个人品牌时，需要勇敢地走出自己的舒适区，用更有创意的形式吸引大众的注意。

网络知名红人张大奕是模特出身，凭借良好的私服搭配，在微博上拥有400多万的粉丝。当人们对她的印象还停留在互联网电商的辉煌时，张大奕又有了新的尝试，她开始大胆跨界，试水歌坛，推出了个人第一首单曲《裙子卖掉了》，很多网友表示，该单曲很好听，让人眼前一亮。张大奕在塑造个人品牌的过程中找到了一个新的突破点，突破了原有的个人品牌形象。

跨界让大众看到了网红无限的可能性，让个人品牌形象变得更加丰满。还有更多颇具喜感与人气的网络红人开始尝试综艺方面的转型。网络红人穆雅斓凭借在微博上发布的夸张的对口型视频引起了邓超的关注，邓超曾在微博上寻求大家帮助找到穆雅斓，并让其参演电影《恶棍天使》。之后，穆雅斓凭借其放得开的性格，应邀参加多个综艺节目，最终签约湖南卫视成为主持人。与素人相比，网红自带粉丝特效，拥有大量粉丝基础的网红貌似更易受到综艺节目的青睐。加之网红的活跃周期相对短暂，他们也更加愿意尝试向不同方向转变。未来将会有越来越多的网红走上跨界发展的道路。

比如，一般成功的商业都会面临这样一种困境，一但这个商业模式是成功的，那么商业模式成熟的公司越来越大，体系越来越完善。虽然公司越来越大，但投资者却很难再找到新的增长点。于是创新和跨界就成了刺激新的增长点的一剂良药。

当然,网红想要把跨界做得更远,就需要打破传统的营销模式,去塑造一个与时代同步的个人品牌形象。互联网时代,一个人的力量显得单薄,想要跨界做得成功就需要去寻求非行业内的合作伙伴,这样不仅可以使自己的资源更加丰富,还可以借鉴不同的思维让自己的眼界更加宽阔,站在不同的角度去思考问题、解决问题会有不一样的视野,这样创作出来的东西才会让大众有耳目一新的感觉。

○跨界应该注意的问题

跨界是要突破原有的行业惯例,通过嫁接外行业的价值或全面创新而实现价值跨越的品牌作用。当然,跨界也不是一味地胡乱跨界,寻找合作伙伴或是企业需要注意合作的互补性,如果两个行业具有一定的互补性和融合性,那么两者之间就能够擦出合作的火花。但是如果不具备互补性,可能会产生排斥反应,甚至会对个人品牌产生负面影响。

比方说,让姜逸磊(网名 papi 酱)正儿八经地去做百家讲坛的栏目,让罗振宇去跨界唱歌看起来多少会有些不伦不类,甚至会让大众觉得很不舒服。因为他们所跨的领域与个人品牌并无多大关系,大众也不会接受这样不符合其本人的个人品牌形象出现在荧幕前。

其次,跨界还需要考虑到针对的目标群体,在跨界前首先要对目标消费群体进行详细的调研,了解消费者真正的需求是什么,并且要认真深入分析消费者的消费习惯,作为跨界营销、传播的依据,真正做到掌握消费者的心理,预估这样的跨界尝试能否被消费者接受,他们的心理底线在哪里,然后再制订出更有针对性的跨界策略和方案。

跨界营销对相互合作的企业和个人而言,在营销能力上提出了很多挑战。以往,企业和个人的营销战略只需要考虑到自己和企业有什么样的资源可以利用就可以，但是由于跨界是不同行业领域的合作和创新，就需要考虑到如何与合作伙伴相配合，如何将双方资源合理地分配和利用，从而收到理想中的跨界效果。

◎案例：从咪蒙的成功看个人品牌的塑造

○咪蒙为什么这么火？

咪蒙原名马凌，是四川南充人。生于 1976 年的咪蒙成名前出过几本戏说历史的书，也写过几个剧本，在微信公众号"咪蒙"上自称是"矮人""胖子""吃货"的女孩，但其真人是个名校毕业、拥有十几年纸媒记者和编辑经历、管理着一个编剧团队和公众号团队、不胖也不丑、声音甜美的漂亮女人。很多人觉得她的成功不可思议，事实上是她经历过挫折和失败，以多年积累的人脉、不断写作的努力在这个自媒体时代火了。

在互联网时代做个人品牌，首先就是要找到一个创新点，找到与别人不同的点。咪蒙是文字自媒体中的一个创新者，她写了很多和传统观点相违背的文章，比如传统媒体说男孩子要穷养，女孩子要富养，她干脆写了一篇《男孩要穷养，你跟孩子多大仇啊？》等相关的文章，总是与传统的思想观点相悖。

中国人有很严重的从众心理和群体效应，而且很少有人愿意为了一个看似"约定成俗"的论断再去深入思考。所以，当"男孩子要穷养，女孩子要富养"的观念深入人心的时候，很多人不会去思考，只会跟着附和，慢慢地这种观点就会普及开来。当咪蒙的《男孩要穷养，你跟孩子多大仇啊？》一出来，一下子就引发了大众的关注，因为人都是有好奇心的，你越是与众不同就越会有人想要一探究竟。

咪蒙的优势在于她善于思考,并敢于发声,正是因为这与众不同的文字力量让咪蒙在网红的世界里显得异常突出,假如她只是按照一个普通编辑的要求去写文字做公众号,或许人们只是会看到一篇篇没有辨识度的文字,很难成为今天的样子,她的个人品牌也不会有如此高的价值。因为反驳别人的观点是需要付出思考和研究的,是需要付出劳动和代价的,并不是所有的人都有勇气做逆向思维的尝试。

咪蒙用她的文字实现了与大众的交流,透过文字大家看到了一个鲜活的品牌形象。她的例子也给我们塑造个人品牌形象一个启示:个人品牌一定不要人云亦云,要突破惯性思维,找到自己擅长的方式,发现自己身上的亮点并将之不断地放大。只有这样,你的个人品牌形象才是有个性的,而不只是停留在冷冰冰的介绍里。

当然想要塑造充满个性的个人品牌,除了要有不同视角,还需要有过硬的技能。无论是咪蒙还是姜逸磊(网名 papi 酱),她们都是有过硬的技能来支持的。假如咪蒙没有过硬的编辑技能,那也不可能将自己的公众号经营得有声有色;假如姜逸磊(网名 papi 酱)没有影视专业的背景,也不可能制作出有趣、个性的视频内容,更不可能拥有如此多喜爱她的粉丝。还有同样火爆的同道大叔,虽然同样是讲星座,同道大叔却用漫画的形式做出了不一样的内容。这其实并不是一件容易的事情,因为只有拥有一定的技术水平、有过硬的漫画技巧,才能做出这样的公众号。没有过硬的技能支撑就无法实现头脑中的想法,就算有许多好的想法和创意、有商机也是无济于事。所以打造个人品牌形象一定要有自己过硬的技能,给大众以惊喜,让他们主动地参与个人品牌的传播过程,这样你的个人品牌形象就会获得更大的影响力。

〇巧妙的广告植入将品牌传播出去

好的个人品牌形象除了要有个性,还需要有好的传播模式,这也是咪蒙的成功之处。她非常善于巧妙地进行广告植入,通过广告的植入,不仅将产品的品牌形象传播了出去,个人品牌形象也随之不断扩大、增值。

咪蒙的广告植入的特点非常"软","软"到你不知道她什么时候会发广告,她不是硬性地植入,而是将广告很巧妙地植入到内容之中,你甚至根本猜不到她究竟会在第一条还是第二条中植入广告,甚至有时候你已经快读完她的文章了,却在结尾给你来了个回马枪。这样的广告植入大众是接受的,她在悄无声息中给你"安利"的这一剂还让人觉得意犹未尽。

细算下来,咪蒙曾经推广过许多品牌,真正做到了 360 度全面包揽:从快速消费品、汽车、手机到教育阅读、美容化妆、游戏、影视节目、互联网手机应用,简直就是百花齐放。其中,不乏竞争品牌,光是汽车这个行业就涵盖了 Jeep、奔腾、MINI Cooper、大众、凯迪拉克,足够开一个赛车场了。而手机则辐射到了 oppo、vivo、三星和小米,如果咪蒙再写一篇苹果的话相信她的文章很快会霸屏整个通讯行业。

测算下来,咪蒙一共推送了 80 条广告,每篇广告按照平均 35~40 万来计算的话,那么总收入是在 2560~3200 万的范围,这还不算流量的收入。这看似是广告带来的收益,其实也是她自身个人品牌价值的体现。

我把咪蒙从开通公众号以来的广告做了一个梳理,挑选了快速消费品(通常情况下,大家对这块儿的产品比较熟)这个板块进行举例。

品牌	标题	文章观点	引入
费列罗	《你会对亲近的人说谢谢吗》	我是对那种越亲近的人，越难说出谢谢的人	费列罗用来做感谢的礼物
德芙	《喜欢是步步为营，爱是手足无措》	那些套路都是很好的，但是我偏偏不喜欢	用深情，送小礼物德芙巧克力
雕牌	《女人到底想睡哪种男人》	那些很 man 的男人，一说做家务，就有反差萌	男生会做家务利于家庭幸福
超能	《"我是为你好"，可是我不觉得好》	我是为你好的背后，是一种智商优越感以及阅历优越感的	你放手，我应该用自己喜欢的方式
惠氏	《每个酷炫的女孩儿都有个过不去的坎儿》	孩子既是我们的软肋，也是我们的铠甲	为了孩子吃得健康，惠氏能够满足要求
美素佳儿	《男孩要穷养？你和孩子有多大仇啊》	男孩女孩都要富养，富在坚实、视野和体验上	给孩子最好的，从奶粉开始

在这个板块中，比如费列罗和德芙都是巧克力，属于同一个品类的竞争产品。咪蒙的独到之处在于她是从不同的受众群体出发，一个定位是亲近的人(代表感恩)，一个定位是爱人(代表爱情)，所以两者并不冲突。

再来看雕牌和超能，同样是洗衣液。一想到洗衣液，我们一般都会联想到妈妈替全家人洗衣服的场景，但是咪蒙偏不，雕牌更加倡导家庭的观念，男人家务干得好，生活才幸福。超能则倡导女生的独立，没有你应该，只有我应该，我要用自己喜欢的方式。

总结一下，咪蒙是如何做到，期待广告的出现反而变成了读者的一种习惯。

1. 文章的主要调性基本与品牌产品的调性相一致，可以从品牌倡导的观念、产品的功能诉求、形象代言人的特点、品牌所做的活动这四点入手。

2. 文初还是讲故事，亮观点，广告在文长结尾来个"出其不意攻其不备"。这样能给大众带来意想不到的惊喜。

3. 讲述的内容比较贴近大众，从生活或者当下的热点话题入手，比较容易引起共鸣，还能引发再一次的讨论。

　　无论是打造产品品牌还是个人品牌，可以像咪蒙一样根据品牌不同的特点，不动声色地进行宣传，让大众在不知不觉中接触到你的个人品牌及产品品牌的特点，从而达到想要的传播效果。因为产品品牌传播的过程也是产品背后那个人的个人品牌的推广过程。